Helmut Neuhold

1866 Königgrätz

Helmut Neuhold

# 1866
# Königgrätz

marixverlag

*»Der Krieg ist nichts anderes als die Fortsetzung der Politik mit anderen Mitteln.«*

Carl Philipp Gottfried von Clausewitz

# Inhalt

# Der Kampf um die Vormacht in Deutschland

*»Es gibt in der Geschichte keinen Feldzug, wo ein gleichermaßen hervorragender Erfolg in ebenso kurzer Zeit und ohne irgendeine bemerkenswerte Schlappe erzielt worden ist …«* (Friedrich Engels 1866)

Es gab einmal vor über 150 Jahren einen deutschen Politiker, der den Plan fasste, mit militärischen Mitteln den alten Machtkampf zwischen zwei bedeutenden Dynastien zu beenden und dabei die Grundlagen für ein Gebilde zu schaffen, das man zu seiner Zeit für sehr modern hielt und das viele herbeisehnten – den geeinten deutschen Nationalstaat. Otto von Bismarck war bereit, die Geschichte mit »Blut und Eisen« zu schreiben und auf das »Preußische Schwert« zu vertrauen. Schon der erste Versuch im »Deutsch-Dänischen Krieg« von 1864 zeigte ihm, dass dieses Vertrauen durchaus gerechtfertigt war. Bismarck bereitete daraufhin einen viel größeren Krieg vor. Dieser sollte die österreichische Vorherrschaft in Deutschland beenden und den Deutschen Bund zugunsten eines »kleindeutschen« von Preußen beherrschten Nationalstaates vernichten.

Im Sommer des Jahres 1866 fand im Herzen Europas dann eine militärische Auseinandersetzung statt, die nur wenige Wochen dauerte und auch im Verhältnis zu anderen weltgeschichtlich bedeutenden militärischen Konflikten verhältnismäßig wenige Opfer forderte, aber deren Auswirkungen unseren Kontinent und dessen Geschichte maßgeblich veränderten und bis heute beeinflussen. Dieser »Deutsche Krieg«, der im Wesentlichen aus dem alten Konflikt zwischen Preußen und Österreich um die Vorherrschaft in Deutschland entsprang, markierte eine wesentliche Zäsur in die europäische Geschichte und stellte die Weichen für die Gründung eines deutschen Nationalstaates, der das Kaiserreich Österreich unter den Habsburgern ausschloss. Nach einem kurzen und heftigen militärischen Ringen, in dem sich die Vorteile des »modernen« und aufstrebenden staatlichen Gebildes, das sich Königreich Preußen nannte, gegenüber der altehrwürdigen und erstarrten Habsburgermonarchie manifestierten, war mit einem Male die weitere Entwicklung der Geschichte Europas eine andere.

Es geht in diesem Buch darum, kompakt darzustellen, wie es zu diesem Konflikt kam, der eine sehr lange Vorgeschichte hatte, und wie sich die politischen Weichenstellungen der Entscheidungsträger und die militärischen und wirtschaftlichen Umstände auf den Verlauf des Krieges auswirkten.

Der kurze Krieg von 1866 hatte viele Schauplätze, so zum Beispiel in großen Gebieten Westdeutschlands und in Norditalien. Sogar zur See in der Adria wurde gekämpft. Der wichtigste und letztlich entscheidende Kriegsschauplatz befand sich aber auf dem Gebiet der heutigen Tschechischen Republik. Die Orte, an denen die wichtigsten Schlachten und Gefechte dieses Krieges stattfanden, haben heute ganz andere – tschechische – Namen. Aus Königgrätz wurde Hradec Kralove und Trautenau, die Stätte des einzigen österreichischen Sieges am nördlichen Kriegsschauplatz, heißt jetzt Trutnov. Trotzdem ist der Krieg auf dem ehemaligen böhmisch-mährischen Kriegsschauplatz an vielen Orten genauso wie in Teilen Niederösterreichs noch immer sehr präsent, was eine Vielzahl von Denkmälern und musealen Einrichtungen, sowie Schlachtdarstellungen durch sogenannte Reenactment-Gruppen beweist. Auch an anderen ehemaligen Kriegsschauplätzen von 1866 gibt es Orte der Erinnerung, wenngleich diese gegenüber anderen im heutigen Bewusstsein präsenteren Kriegen meist wenig zur Kenntnis genommen werden.

Es gibt kaum eine kriegerische Auseinandersetzung, die im Laufe der Zeit mit so vielen verschiedenen Namen bedacht wurde. Wird der Konflikt heute in Deutschland zumeist »Deutscher Krieg« genannt, so findet sich in Österreich oft die Bezeichnung »Preußisch-Österreichischer Krieg«. Da eigentlich Preußen gegen den Deutschen Bund Krieg führte, hatte man ursprünglich daran gedacht, diesen Konflikt den »Preußisch-Deutschen Krieg« zu nennen. Das hat sich aber noch weniger durchgesetzt als die Bezeichnungen »Einigungskrieg«, »Deutscher Bundeskrieg«, »Deutscher Bruderkrieg«, »Deutsch-Deutscher Krieg« oder »Siebenwöchiger Krieg«. Alle diese Begriffe scheinen etwas für sich zu haben und tauchen auch in der einschlägigen Literatur auf. Ziemlich abwegig und an den tatsächlichen Ereignissen vorbeigehend scheint die manchmal in Österreich gebrauchte Bezeichnung »Deutsch-Österreichischer Krieg«. Dazu kommt noch, dass dieser »Deutsche Krieg« auch noch untrennbar mit dem »Dritten Italienischen Unabhängigkeitskrieg« verbunden ist, den das mit Preußen verbündete Königreich Italien zur gleichen Zeit gegen das Habsburgerreich führte. Die beiden Kriege lassen sich auf Grund des Bündnissystems und ihrer Wechselwirkungen auch nicht voneinander trennen und werden deshalb auch in dieser Arbeit gemeinsam behandelt. Der Titel des Buches »Königgrätz« wurde deshalb gewählt, weil diese Schlacht das zentrale Ereignis in diesem Kriegsgeschehen darstellt und auch heute noch sehr bekannt ist.

Vieles am »Deutschen Krieg« mutet heutigen Lesern seltsam an: Armeen aus souveränen Staaten, die heute kaum mehr bekannt sind, standen einander gegenüber. Die »Koalitionstruppen« des Deutschen Bundes umfassten Kontingente aus Österreich, Bayern, Württemberg, Hannover, Sachsen, Kurhessen, Baden, Hessen-Darmstadt, Sachsen-Meiningen, Nassau, Frankfurt, Liechtenstein sowie Reuß ältere Linie. Die »aufständischen« Preußen wurden durch Kleinstaaten wie die beiden Mecklenburgs, Braunschweig, Oldenburg, einige mittel- und norddeutsche »Staatsgebilde«, die Städte Hamburg, Lübeck und Bremen sowie durch das Königreich Italien unterstützt.

Der Krieg von 1866 war in mancher Hinsicht ein Krieg der alten Schule, der sich in vielem nicht von jenen zur Zeit Napoleons unterschied. Andererseits war er *die* große militärische Auseinandersetzung, bei der zum ersten Mal in Europa moderne Techniken wie die Eisenbahn und der Telegraph eine wirklich bedeutende Rolle spielten. Beide Seiten nutzten die »Segnungen« der Moderne, wobei die Preußen allerdings im Vorteil waren. Sie hatten rechtzeitig für die Umstellung der Bewaffnung ihrer Truppen auf Hinterlader-Gewehre gesorgt und dadurch einen taktisch entscheidenden Vorteil. Auch erwies sich ihre militärische Organisation, Planung und Kommandostruktur als eindeutig überlegen. Man sprach wie in den meisten Kriegen der Moderne keine Kriegserklärung mehr aus, sondern fiel einfach in das gegnerische Gebiet ein.

Die Kämpfe der Preußen und ihrer Verbündeten gegen die Kontingente der einzelnen bundestreuen Mittel- und Kleinstaaten, deren Operationen kaum koordiniert waren, gingen so gut wie immer zugunsten des Aggressors aus. Die geniale Führung und der klug vorbereitete Aufmarschplan, hinter dem die Person des Generalstabschefs Helmuth von Moltkes stand, ermöglichten den preußischen Armeen auch schnell, auf dem böhmischen Kriegsschauplatz gegen die einzelnen Korps der österreichischen Nordarmee – bis auf eine Schlappe – siegreich zu bleiben. Schon weitgehend in die Enge getrieben, entschloss sich der überforderte österreichische Befehlshaber Feldzeugmeister Benedek zu einem Entscheidungskampf, der als eine der größten Schlachten der europäischen Geschichte gilt. Die Schlacht bei Königgrätz am 3. Juli 1866 brachte nicht nur nach heftigem und lange Zeit nicht eindeutigem Ringen den Sieg der preußischen Armee über die Österreicher und die mit ihnen verbündeten Sachsen, sondern zeigte auch auf, wie sehr von nun an die generalstabsmäßige Planung und die Militärtechnik entscheidend für die weitere Kriegführung mit Massenheeren sein würden.

Da nutzte es dem wirtschaftlich, technisch und organisatorisch unterlegenen Habsburgerreich auch nichts, dass es gegen Preußens Verbündeten, das Königreich Italien, überragende Siege zu Lande und zur See erzielen konnte. Am nördlichen Kriegsschauplatz konnten die Österreicher das Vordringen der Preußen in Richtung Wien nicht mehr aufhalten und der militärische untüchtige Kaiser Franz Joseph wollte das Wagnis einer großen Schlacht vor den nicht mehr vorhandenen Toren seiner Residenzstadt dann doch nicht eingehen. Während Preußen im so genannten Mainfeldzug auch die süddeutschen Staaten besiegt hatte und bereits große Teile des Territoriums des Deutschen Bundes beherrschte, gab man sich schließlich in Wien geschlagen. Unter dem Einfluss Bismarcks zeigte sich nach heftigen internen Konflikten auch die preußische Führung, deren Truppen zudem durch den Ausbruch der Cholera dezimiert wurden, zum Waffenstillstand und damit zur Aufnahme von Friedensverhandlungen bereit.

Der Frieden von Prag, der auf den denkwürdigen Vorfrieden von Nikolsburg vom 26. Juli 1866 fußte, brachte für das Kaiserreich Österreich zwar ein scheinbar glimpfliches Ergebnis ohne Gebietsverluste an Preußen, bedeutete aber den Ausschluss des Habsburgerreiches aus Deutschland und den Beginn einer Sonderentwicklung, die durch den so genannten »Ausgleich« eingeleitet wurde. Bismarck hatte sein Ziel erreicht und konnte die preußische Hegemonie durch den Sieg über Frankreich wenige Jahre später zur Vollendung der kleindeutschen »Lösung« nutzen und das Deutsche Reich unter Preußens Führung begründen. Vielen Zeitgenossen schien dieses neue und so kraftvolle Reich für die Ewigkeit geschaffen. Letztlich überlebte aber dieser scheinbar so mächtige Staat nicht allzu lange, was weniger an der Person ihres Gründers, sondern an der gesamteuropäischen Konstellation und der verhängnisvollen Politik seiner Nachfolger lag.

Es gibt eine Vielzahl von – meist älteren – Publikationen zum Deutschen Kriege oder wie er sonst benannt wurde.

Viele Autoren, militärische Experten und Generalstäbler haben sich mit den militärischen Operationen, den Siegen und Niederlagen befasst, aber allzu oft wurden die menschlichen und psychologischen Komponenten rund um die Akteure nicht ausreichend gewürdigt. Das preußische Zündnadelgewehr und der österreichische Lorenz-Vorderlader traten in den Vordergrund, um militärische Erfolge zu erklären, aber die einzelnen Individuen, die Soldaten und ihr Umfeld, sowie die Zivilbevölkerung wurden dabei kaum berücksichtigt. Die Geschichte eines Krieges ist auch jene der einzelnen Menschen, seien es die Kommandeure oder die einfachen Soldaten und natürlich auch die der immer größten Gruppe – die der Zivilisten. Dabei gibt es besonders für den Krieg des Jahres 1866 eine Vielzahl von Quellen, um auch diesen Bereich aufzuarbeiten. Der Fundus an persönlichen Aufzeichnungen aller Art ist riesengroß. An kaum einem der schreibenden Zeitgenossen ging dieses Ereignis spurlos vorüber.

Die Namen einiger herausragender Politiker und Heerführer jenes kurzen und doch so entscheidenden Krieges sind heute noch vielen geläufig, während andere weitgehend in Vergessenheit geraten sind. Es soll in diesem Buch auch einiger dieser Männer, wie Generalstabschef Moltke, dem preußischen Kronprinzen Friedrich Wilhelm, General Herwarth von Bittenfeld, Feldzeugmeister Ludwig von Benedek, Erzherzog Albrecht und auch Wilhelm von Tegetthoff in kurzen biographischen Skizzen gedacht werden.

Natürlich dürfen auch die wichtigsten politischen Protagonisten dieses so folgenreichen Konflikts nicht vernachlässigt werden. Bei Persönlichkeiten wie Otto von Bismarck oder Kaiser Franz Joseph soll auch der Aspekt ihres militärischen und strategischen Verständnisses und ihr spezieller Zugang zur kriegerischen »Lösung« des alten Konflikts zwischen Preußen und Österreich um die Vorherrschaft in Mitteleuropa beleuchtet werden.

An Quellen und Literatur wurde eine möglichst große Bandbreite herangezogen, was sowohl zeitgenössische, ältere als auch moderne Publikationen einschließt. Ein beträchtliches Augenmerk wurde auch der Memoirenliteratur, Briefen, Augenzeugenberichten und Zeitungsberichten gewidmet. Auch wenn der Deutsche Krieg heute weitgehend aus dem kollektiven Gedächtnis verdrängt zu sein scheint, so sind seine Auswirkungen durchaus mit der europäischen Umgestaltung durch die Kriege Napoleons zu vergleichen. Dieser Konflikt veränderte durch die eigentliche Weichenstellung zur Gründung des Deutschen Reiches unter Preußens Führung und die Schwächung des Habsburgerreiches das Machtgefüge in Europa und führte zu Entwicklungen, die letztlich zu zwei Weltkriegen und zur heutigen Situation unseres Kontinents in großem Maße beitrugen.

*»Es kommt mir manchmal unfasslich vor, dass ich erst seit vierzehn Tagen aus Berlin bin. Was ist alles seitdem vorgefallen und wie hat die Weltlage sich umgestaltet! Gott der Herr möge ferner gnädig sein. Er hat unsere Sache sichtlich in Schutz genommen und ich glaube, dass es Sein Wille ist, dass Deutschland unter Preußen zur Einheit gelangt.«* (Helmuth von Moltke am 15. Juli 1866)

# Die lange Vorgeschichte des Krieges von 1866

*»Zwei Länder rivalisierten jahrhundertelang im Deutschen Reiche: Österreich und Brandenburg-Preußen. Es sind zwei grundverschiedene Länder, grundverschieden nach Abstammung und Wesensart ihrer Völker, grundverschieden nach dem Wesen und den Zielen ihrer Dynasten, aber ebenso auch in ihrer Bestimmung, ihrem Alter und ihrem Werden.«* (Heydendorff 1947, S. 14)

Als es 1866 zur letzten großen Auseinandersetzung zwischen Preußen und Österreich kam, war der zugrundeliegende Konflikt schon weit über 100 Jahre alt. Die Grundlage des Konflikts, jene der »unerlösten« deutschen Nation, war bereits im Hochmittelalter angelegt und wurde durch die Politik vieler Habsburger-Herrscher weiter verschärft. Deutsche Regionalfürstentümer und später die Kleinstaaterei standen oft genug einer viel zu schwachen »Reichsgewalt«, verkörpert durch die Könige und Kaiser, gegenüber. Das »Heilige Römische Reich Deutscher Nation« war ein Konglomerat differierender Fürsteninteressen und hatte mit einer Nation im heutigen Sinn kaum etwas gemein. Die religiöse Spaltung und der Dreißigjährige Krieg vereitelten letztlich jedwede Form wirkungsvoller Zentralgewalt und spätestens seit dem Westfälischen Frieden war der Titel eines »Deutschen Kaisers« eine machtlose Hülle, die sich allenfalls auf die Macht der habsburgischen Erblande stützen konnte. Diese lagen aber großteils außerhalb der eigentlichen Reichsgrenzen. Und während sich insbesondere Frankreich zu einem starken Nationalstaat entwickelte, waren sich die Herrscher der deutschen kleineren und mittleren quasisouveränen Territorialstaaten ihrer Schwäche nur zu bewusst, scheuten aber jede Veränderung, die sie ihrer relativen »Unabhängigkeit« beraubt hätte.

Durch eine Reihe von nicht unbegabten und zielstrebigen Herrschern aus dem Hause Hohenzollern, konnte das am Ende des Dreißigjährigen Krieges geschwächte und zu einem großen Teil entvölkerte Brandenburg-Preußen seine Ökonomie, seine Infrastruktur und seine militärische Potenz in einem Maße und in einer Geschwindigkeit aufbauen, in der es alle anderen Staaten Europas übertraf. Einer der wesentlichen Gründe für diesen Erfolg war die religiöse Toleranz, die Vertriebene und Religionsflüchtlinge in großem Ausmaß besonders aus Frankreich, den österreichischen Erbländern und dem Reich anzog. Österreichs Herrscher gaben sich im Gegensatz dazu und trotz der Katastrophe des Dreißigjährigen Krieges religiös weiterhin intolerant und waren bereit, auf viele Staatsbürger zu verzichten, wenn diese an der »falschen« Religion festhielten. Überhaupt nahmen die Habsburger das abgelegene und für sie wenig attraktive Brandenburg, das seit 1701 von einem »König in Preußen« regiert wurde, nicht ernst. Auch als der »Soldatenkönig« Friedrich Wilhelm damit begann, eine der stärksten und damals auch modernsten Armeen Europas aufzubauen, betrachtete ihn in Wien niemand als potentiellen Konkurrenten, sondern eher als Lieferanten von Soldaten für die vielen Kriege, die das Haus Habsburg in jener Zeit führte.

Als Kaiser Karl VI. die Pragmatische Sanktion erließ und bei allen europäischen Herrschern um die Zustimmung für seine Tochter Maria Theresia als Nachfolgerin warb, dürfte er kaum daran gedacht haben, dass seiner Dynastie bald große Gefahr aus der »Reichssandbüchse« im Nordosten drohen könnte. Denn dort gab es nach dem Tod des »Soldatenkönigs« im Jahr 1740 einen jungen Mann auf dem Thron, der der Welt lange Zeit als »Musenprinz« und »Antimachiavell« erschien. Doch als die Habsburgerin Maria Theresia fast zeitgleich mit Friedrich II. von Preußen im Einklang mit der Pragmatischen Sanktion ihre Herrschaft in den habsburgischen Erbländern antreten wollte, ließ dieser seine Maske fallen. Während Maria Theresia an vielen anderen Fronten gegen eine Vielzahl von Feinden kämpfen musste, besetzte er das habsburgische Schlesien. So kann man also den »Beginn« des preußisch-österreichischen Konflikts mit dem Überfall Friedrichs II. auf Schlesien zeitlich verorten. Von nun an hatte das Haus Habsburg in den Hohenzollern auch einen gefährlichen Konkurrenten um die Macht im Reich.

Die weitere Entwicklung des Kampfes um Schlesien bis hin zum Siebenjährigen Krieg war von dieser Konkurrenzsituation geprägt. Im Siebenjährigen Krieg wäre es den Habsburgern fast gelungen, diesen neuen gefährlichen Konkurrenten auszuschalten. Aber eben nur fast, denn das »Mirakel des Hauses Brandenburg«, der unerwartete Tod der russischen Zarin Elisabeth, rettete das Brandenburg-Preußen Friedrichs »des Großen« und hob seinen Staat mit einem Male in den Rang einer europäischen Großmacht. Von nun an mussten sich die Habsburger mit dem »Junior-Konkurrenten« im Reich arrangieren. Das zeigte sich auch beim als »Kartoffel-Krieg« in die Geschichte eingegangenen Bayerischen Erbfolgekrieg. Es gab nun eine zweite Macht im Reich, die Österreich Paroli bieten konnte.

Selbst nach dem Tod des »Alten Fritz« blieb die Konkurrenzsituation unter seinen weitaus weniger politisch begabten Nachfolgern bestehen. Auch beim gemeinsamen Vorgehen gegen die französischen Revolutionstruppen und den aufsteigenden Napoleon wurden die Österreicher und die Preußen nicht wirkliche Freunde. Österreich kämpfte in der Folge in mehreren Kriegen gegen Frankreich, hatte dabei einige militärische Niederlagen und wenige Siege aufzuweisen. Eine vernichtende Katastrophe wie jene, die bei Jena und Auerstedt 1806 die Preußen ereilte, blieb ihm jedoch erspart. Als dann die Österreicher 1809 bei Aspern zeigten, dass Napoleon nicht unbesiegbar war, standen sie allein, da das geschlagene Preußen zu sehr mit sich selbst beschäftigt war. Erst nachdem Napoleons Stern 1812 im russischen Winter versank, sahen sich die Preußen und die Österreicher wieder Seite an Seite. In der »Völker«-Schlacht bei Leipzig

1813 lag das Oberkommando ebenso wie die Führung des Generalstabs in österreichischer Hand, obwohl die Preußen später den Großteil des Sieges für sich reklamierten. General »Vorwärts« Blücher wurde der Welt später als der eigentliche Befreier Deutschlands vom französischen »Joch« präsentiert, obwohl jener eigentlich nur von einer Niederlage in die andere getaumelt war und Männer wie Schwarzenberg und Radetzky die wirklich bedeutende Offensive durchgeführt hatten.

Man trieb Napoleon nach Frankreich zurück und marschierte gemeinsam in Paris ein. Im Wiener Kongress wurde Europa neu geordnet, wobei die Preußen zu den großen Gewinnern gehörten. Doch noch spielte Österreich unter Metternich die Hauptrolle. Die Wiederkehr Napoleons mündete dann in einer Schlachte die zwar in ihrer Bedeutung häufig überschätzt wird, aber trotzdem in die Geschichtsbücher eingegangen ist: Waterloo. Die zuvor schmählich besiegten Preußen wendeten das Blatt durch ihr bloßes Auftauchen auf dem Schlachtfeld. Wenn sie zu spät gekommen wären, hätte das Napoleon auch nicht gerettet, denn Schwarzenberg und Radetzky waren wieder auf dem Weg nach Paris, wie bereits bei ihrem Sieg über Napoleon im Jahr zuvor.

Der Deutsche Bund, den man am Wiener Kongress aus der Taufe hob, war letztlich ein Kompromiss und beseitigte nicht den Antagonismus zwischen Preußen und Österreich. Dieser Bund sehr unterschiedlicher und weitgehend souveräner Staaten umfasste per Eigendefinition die »souveränen Fürsten und freien Städte Deutschlands« und schloss den österreichischen Kaiser und die Könige von Preußen, Dänemark und der Niederlande mit ein. Wobei die Herrscher Österreichs und Preußens nur mit ihren »vormals zum Deutschen Reich gehörigen Besitzungen« dem Bund beitraten. Das traf auch auf die Könige von Dänemark und der Niederlande zu, die nur für Holstein bzw. Luxemburg beitraten. Die als Teil der Wiener Kongress-Akte existierende Deutsche Bundesakte war entsprechend kompliziert und barg allerlei Zündstoff für künftige Probleme. Dieses Konstrukt sollte trotz aller Krisen von 1815 bis 1866 bestehen bleiben. Heute wird der Deutsch Bund gerne mit der Europäischen Union verglichen und es gibt wohl ein paar offensichtliche Parallelen wie die unterschiedliche Größe und Wertigkeit der Mitgliedsländer, eine fehlende gemeinsame »Regierung« und keine nur dieser Führung verantwortliche gemeinsame Armee. Die Revolution von 1848 und das vergebliche Streben, dem Bund eine gemeinsame funktionsfähige Verfassung zu geben, brachten weitere große Probleme mit sich. Der Bund umfasste am Anfang 34 Fürstentümer und vier freie Städte, wozu 1817 noch Hessen-Homburg kam. Diese Zahl verringerte sich durch Erbschaften in den deutschen Kleinststaaten auf 35 Mitglieder im Jahre 1863. In seiner Schlussphase wies das Gebiet des Deutschen Bundes knapp 50 Millionen Einwohner auf. Die Garantiemächte des Deutschen Bundes waren neben Österreich und Preußen auch Großbritannien, Russland, Schweden, Spanien und Portugal. Sie sahen sich als berechtigt, gegen einzelne Mitgliedsstaaten bei Verstößen gegen den Vertrag mit Gewalt vorzugehen. Ein Beispiel dafür war der so genannte »Frankfurter Wachensturm« im Jahre 1833, bei dem eine Gruppe von Aufständischen versuchte, eine Revolution zu entfachen. Ein großes Problem stellte natürlich auch die Mitgliedschaft fremder Monarchen für ihre im Bundesgebiet befindlichen Territorien dar. So war der englische König bis 1837 auch König von Hannover.

Das wichtigste Organ des Bundes war die Bundesversammlung in Frankfurt am Main, die eine Art von ständigem Gesandtenkongress darstellte. Hier waren alle Staaten je nach ihrer Einwohneranzahl im Plenum stimmberechtigt. Doch daneben tagte der von Österreich präsidierte Engere Rat. Dieser hatte 17 Mitglieder, zu denen die größeren Mitgliedsstaaten gehörten, und sie hatten sogenannte Virilstimmen. Die kleineren Staaten hatten nur eine Kuriatstimme und damit geringen Einfluss auf Entscheidungsprozesse. Die Stimmverhältnisse im Engeren Rat waren so gestaltet, dass weder Preußen noch Österreich diesen majorisieren konnten. Das Recht des Bundes ging wie das der Europäischen Union über jenes der Länder.

Der Deutsche Bund hatte de facto keine gemeinsame Außenpolitik, da die größeren Mitglieder hier völlig eigennützig agierten. Wichtig bei allen Entscheidungsprozessen war der Konsens zwischen Österreich und Preußen, welcher zwar nicht vertraglich festgelegt war, aber faktisch die größte Bedeutung hatte. Überhaupt ging es ständig um die Beziehungen und das Gegeneinander Preußens und Österreichs, wozu sich noch die Interessen des restlichen »Dritten Deutschlands«, wie man die Klein- und Mittelstaaten geschlossen nannte, gesellten. Beide Großmächte konnten zusammen die Mittel- und ganz besonders die Kleinstaaten disziplinieren. Somit war es auch möglich Ansätze von Liberalisierung, die Feinde des Metternichschen Systems im Vormärz und auch danach zu unterdrückt. Das war besonders nach den Karlsbader Beschlüssen und während der nachrevolutionären Reaktionszeit von 1848 von Bedeutung und wurde auch entsprechend umgesetzt. Militärisch gesehen konnte keiner der kleineren Bundesstaaten Österreich und Preußen etwas entgegensetzen. Bedeutsam war ebenfalls, dass der Bund die territoriale Unversehrtheit aller Mitglieder garantierte, was besonders den kleineren Mitgliedern ein Anliegen war. Für interne Streitigkeiten zwischen Mitgliedsstaaten standen eigene Gerichte zur Verfügung.

Auch wenn es der Deutsche Bund nicht schaffen sollte, eine gemeinsame Verfassung zu erlangen, so hatte er doch eine relativ wirksame Militärverfassung. Es gab ein Bundesheer, das aus Kontingenten aller Mitglieder bestand und nur für den Verteidigungsfall dienen sollte. Es gab auch eine Bundeskriegsverfassung sowie eine Exekutionsordnung, um die Beschlüsse des Bundes gegen aufsässige Bundesstaaten durchzusetzen. Für die permanenten Organisationsaufgaben gab es eine Bundesmilitärkommission, die sich um die, zumindest auf dem Papier beeindruckende, Militärmacht des Bundes kümmerte. Das Bundesheer war in zehn Armeekorps unterteilt, wovon ein Teil als stehendes Heer vorhanden war. Man darf sich darunter allerdings keine einheitliche Armee vorstellen. So stellten Preußen und Österreich jeweils drei Korps und die Bayern eines. Die drei restlichen Korps bestanden aus Einheiten der übrigen Bundesstaaten. Ausschlaggebend war dabei, wie auch beim Stimmgewicht, die Anzahl der Einwohner des jeweiligen Staates. Österreich und Preußen hatten dabei folglich das totale Übergewicht. Von den 300 000 Mann, die im Falle einer Mobilisierung aufgeboten werden konnten, waren viele in den Bundesfestungen stationiert. Diese mussten finanziell von den Bundesmitgliedern erhalten werden und waren alle gegen den »Erbfeind« Frankreich gerichtet: Mainz, Landau, Luxemburg, Rastatt und Ulm. Darüber hinaus hatte das Bundesheer keinen Oberbefehlshaber; dieser sollte im Fall der Fälle vom Rat der Bundesversammlung gewählt werden.

Letztlich war die militärische Macht des Bundesheeres meist stark genug, um sich gegen Klein- und Mittelstaaten durchzusetzen; bei den Großmächten Österreich und Preußen gab es aber so gut wie keine Erfolgsaussichten. Dies sollte sich letztlich auch im Krieg von 1866 zeigen. Manchmal mussten die Bundestruppen gar nicht eingesetzt werden, da sich schon die bloße Drohung als ausreichend erwies. Da die Bundestruppen nicht selten zur Unterdrückung liberaler, verfassungsgebender oder revolutionärer Bestrebungen eingesetzt wurden, waren sie sicherlich das wichtigste Mittel der Repression im Deutschen Bund. Als Polizeitruppe zur Aufrechterhaltung der alten Ordnung und als friedenssicherndes Mittel innerhalb der unübersichtlichen deutschen Staatenlandschaft bewährte sich das Bundesheer sicherlich. Doch die spätere Entwicklung sollte zeigen, dass es als militärischer Faktor in einem großen Krieg zu vernachlässigen war.

Ein weiteres Problem, das auch im Konflikt zwischen Preußen und Österreich eine große Rolle spielen sollte, waren die Zollschranken zwischen den einzelnen Bundesstaaten. Auf Bundesebene konnte darüber lange Zeit keine Einigung erreicht werden, weshalb dann einzelne Staaten die Initiative ergriffen. Führend dabei war Preußen, das 1818 alle innerstaatlichen Handelsschranken fallen ließ. Dem preußischen Zollsystem schlossen sich nach und nach einige kleinere Nachbarstaaten an. Das »Dritte Deutschland« der Klein- und Mittelstaaten bemühte sich, einen Zollverbund zu gründen, wobei schließlich der »Mitteldeutsche Handelsverein« entstand. Dieser Verein hatte keine lange Lebensdauer und begann bereits 1829 zu zerbrechen. Die Entwicklung führte nun zum großen Deutschen Zollverein, wobei sich 1833 der preußische und der süddeutsche Zollbereich zusammenschlossen. Weitere Staaten kamen hinzu. Bis auf Österreich, Hannover und den ehemaligen Hansestädten im Norden waren schließlich alle im Zollverein vereint. Preußen hatte dabei wiederum das Übergewicht und war tonangebend. Manche sahen darin bereits eine Vorstufe zur Umsetzung der kleindeutschen Lösung, einer Vereinigung ganz Deutschlands unter Preußens Führung ohne Österreich. Bei den Österreichern war man – besonders der lange Zeit allmächtige Fürst Metternich – über diese Entwicklung besorgt.

Besonders auf österreichischer Seite lag aus Angst vor jeder Form von Veränderung das zentrale Augenmerk auf der Sicherung des Status Quo. Der Bund war besonders von der Entwicklung in Frankreich beeinflusst, da von dort aus eine Abfolge von Revolutionen und Systemwechseln auch ihre Wirkungen auf die gebildeten Deutschen hatte. Doch vorerst tat man alles, um eine Art von wohl überwachter »Friedhofsruhe« aufrecht zu erhalten. Durch die Rheinkrise mit Frankreich und der damit verbundenen Angst vor einer erneuten territorialen Expansion des »Erbfeindes« wurden in den Staaten des Deutschen Bundes auch viele nationale Gefühle mobilisiert, von denen Preußen viel mehr profitierte als das reaktionär erstarrte Österreich. Eine wichtige Zäsur war die Revolution von 1848, welche die Zeit des Vormärz und der metternichschen Bevormundung beendete. Außer in Preußen und Österreich kam es auch in einigen kleineren deutschen Staaten zu revolutionären Erhebungen. Die meisten Revolutionäre betrachteten den Deutschen Bund als Hindernis zur Etablierung eines deutschen Nationalstaates. Die Revolution brachte nicht nur für die Österreicher (Italien, Ungarn), sondern auch für den Bund kriegerische Entwicklungen in Südwestdeutschland und gegen Dänemark mit sich. Bei letzterem Konflikt wurde das Problem mit Holstein und Schleswig akut, welches später zum Krieg von 1864 und letztlich auch zum Deutschen Bundeskrieg führen sollte. Die Schlesisch-Holsteinische Erhebung und der Krieg mit Dänemark endeten jedoch vorerst erfolglos und brachten eine Niederlage des Bundes mit sich.

Die gewählte Deutsche Nationalversammlung in Frankfurt erwies sich 1848 als machtlos, und zeitigte auch einen großen Verlust an Legitimität für den Deutschen Bund. Die Ernennung des habsburgischen Erzherzogs Johann zum Deutschen Reichsverweser schien eigentlich das Ende des Bundes zu bedeuten. Doch es kam anders und mit der Niederschlagung der Revolution und der Beseitigung der neu geschaffenen demokratischen Institutionen fügte sich alles vorerst wieder in alte Bahnen. Indes war viel in die Brüche gegangen. Der Konflikt zwischen Großdeutschen und Kleindeutschen hatte im Frankfurter Parlament eine wichtige Rolle gespielt und kleindeutsche Abgeordnete hatten König Friedrich Wilhelm IV. von Preußen sogar die Kaiserkrone angeboten, was dieser aber ungnädig abgelehnt hatte.

Die folgende Restauration des Deutschen Bundes verschärfte den alten Konflikt zwischen Österreich und Preußen extrem. Die Preußen wollten einen engeren Bund unter ihrer Dominanz etablieren, der »Deutsches Reich« genannt werden sollte. Österreich sollte mit diesem neuen Gebilde nur recht lose als »Deutsche Union« verbunden sein. Nicht nur Österreich lehnte diese »Reform« des Bundes entschieden ab, auch Bayern, Württemberg, Hannover und Sachsen konnten diesem Plan nichts abgewinnen. Dennoch wurde 1850 ein »Erfurter Unionsparlament« ins Leben gerufen, das die neue Verfassung unter dem Diktat Preußens annahm. Österreich, das von dem fähigen und energischen Staatskanzler Felix zu Schwarzenberg geführt wurde, berief für Mai 1850 einen Kongress ein, der zur Erneuerung des Deutschen Bundes führen sollte. Zudem wurde Anfang September 1850 ein Rumpfbundestag einberufen, der aber von den Preußen und einigen Satellitenstaaten boykottiert wurde. Preußen vereinnahmte inzwischen auch einige kleinere Bundesstaaten militärisch und die Zeichen schienen auf Krieg zu stehen. Ein wichtiger Konfliktfaktor war dabei vor allem die bestehende Krise mit Dänemark um Schleswig und Holstein. Als der reaktionäre Kurfürst von Hessen in eine Auseinandersetzung mit seinem Parlament verwickelt war, beschloss der Rumpfbundestag unter Österreichs Einfluss die Bundesexekution in Hessen. Die Österreicher konnten sich dabei auf die Bayern und Württemberger verlassen und erhielten sogar russische Unterstützung. Preußen war nicht bereit, sich diese Entwicklung bieten zu lassen und so marschierten sowohl Bundestruppen als auch preußische Einheiten in Hessen ein. Die »Herbstkrise« von 1850 hätte nun fast zu jenem Krieg geführt, der schließlich 1866 ausgetragen werden sollte. Nur waren dabei Preußens Karten eindeutig schlechter, da Österreich nicht mehr gegen Italien kämpfte und sich zudem noch der Unterstützung durch den Zaren sicher war. Außerdem hätte Österreich auch noch den greisen Feldmarschall Radetzky aufbieten können, der sich in einer Vielzahl von Schlachten den Ruf eines Unbesiegbaren erworben hatte. Preußen gab schließlich klein bei, der konfliktorientierte Außenminister Radowitz wurde entlassen und die Regierung unter Otto Theodor von Manteuffel setzte auf Verhandlungen mit Österreich. Der Vertrag von Olmütz vom 29. November 1850 wurde vielfach als preußische Niederlage interpretiert, da man die preußische Unionspolitik aufgab und einem Wiederanschluss Preußens an den

Bund zustimmte. Die endgültige Abrechnung zwischen Preußen und Österreich wurde dadurch fürs Erste aufgeschoben.

Über die Neugestaltung des Bundes diskutierte man dann bei der Dresdner Ministerialkonferenz aller Bundesstaaten monatelang. Da man sich, wie zu erwarten, auf keine Stärkung der Exekutivgewalt des Bundes einigen konnte, gab es keine Reform. Lediglich der vorrevolutionären Zustand wurde wieder hergestellt. In der inzwischen eingesetzten Phase der Reaktion und, besonders in Österreich, des Neoabsolutismus, versuchte man wie zuvor, jede Opposition zu bekämpfen und die Verfassungen der Einzelstaaten zu kontrollieren. Die Spuren der Revolution wurden teilweise sogar unter dem Einsatz militärischer Gewalt beseitigt. Ein Polizeiverein sollte die antirevolutionären Aktivitäten der Bundesmitglieder koordinieren, während die Zensur erneut kräftig durchgriff und man das Aufkommen neuer politischer Parteien zu verhindern trachtete.

Doch ließen sich vor allem in den größeren Staaten wie Preußen und Österreich gewisse Entwicklungen nicht aufhalten. Während in Österreich auf Grund der Niederlage im Krieg gegen Frankreich und Sardinien im Jahr 1859 eine relative Liberalisierung und neue Verfassungsexperimente Platz griffen, sorgte in Preußen der Übergang der Herrschaft von Friedrich Wilhelm IV. zu Wilhelm I. für einen neuen Geist, der als »Neue Ära« bezeichnet wurde. Das färbte auch auf andere Mitglieder des Bundes ab und die erstarrten politischen Strukturen Deutschlands begannen sich rasch aufzulockern. Die Liberalen wurden als politische Gruppe bedeutend und die Parlamente pochten auf ihre neuen Rechte. Diese Entwicklung brachte es ebenfalls mit sich, dass sich der Graben zwischen Preußen und Österreich erneut vertiefte, da es den neuen Regierungen am reaktionären Grundkonsens fehlte. Der Nationalismus erhielt wieder mehr Stellenwert und der Vielvölkerstaat Österreich stellte dabei für viele einen Störfaktor dar.

Die Politik Österreichs in Italien, der Krieg von 1859 und auch die stets drohende erneute Auseinandersetzung mit Frankreich, das nun von dem Emporkömmling Napoleon III. beherrscht wurde, waren wichtige Themen. Der 1859 in Frankfurt gegründete Deutsche Nationalverein nahm sich die italienische Nationalbewegung gegen die Herrschaft der Österreicher als Vorbild und forderte die kleindeutsche Lösung. Wobei natürlich Preußen die führende Rolle übernehmen sollte und der Deutsche Bund keine Rolle mehr spielen würde. Man wollte ein deutsches Parlament und eine zentrale Regierung wie zuvor 1848. Dem entgegengesetzt entstand der großdeutsche Deutsche Reformverein, der sich vor allem aus Mitgliedern aus Deutschlands Süden rekrutierte. Beide Lager standen sich unversöhnlich gegenüber und hatten wortgewaltige Fürsprecher. Die beiden Vereine sollten nach den gewaltsamen Veränderungen von 1866 schließlich ihre Daseinsberechtigung verlieren. Allen war klar, dass es nicht mehr so weitergehen könne und man verlangte einen Wandel, über dessen Richtung man sich aber nicht einig war. Kern der Auseinandersetzungen war die Rolle, die Österreich in Zukunft in Deutschland spielen würde. Diese Differenzen entzweiten auch die Mitgliedsstaaten des Bundes untereinander, wobei besonders die mittelgroßen Staaten eher auf eine Reform des Deutschen Bundes setzten. In der Würzburger Konferenz hatten bereits 1858 diese Staaten eine föderative Reform des Bundes verlangt. Doch Preußen und Österreich waren dazu nicht bereit.

Als Bismarck preußischer Ministerpräsident geworden war, schienen die Österreicher geschockt, dass dieser »schreckliche und gefährliche Mann« (Kaiser Franz Joseph) Leiter der preußischen Politik geworden war. Nun preschte auch noch der sächsische Minister Freiherr von Beust mit einer sehr konservativen Reformidee für den Deutschen Bund vor, die natürlich den Österreichern in die Hände spielen sollte. Bismarck führte in der Folge einige Unterredungen, um das Projekt zu Fall zu bringen, denn er wollte längst nicht das Weiterleben des Bundes, sondern dessen Untergang. Er sprach auch offen davon, dass der Gegensatz zu Österreich bald zum Krieg führen würde, falls Österreich nicht nachgeben und sich nicht weitgehend aus Deutschland zurückziehen würde. Norddeutschland sei die *»natürliche Einflusssphäre«* Preußens. *»Hätte an der Spitze Österreichs ein wahrer Staatsmann gestanden, so hätte er entweder Bismarcks Rat befolgt oder sich auf einen Krieg vorbereitet.«* (Eyck 1975, S. 62) Doch nichts dergleichen geschah, denn der österreichische Außenminister hieß Rechberg und der Kaiser Franz Joseph. Letzterer ließ in der Folge sogar zu, dass die österreichische Volksvertretung seine Armee finanziell aushungerte und reduzierte. Derartiges geschah während der österreichischen Geschichte häufig, bevor diese Armee wirklich dringend gebraucht wurde.

## Deutscher Fürstentag in Frankfurt 1863

*»So kurzsichtig die österreichischen Politiker auch waren, sie konnten sich der Einsicht nicht entziehen, dass die Verfassung des Deutschen Bundes veraltet und die Lösung des deutschen Problems brennend geworden war.«* (Eyck 1975, S. 68)
Von Seiten Österreichs war man trotz des starken Drucks durch die Nationalbewegung lange Zeit kaum zu irgendeiner Form von Veränderung bereit. Schließlich sah sich die Regierung von Kaiser Franz Joseph aber gezwungen, von sich aus Reformvorschläge zu machen, um nicht gänzlich überspielt zu werden. Der österreichische Reformentwurf sah ein Bundesdirektorium von fünf Mitgliedern als Exekutive vor: Österreich, Preußen und Bayern als ständige Mitglieder, während die beiden anderen von den übrigen Staaten des Bundes gewählt und einem regelmäßigen Wechsel unterzogen gewesen wären. In der bisherigen Bundesversammlung hätten Österreich, das auf seinem Vorsitz beharrte, und Preußen jeweils drei Stimmen gehabt. Zudem war

der zutiefst antidemokratische Kaiser Franz Joseph sogar bereit, ein Abgeordnetenhaus des Bundes zuzulassen. Gemeinsam mit der Fürstenversammlung hätte es die Legislative gebildet. Auch ein oberster Gerichtshof des Bundes war vorgesehen. Insgesamt bedeutete der Entwurf einen Übergang vom reinen Staatenbund zum Ansatz eines Bundesstaates. Dieser Plan war für österreichische Verhältnisse fast revolutionär, wurde aber von den Liberalen in Deutschland wegen der nicht direkt gewählten Volksvertretung abgelehnt, während sich Preußen daran stieß, dass es wieder nicht als gleichberechtigte Führungsmacht agieren sollte. Nun kam die Stunde Bismarcks, dem es gelang, seinen Souverän von der Teilnahme am Frankfurter Fürstentag abzuhalten, wo Österreich die Bundesreform durchsetzen wollte. Somit »scheiterte« die letzte Chance, den Konflikt diplomatisch zu regeln und dem Deutschen Bund eine Überlebenschance zu geben. Preußen pochte weiter auf eine Erhöhung der eigenen Position und wollte den Bund entlang der Mainlinie in zwei Einflusssphären teilen. Dieses Vorhaben stieß natürlich bei Österreich auf Unverständnis. Durch den Gegensatz der beiden Großmächte hatte sich der Deutsche Bund als nicht reformierbar erwiesen.

## Der Krieg gegen Dänemark 1864

»*Nachbar oder Feind ist mir gleichbedeutend.*« (Friedrich II.)

Der Krieg Preußens und Österreichs gegen Dänemark im Jahre 1864 war ein kleinerer Konflikt, der letztlich einen größeren hervorbrachte. Er ist wohl auch nur unter dem zunehmenden Einfluss des deutschen Nationalgedankens verständlich. Die beiden Herzogtümer Schleswig und Holstein waren seit etwa 900 Jahren mit Dänemark verbunden und der dänische König herrschte über sie in Personalunion als Herzog. Die Gründung des deutschen Bundes 1815 brachte es mit sich, dass nun auch der dänische König als Herzog von Holstein Mitglied des Bundes war. Dies war so lange unproblematisch, bis die Dänen versuchten, die beiden Herzogtümer in ihren Staat zu integrieren. Das dänische Vorgehen war prinzipiell gegen die Gesamtinteressen des Deutschen Bundes gerichtet, aber letztlich sollten nur die beiden Großmächte im Bund militärisch gegen Dänemark aktiv werden.

Der unmittelbare Auslöser für den Krieg war die dänische Novemberverfassung von 1863, in der das Herzogtum Schleswig eng an das dänische Königreich gebunden wurde. Der Deutsche Bundestag beschloss am 1. Oktober 1863 die Bundesexekution gegen Holstein und das ebenfalls unter dänischer Hoheit befindliche Herzogtum Lauenburg. Österreich, Preußen, Sachsen und Hannover sollten die Besetzung dieser Territorien durchführen, was auch bis Ende Dezember 1863 geschah. Dänemark zog daraufhin seine Armee zusammen, was dazu führte, dass Preußen und Österreich erklärten, sie würden ihr Vorgehen nun auch ohne Beschlüsse des Bundestages fortführen. Dies zeigte einmal mehr die Bedeutungslosigkeit des Bundestages. Als Dänemark ein Ultimatum der beiden Großmächte vom 16. Februar 1864 zur Aufhebung der neuen Verfassung und Räumung Schleswigs ignorierte, kam es am 1. Februar zum Einmarsch österreichischer und preußischer Truppen in Schleswig. Ein Protest des Bundestages und der Versuch zu einer diplomatischen Lösung scheiterten und der Konflikt wurde militärisch entschieden.

Der Krieg Preußens und Österreichs gegen das militärisch ungemein schwächere Dänemark zeigte bereits, was später im Krieg von 1866 zum Tragen kommen sollte. Während sich Preußen als maritimer Nicht-Faktor erwies, fand die einzig bedeutende Auseinandersetzung zur See zwischen österreichischen und dänischen Kriegsschiffen statt. Doch der wesentliche Aspekt war der Landkrieg, bei dem die beiden Armeen der deutschen Großmächte ihre unterschiedliche Bewaffnung, Taktik und militärische Führung offenbarten.

Von Beginn an schien es so, als würden die österreichischen Truppen die Preußen deklassieren. Der alte preußische Generalfeldmarschall Friedrich von Wrangel hatte zwar das nominelle Oberkommando über die verbündeten Truppen, aber die Österreicher unter General Ludwig von Gablenz agierten recht eigenständig und konnten einige beeindruckende militärische Erfolge erringen. Ihre Siege bei Oberselk (3. Februar 1864) und Oeversee (6. Februar 1864) führten dazu, dass sie immer weiter nach Norden vorstoßen und die Dänen vor sich hertreiben konnten, während der preußische Versuch, die Schlei bei Missunde zu übersetzen, zunächst verlustreich scheiterte.

Als sich die Dänen bei Düppel vor den Toren des strategisch wichtigen Sonderburgs verschanzten, um den Übergang über den Alsensund zu sichern und eine Invasion Alsens zu verhindern, standen die Preußen unter Erfolgsdruck. *»Die Düppeler Schanzen also mussten genommen werden, nicht nur aus strategischen Gründen, sondern vor allem aus solchen des preußischen Prestiges. Denn die sehr kärglichen Lorbeeren, die dieser Feldzug bisher gebracht hatte, waren ja fast durchwegs den österreichischen Fahnen zugefallen, die davon eigentlich aus ihren jüngsten italienischen Feldzügen schon genug trugen. Preußen hingegen, nach fast fünfzigjähriger Friedenszeit, hätte militärische Erfolge viel nötiger gehabt, nicht nur zur Rechtfertigung der Militärvorlagen des Königs, sondern vor allem zum Beweis dafür, dass die Armee die alte geblieben und nicht, wie die von 1806, auf verjährten Ruhmestaten eingeschlafen war, kurz: zur Stärkung des Ansehens nach außen und des eigenen Selbstwertgefühls.«* (Richter, 1938, S. 121)

Die später zu einem nationalen Mythos werdenden Düppeler Schanzen waren sehr stark befestigt und mit neuen englischen und schwedischen Geschützen armiert. Der achtzigjährige Wrangel, der durch die moderne Kriegsführung überfordert war und der auch ein persönliches Problem mit Bismarck hatte, den er zu den *»Diplomaten, die an den Galgen gehören« (Bismarck 1965, S. 263)* zählte, war inzwischen als

Oberbefehlshaber durch den Prinzen Friedrich Karl mehr oder weniger ersetzt worden. Da ein geplanter Handstreich mittels einer überraschenden preußischen Landung auf Alsen vom Wetter unmöglich gemacht wurde, entschloss sich die preußische Führung zu einem Frontalangriff, der dann am 18. April nach einer immerhin fast fünfwöchigen Belagerung durchgeführt wurde. Dabei gaben die große zahlenmäßige Überlegenheit der Angreifer und auch das preußische Zündnadelgewehr, von dem später noch sehr viel die Rede sein wird, den Ausschlag. Die dänischen Verluste waren letztlich auch viel höher als die preußischen.

Bei den Preußen war der Jubel über den Sieg riesengroß und sogar der eher nüchterne Kronprinz ließ sich davon mitreißen. Er fiel Friedrich Karl um den Hals und küsste dann auch noch alle höheren Offiziere, die ihm über den Weg liefen, ziemlich wahllos. Später schrieb er noch: »*Ich habe Gott gedankt, dass 1864 Preußen nach fünfzig Jahren dasselbe Volk in Waffen geblieben ist wie in der großen Freiheitszeit.*« (Richter 1938, S. 123) Letztlich war der symbolisch-politische Erfolg des preußischen Sieges bei den Düppeler Schanzen sogar bedeutender als der militärische, denn der Krieg ging noch einige Zeit weiter und auch die Österreicher konnten weitere Siege erringen. Preußen hatte aber gezeigt, dass es trotz langer Friedenszeit zu erfolgreichen militärischen Kraftakten fähig war und bewiesen, dass es zu Recht als militärische Großmacht galt. Zudem zeigte die Gefechtsführung im Krieg gegen Dänemark, dass man mit der österreichischen Stoßtaktik zwar Siege erringen konnte, wenn man gegen einen ebenfalls mit Vorderlader-Gewehren ausgerüsteten Gegner kämpfte, allerdings bedeutende Verluste in Kauf nehmen musste. Im Gegenzug zeigte sich bei der preußischen durch das Zündnadel-Gewehr geprägten Infanterietaktik, dass man militärische Erfolge auch mit viel geringen Verlusten erzielen konnte.

Das verhältnismäßig kleine Dänemark, dem nun auch ein Verband der österreichischen Flotte, der vom Mittelmeer bis in die Nordsee vorgestoßen war, zusetzte, wurde schließlich militärisch immer mehr in die Enge getrieben und musste seine Sache verloren geben. Im Frieden von Wien übergab Dänemark am 30. Oktober 1864 die Herzogtümer Holstein, Schleswig und Lauenburg zur gemeinsamen Verwaltung an Österreich und Preußen.

Schon bald zeigte sich, dass die Vorstellungen über die Zukunft der eroberten Herzogtümer zwischen den beiden Siegermächten auseinanderwichen. So sah Österreich die Einrichtung von souveränen Doppelherzogtümern vor, während sich Preußen die Herzogtümer eigentlich einverleiben wollte, ging es doch dabei auch um die Erringung eines direkten Zugangs zur Nordsee. Bismarck sah auch eine ideale Gelegenheit, mit Hilfe eines Konflikts über Schleswig und Holstein eine endgültige und natürlich militärische Auseinandersetzung mit Österreich herbeizuführen. 1870 erklärte Bismarck dem Kronprinzen Friedrich Wilhelm, er habe schon bei seiner Amtsübernahme *»den festen Vorsatz gehabt, Preußen zum Kriege mit Österreich zu bringen«*, sich aber gehütet, *»damals oder überhaupt mit Seiner Majestät davon zu sprechen, bis ich den Zeitpunkt als geeignet angesehen.«* (Heydendorff 1947, S. 369 f.)

Bismarck setzte gegen die Österreicher letztlich auf volle Konfrontation: Es *»mehrten und verschärften sich in Schleswig-Holstein die Zusammenstöße zwischen der österreichischen und preußischen Verwaltung von Tag zu Tag. Fast stets wurden die Österreicher in die Defensive gedrängt. Sie mussten den Eindruck haben, als ob die Preußen bewusst darauf ausgingen, ihre Stellung unhaltbar zu machen. Auch die Noten, die Bismarck nach Wien schickte, wurden immer schärfer und angreiferischer.«* (Eyck 1975, S. 96) Die große Auseinandersetzung kündigte sich an.

# Otto von Bismarck und Kaiser Franz Joseph

*»Für beide ist kein Platz nach den Ansprüchen, die Österreich macht, also können wir uns auf die Dauer nicht vertragen. Wir atmen einer dem anderen die Luft vor dem Munde fort, einer muß weichen oder vom anderen ›gewichen werden‹, bis dahin müssen wir Gegner sein.«* – (Otto von Bismarck an Ludwig von Gerlach am 19. 12. 1853)

Sie waren zwei Persönlichkeiten, die kaum unterschiedlicher hätten sein können – Otto Eduard Leopold von Bismarck-Schönhausen und Kaiser Franz Joseph von Österreich. Während der Eine ein bewusst kalkulierender Bellizist mit Drang zur Veränderung und einer klaren Vision war, erschien der Andere schon seinen Zeitgenossen in mehrfacher Hinsicht als ein Getriebener, der mit seinen bescheidenen Fähigkeiten versuchte, das Bestehende zu bewahren.

## Otto von Bismarck

*»Für die meisten Menschen, besonders außerhalb Deutschlands, ist Bismarck der Mann von ›Blut und Eisen‹. Nicht ohne Grund! Er selbst hat diese Wendung geprägt, und er hat, wie wir sehen werden, oft in ihrem Geist gehandelt.«* (Eyck 1975, S. 8)

Der spätere »Eiserne Kanzler« entstammte väterlicherseits einem alten Junkergeschlecht der Altmark. Seine Mutter war von bürgerlicher Herkunft. Der Vater des jungen Otto war Rittmeister und ein typischer kleiner Landedelmann ohne bedeutende Ambitionen, während die ehrgeizige Mutter großen Einfluss auf ihren Sohn nahm. Da sie für ihn eine Zukunft im höheren Staatsdienst anstrebte, sorgte sie dafür, dass der kleine Otto eine für seine Stellung untypische höhere Bildung genoss. Der am 1. April 1815 geborene Bismarck hatte jedoch ein sehr reserviertes Verhältnis zu seiner ehrgeizigen und rationalistisch denkenden Mutter, während er seinen Vater liebte. Im Alter von sechs Jahren musste der kleine Bismarck in ein strenges Internat in Berlin eintreten, dessen Zwänge und Disziplin seinem Wesen nicht entsprachen und man kann darüber spekulieren ob dies seinen lebenslangen Widerstand gegen Autoritäten begründet haben mag. 1827 wechselte Bismarck in ein Berliner Gymnasium und ab 1830 in das humanistische Gymnasium zum Grauen Kloster, wo er auch das Abitur ablegte. Er war kein besonders fleißiger Schüler, zeigte aber eine große sprachliche Begabung. In religiösen Belangen erwies er sich schon in jungen Jahren als kritisch und jeden Dogmatismus ablehnend. Später wies er jedoch die Unterstellung zurück, er sei ein Atheist.

Als Bismarck nach dem Abitur sein Studium der Rechtswissenschaften an der altehrwürdigen Universität von Göttingen aufnahm, entschied er sich gegen eine Mitgliedschaft bei einer oppositionellen Burschenschaft, sondern trat einer schlagenden landsmannschaftlichen Verbindung bei. Der junge Mann interessierte sich wenig für sein Jura-Studium. Besonders die Geschichte hatte es ihm angetan und er entwickelte dazu auch unkonventionelle Zugänge. Ab Herbst 1833 finden wir Bismarck als Student in Berlin, wo er auch 1835 das Staatsexamen absolvierte. Er begann nun eine Laufbahn im juristischen Bereich, die ihn aber schon bald langweilte. Nach einigen illustren Damenbekanntschaften verlor der junge Mann schließlich seine Stelle als Regierungsreferendar. Er gab sich neben seinen Affären mit u. a. verheirateten Frauen dem Glücksspiel in Kasinos hin und somit scheiterte auch sein halbherziger Versuch, sich im Verwaltungsdienst zu etablieren. Im Jahre 1838 leistete Bismarck seinen Militärdienst als Einjährig-Freiwilliger ab. Er tat dies bei zwei Jäger-Bataillonen, also bei der Infanterie, welche die eigentliche Haupt- und Erfolgswaffe der Preußen darstellte. Nachdem er sich auch noch in Greifswald an der Königlichen Staats- und landwirtschaftlichen Akademie Eldena weiter gebildet hatte, zog der junge Junker nach Hinterpommern und betätigte sich als Landwirt. Gemeinsam mit seinem Bruder bewirtschaftete er die Familiengüter und schien von Politik wenig wissen zu wollen. Dennoch ließ er sich 1841 zum Landrat wählen, kümmerte sich aber weiterhin um die Güter, die er sich mit seinem Bruder geteilt hatte. Nach dem Tod des Vaters konnte Bismarck, der inzwischen großes Wissen über die moderne Landwirtschaft erworben hatte, die Familienbetriebe sanieren und seine Schulden zurückzahlen. Doch es zeigte sich, dass das eher beschauliche Leben als Landjunker einen Mann wie Otto von Bismarck auf Dauer nicht befriedigen konnte. Er unternahm deshalb Reisen, wie z. B. nach Frankreich, England und in die Schweiz, und beschäftigte sich mit Philosophie und Kunst. Da er sehr gesellig und trinkfest war, sowie an vielen gesellschaftlichen Ereignissen teilnahm, war Bismarck allgemein bekannt und bei vielen seiner Standesgenossen beliebt. 1844 lernte er Johanna von Puttkamer bei der Hochzeit eines Freundes kennen und heiratete sie schließlich, nachdem er 1847 den Widerstand von Johannas Vater überwunden hatte. Das Paar sollte drei Kinder – eine Tochter und zwei Söhne – haben. Die Beiden entwickelten eine sehr enge liebevolle Bindung und schrieben sich viele Briefe, die man als beeindruckende Briefliteratur betrachten und auch als wertvolle historische Quelle heranziehen kann.

Bismarcks politische Karriere war zunächst regional begrenzt, er unterstützte seinen als Landrat amtierenden Bruder und war Mitglied des Pommerschen Provinziallandtags. Doch wurde er bald in einen pietistisch gesonnen Kreis von Standesgenossen integriert, was ihn in Kontakt mit einigen führenden konservativen Politikern brachte. Besonders der Kontakt zu Ludwig von Gerlach wurde für ihn bedeutungsvoll. Es ging dem preußischen Landjunker Bismarck damals in erster Linie darum, die Stellung und die Privilegien des landbesitzenden Adels zu bewahren. Auch die konservativen Adeligen wollten keinen absolutistischen Staat, sondern eine Mitregierung, besonders durch ihren Stand. Das machte sie aber nicht unbedingt zu Demokraten im heutigen Sinne.

Nachdem Bismarck 1847 als Vertreter der Provinz Sachsen zum Mitglied des Vereinigten Landtags geworden war, zeigte er sich als orthodox Konservativer, dem alles Liberale zutiefst suspekt war. Er war auch ein erbitterter Gegner der Gleichstellung der Juden. Trotz des Widerstands, der ihm entgegenschlug, bemerkte er, dass er Gefallen an der Politik fand. Durch die Energie, die er an den Tag legte und seine ständige Bereitschaft zur politischen Auseinandersetzung, hatte Bismarck bald viele Freunde und Förderer unter den Konservativen und sogar König Friedrich Wilhelm IV. wurde auf ihn aufmerksam. Der ambitionierte Jungpolitiker wollte nun sogar eine eigene konservative Zeitung gründen, um der liberalen Presse ein Gegengewicht zu schaffen.

Doch dann brach die Märzrevolution von 1848 aus und viele Angehörige der herrschenden Schicht schienen kurzzeitig wie gelähmt. Doch Bismarck bezog eindeutig Stellung, indem er die Bauern auf seinen Gütern bewaffnete und mit ihnen gegen Berlin marschieren wollte. Auch wenn dieses Vorhaben vom Militär verhindert wurde, entwickelte Bismarck weitere Pläne zur Bekämpfung der Revolutionäre. Als er die Gattin des Kronprinzen, Prinzessin Augusta, von einer Gegenrevolution überzeugen wollte, stieß er auf Ablehnung und zog sich die Feindschaft seiner zukünftigen Königin zu, was sich später nicht zu seinem Vorteil auswirken sollte. Als der König die Revolution anerkannte, sah man den reaktionären Bismarck schwer enttäuscht. Bei den Wahlen zur preußischen Nationalversammlung wurde Bismarck nicht gewählt, betrieb aber in der Folge eifrig die Sammlung des rechten Lagers. Schon bald konnte er sich auch an der Gründung der später allgemein »Kreuzzeitung« genannten »Neuen Preußischen Zeitung« beteiligen und war Mitglied im »Junkerparlament«, in dem die versammelten adeligen Gutsbesitzer ihr Eigentum und ihre Rechte verteidigen wollten. Der König und sein engster Kreis schätzten den konservativen Junker, machten ihn aber nach der Niederschlagung der Revolution nicht zum Minister. König Friedrich Wilhelm IV. hatte Bedenken und schrieb über Bismarck: *»Nur zu gebrauchen, wenn das Bajonett schrankenlos waltet.«*

Trotz dieser Enttäuschung blieb Otto von Bismarck der Politik erhalten und wurde im Sommer 1849 in den preußischen Landtag gewählt. Nachdem er mit seiner Familie nach Berlin gezogen war, wurde er rasch zum wichtigsten Sprecher der Ultrakonservativen, denen es in erster Linie um Preußen und dessen Macht ging. Mit der deutschen Einheit, die dem König ein Anliegen war, hatte der streitbare Bismarck damals noch nichts im Sinne und lehnte die so genannte Erfurter Union ab. Dabei war er auch bereit, sich gegen den König zu stellen. Das brachte ihm zum ersten Mal auch Leuten nahe, die ihn zuvor nur als Ultrakonservativen gesehen hatten. Interessanterweise wurde Bismarck trotz seiner Ablehnung in das Erfurter Unionsparlament gewählt und sogar der Schriftführer dieser ihm wenig genehmen Institution. In Erfurt entwickelte er sich nach und nach zu einem der besten Redner des Parlaments, der viele Zuhörer rhetorisch in seinen Bann ziehen konnte.

Bekanntlich scheiterte das Konzept der Erfurter Union und es kam fast zum Krieg mit Österreich. Bismarck sah sich nun gezwungen, die von vielen als Niederlage bzw. Demütigung Preußens gesehene Olmützer Punktation im Landtag zu verteidigen. Dass er sich bei seinen Reden nun von seinem strikten Konservativismus entfernte, war sowohl durch die Umstände als auch durch einen gewissen Lernprozess bestimmt. Bismarck bewies trotz seiner scheinbaren ideologischen Sturheit immer wieder auch ein bedeutendes Maß an Flexibilität, wenn es darum ging, sich den Verhältnissen anzupassen, um diese dann mitzugestalten. Frei nach dem

Motto: »Es muss sich vieles ändern, damit alles so bleibt wie es ist.«

Obwohl Bismarck kein gelernter Diplomat war, betrieb der mächtige Leopold von Gerlach seine Bestellung zum preußischen Gesandten beim Deutschen Bund in Frankfurt. Dieser Diplomatenposten kann wohl als der wichtigste, den das Königreich zu jener Zeit zu vergeben hatte, betrachtet werden. Sahen viele Beobachter die Bestellung Bismarcks als Zeichen der Reaktion in Preußen und dessen Eingeständnis der Unterlegenheit gegenüber Österreich, so entwickelte der neue Gesandte schnell ein eigenständiges Profil und er war auch oft nicht bereit, Rücksicht auf seine Auftraggeber in Berlin zu nehmen.

Bismarck betrieb seine Aufgabe mit so viel Einsatz, dass er 1852 selbst vor einem politisch motivierten Duell nicht zurückschreckte. Der Junker wollte schlicht die Dominanz Österreichs und die Omnipotenz des österreichischen Ministerpräsidenten Fürst Felix zu Schwarzenberg nicht hinnehmen. Preußen sollte sich als gleichberechtigte Macht einbringen und nicht eine Art von Juniorpartner Österreichs sein. Rasch wurde der österreichische Gesandte Friedrich von Thun und Hohenstein zu Bismarcks Lieblingsgegner. Er mied auch Provokationen nicht und konnte sogar für einige Zeit die Arbeit des Bundestages blockieren. Ein wichtiger »Sieg« Bismarcks zu jener Zeit war, dass er verhindern konnte, dass Österreich dem Deutschen Zollverein beitrat, was massive wirtschaftliche Auswirkungen für die Habsburgermonarchie hatte.

Nachdem gegen seinen offenen Widerstand 1854 das Schutz- und Trutzbündnis Preußens mit Österreich erneuert worden war, konnte Bismarck es als Triumph verbuchen, dass der Antrag der Österreicher, die Bundestruppen während des Krimkrieges gegen Russland zu mobilisieren, abgeschmettert wurde. Das war sein wohl bis dahin aufsehenerregendster Erfolg und er stieß nach und forderte die Anlehnung Preußens an Russland und an Frankreich, was eindeutig gegen Österreich gerichtet war.

Als Bismarck seine außenpolitischen Ansichten 1856 schriftlich niederlegte, bekam er es mit seinen bisherigen Freunden, den Ultrakonservativen unter Gerlach, zu tun, die Napoleon III. als Parvenü ablehnten. Bismarck konterte, dass ihm die Legitimität Napoleons und anderer Emporkömmlinge egal wäre. Für ihn stünde das Staatsinteresse im Vordergrund. Damit entfernte er sich zunehmend von seinen einstigen streng konservativen Freunden und Förderern. Doch Bismarck hatte wieder auf das richtige Pferd gesetzt. Denn nachdem König Friedrich Wilhelm IV. nach mehreren Gehirnschlägen die Regentschaft an den Prinzen Wilhelm abgetreten hatte, schwand die Machtbasis der Ultrakonservativen und liberalere Kräfte gewannen an Einfluss.

Viele ehemalige Mitstreiter sahen in ihm nur einen Opportunisten, aber Bismarck hatte die Zeichen der Zeit schneller erkannt, als fast alle seine Konkurrenten. Er argumentierte nun mit der »nationalen Mission« des preußischen Königreiches und suchte den Kontakt zu den National-Liberalen. Doch noch immer war er nicht vom Gedanken der deutschen Einheit beseelt und sein Herz schlug weiterhin für Preußen.

Bismarcks denkwürdiges Wirken beim Bundestag kam schließlich zu einem Ende und er wurde als Gesandter nach St. Petersburg geschickt. Auch wenn ihm die neue Stellung nicht behagte, machte er das Beste daraus und knüpfte bald beste Kontakte zum russischen Hof. Sein wirkliches Streben zielte nun in erster Linie auf eine möglichst hohe Position in Preußen. Der Preußische Verfassungskonflikt schien ihm zunächst die passende Gelegenheit zu bieten, sich an die Spitze des Staates zu katapultieren, doch er wurde im April 1862 dann doch nicht zum Ministerpräsidenten ernannte, sondern als Botschafter nach Paris geschickt. Hier fasste er nicht wirklich Fuß, da er wohl auch mit anderen Dingen beschäftigt war. Er betrog seine Frau offen mit einer russischen Fürstin und ertrank fast beim Schwimmen in Biarritz. Doch schon bald zogen ihn die Geschehnisse in Berlin magisch in ihren Bann.

Der neue König Wilhelm I. hatte großen Ärger mit den Liberalen wegen seiner Heeresreform, die ihm das wichtigste Anliegen seiner jungen Regierung war. Die nötigen Finanzmittel wurden einfach verweigert, weshalb der König im März 1862 das Parlament auflöste und eine neue Regierung bildete. Albrecht von Roon war nun als konservativer Kriegsminister in einer sehr starken Position. Als allerdings Neuwahlen abgehalten wurden, siegten nicht die Konservativen, sondern die relativ neue Fortschrittspartei. König Wilhelm I. war erzürnt und dachte sogar an Rücktritt. Die geplante Heeresreform schien undurchführbar. Doch jetzt wurde General Roon aktiv und forderte vom König die Berufung Bismarcks zum Ministerpräsidenten. Dieser erhielt das Telegramm *»Gefahr im Verzug. Beeilen Sie Sich!«* und reiste nach Berlin. Der König empfing ihn in Schloss Babelsberg und es gab eine lange Aussprache. Bismarck versprach dem Monarchen die Durchsetzung der Heeresreform und sprach generell die Auseinandersetzung zwischen König und Parlament an. Er forderte eine Art von Diktatur mit den nötigen Kompetenzen und Durchgriffsrechten und konnte Wilhelm I. letztlich von seinem Standpunkt überzeugen. Daraufhin ernannte der König Bismarck zum Ministerpräsidenten und Außenminister.

In kürzester Zeit baute sich zwischen den beiden ungleichen Männern eine ungewöhnliche Beziehung und ein enges Vertrauensverhältnis auf. Schon bald hatte Bismarck mehr Handlungsspielraum als die meisten anderen königlichen Ministerpräsidenten zuvor. Der kämpferische Junker konnte seinen Souverän stets von seiner Loyalität überzeugen und ihn mit Grundvertrauen erfüllen, woran auch immer wieder vorkommenden Meinungsverschiedenheit nichts änderten. Ohne diese enge Beziehung Bismarcks zum preußischen Herrscher hätte dieser seine Pläne, niemals umsetzen können.

Der neue Ministerpräsident blieb im Kern weiterhin ein Konservativer, doch er hatte viel gelernt und war pragmatischer geworden. Sein wesentliches Ziel blieb die Erweiterung der preußischen Macht und sein Gegensatz zum noch mächtigeren Österreich. Für ihn war klar, dass Preußen Österreich sozusagen beerben und eine hegemoniale Stellung erringen musste. Die Monarchie der Hohenzollern musste dabei unter allen Umständen erhalten und die sozialen Verhältnisse bestehen bleiben. Bismarck war und blieb ein Adeliger und zog seine »Bauern« dem Bürgertum vor. Um seine Vorstellungen vom Erhalt und Ausbau der preußischen Macht umzusetzen, bedurfte es jedoch eines temporären Bündnisses von Nationalen und Liberalen.

Zunächst sah sich Bismarck vielen Schwierigkeiten gegenüber, da so mancher mit dem als streng Konservativen verschrienen neuen Ministerpräsidenten nichts zu tun haben wollte. Bismarck musste also vorerst nehmen, wer zur Verfügung stand, wobei die einzige überragende Ausnahme Kriegsminister Roon bildete, mit dem ihn die folgenden Ereignisse auch weiter zusammenschweißen sollten. Natürlich war der Widerstand der Opposition massiv, doch ein Mann wie Bismarck lief sowieso nur zu seiner Bestform auf, wenn er kämpfen musste. Bekannt ist der Ausspruch jener Zeit: *»Nicht auf Preußens Liberalismus sieht Deutschland, sondern auf seine Macht. Nicht durch Reden und Majoritätsbeschlüsse werden die großen Fragen der Zeit entschieden […] – sondern durch Eisen und Blut.«* Dieser denkwürdige und wahrscheinlich bekannteste Ausspruch Bismarcks war wohl als Friedensangebot an die Liberalen gedacht, sorgte aber bei der Presse für Besorgnis, denn man sah darin die Ankündigung einer Art von Diktatur. Nachdem Bismarck erkannt hatte, dass er die Liberalen nicht in sein Boot holen konnte, bekämpfte er sie dann auch mit großer Brutalität und schreckte auch vor einem Bündnis mit den erst im Aufbau begriffenen Sozialdemokaten unter Ferdinand Lassalle nicht zurück. »Viel Feind – viel Ehr!« – Bismarck überstand alle politischen Krisen und Anfeindungen. So forderte er abweichende Abgeordnete, wie den berühmten Arzt Rudolf Virchow, zum Duell und hebelte die Pressefreiheit aus.

Trotz aller Bemühungen blieb die innenpolitische Situation weiterhin verfahren. Selbst während des Krieges gegen Dänemark 1864 änderte sich grundsätzlich nichts an der Situation. Bismarck kämpfte gegen die Opposition eine Art von »Zermürbungsfeldzug«, der Jahre dauerte und ihn viel Energie kostete. Ein Mittel dabei war die Auflösung bzw. Nichteinberufung des Parlaments. Bismarck dachte auch immer wieder an einen Staatsstreich und die Abschaffung aller bisher errungenen demokratischen Formen. Doch letztlich entschied er sich dagegen. Dann kam das Jahr 1866 und mit einem Schlag wurde alles anders. Bismarck setzte später auch immer alles daran, eine innenpolitisch schwierige Situation durch außenpolitische Erfolge zu kompensieren. Dabei musste er Lehrgeld zahlen, denn seine ersten diesbezüglichen Versuche verliefen nicht vielversprechend. Als er 1863 die Alvenslebensche Konvention in die Wege leitete, bei der Russland gegen den Aufstand in Polen unterstützt wurde, stieß er auf heftige Ablehnung quer durch alle Lager.

In Österreich betrachtete man Bismarck schon lange als Gefahr und man versuchte, die schwache Position des preußischen Ministerpräsidenten zu nutzen, um eine Reform des Deutschen Bundes in die Wege zu leiten, bei der natürlich die Habsburgermonarchie profitiert hätte. Hier offenbarte sich aber dann wieder die Genialität Bismarcks, dem es in der Folge gelang, dem preußischen König die Teilnahme am Deutschen Fürstentag in Frankfurt auszureden und die Bestrebungen Österreichs damit ins Leere laufen zu lassen. Ihm war klar, dass er damit seinem Plan, Österreich militärisch zu begegnen, einen Schritt näher gekommen war.

## Kaiser Franz Joseph I.

*»Ich bin vor allem Österreicher, aber entschieden deutsch und wünsche den innigsten Anschluss an Deutschland.«* (Franz Joseph im September 1862)

Auf der anderen Seite stand Österreichs Herrscher, der Habsburger Kaiser Franz Joseph I., dessen Herkunft, Werdegang und Persönlichkeit diametral dem preußischen Junker Bismarck entgegenstanden. Die Habsburger waren ein sehr altes südwestdeutsches Geschlecht, dem es am Ende des deutschen Interregnums in der zweiten Hälfte des 13. Jahrhunderts erstmals gelungen war, die deutsche Königswürde zu erlangen. Seit dem 15. Jahrhundert konnten sie auch fast ohne Unterbrechung die römisch-deutsche Kaiserwürde für sich in Anspruch nehmen. Während die Vorfahren Bismarcks im märkischen Sand in einer der unfruchtbarsten Provinzen des Reiches ihr Dasein bestritten, machte die habsburgische Dynastie Weltpolitik bis hin zu einem riesigen Reich in Übersee unter Kaiser Karl V. Das österreichische Kernland beherrschten sie immerhin schon seit dem 13. Jahrhundert, wozu im Laufe der Zeit noch die Königreiche Ungarn und Böhmen, sowie eine Vielzahl weiterer Territorien gekommen waren. Diese waren nicht oder nur zu einem geringen Teil deutsch besiedelt. Somit geboten die Habsburger trotz ihrer deutschen Königs- und Kaiserwürde und in ihrer späteren Rolle als Vormacht des Deutschen Bundes als eigentliche Hausmacht über ein Konglomerat von Territorien unterschiedlichster Nationalitäten, bei denen die Deutschen weit in der Minderheit waren. Das machte es letztlich auch vielen Anhängern des seit der Zeit Napoleons virulenten deutschen Nationalgedankens schwer, in der Habsburger-Dynastie die idealen Herrscher eines geeinten deutschen Nationalstaates zu sehen. Das hatte sich auch besonders während der Revolution von 1848 in und um die Versammlung in der Frankfurter Paulskirche gezeigt. Die »Groß-« und die »Kleindeutsche Lösung« standen im Raum, abgesehen noch von einer »Großösterreichischen«, bei der alle Territorien der Habsburger in ein gemeinsames Reich der Deutschen eingebracht worden wären. Die allgemeine Entwicklung zeigte immer deutlicher, dass die »Kleindeutschen« das Rennen gewinnen würden. Im Österreichischen Kaiserreich, wurde diese Entwicklung, obwohl essentiell für die Zukunft des Staates und seiner künftigen Rolle in Europa, verschlafen, was ganz besonders auf den Kaiser und seine Berater zutraf.

Kaiser Franz Joseph I. war in vielerlei Hinsicht nicht untypisch für einen Vertreter des Hauses Habsburg, aber er kam an die Macht, als seine Dynastie ihre große Zeit bereits hinter sich hatte. Er war sozusagen die letzte Hoffnung des 1848 durch die Revolution und die Aufstände in den italienischen und ungarischen Provinzen in schwere Bedrängnis geratenen Hauses Habsburg. Von allen österreichischen Herrschern hat Franz Joseph die vielleicht sorgfältigste Erziehung für seine spätere Bestimmung erhalten. Sein Arbeits- und Lehrplan umfasste etwa 50 Unterrichtsstunden pro Woche. An Sprachen standen Französisch, Italienisch, Tschechisch und Ungarisch an, dazu kam, typisch für die Habsburger, recht viel katholische Religion, aber auch Geographie und andere elementare Fächer. Zudem wurde auf die körperliche Ausbildung viel Wert gelegt, wobei »ritterliche« Disziplinen wie Reiten, Fechten und militärische Bereiche dominierten. Was der junge Erzherzog dabei nicht lernen konnte, waren Fantasie und weltoffenes »modernes« Denken. Genauso wie ihn von Jugend an die Jagd viel mehr als Kunst und Kultur interessieren sollte, scheute Franz Joseph jede Form von intellektueller Auseinandersetzung.

Franz Josephs bigotte Mutter Sophie aus dem Hause Wittelsbach war immer sehr geschickt darin gewesen, im Hintergrund die Fäden zu ziehen und Macht auszuüben. Sie war es dann auch, die Franz Joseph durch Verdrängung seines geistesschwachen Onkels Ferdinand I. zum Kaiser machen und während der ersten Phase seiner Herrschaft beeinflussen sollte. So sind wohl in erster Linie das rückschrittliche Konkordat mit Rom und das gnadenlose Vorgehen gegen alles »Revolutionäre« auf ihren Einfluss zurückzuführen. Sophies »Coup« und Franz Josephs Aufstieg gelangen, weil man fähige Männer wie den Feldmarschall Radetzky und den Ministerpräsidenten Schwarzenberg, dem »rothosigen Leutnant«, wie man den jungen Kaiser oft respektlos nannte, zur Seite stellen konnte.

Die Umstände des jungen Kaisers wollten es, dass er seit dem Tod des fähigsten Ministerpräsidenten, den er jemals haben sollte, Fürst Felix zu Schwarzenberg (1800 bis 1852), nur von weitaus weniger begabten Beratern und Hofschranzen umgeben und er zudem noch stark von seiner omnipräsenten Mutter abhängig war. Die Folge war eine Reihe von gravierenden politischen Fehlentscheidungen, die Österreich, das unter Schwarzenberg stark und stabil gewesen war und sogar Preußen in Olmütz gedemütigt hatte, massiv schädigten, seine Macht untergruben und es in Europa isolierten. Brachte der anachronistische Neoabsolutismus der 1850iger-Jahre eine starke wirtschaftliche und gesellschaftliche Stagnation, so erwies sich Österreichs Rolle als Trittbrettfahrer des Krimkrieges in ihren Auswirkungen für die Zukunft als regelrechte Katastrophe. Das Ende der Ära des Neoabsolutismus wurde durch die Niederlage im Krieg von 1859 gegen Frankreich und Sardinien eingeleitet. Bei dieser kriegerischen Auseinandersetzung besiegte sich Österreich in erster Linie selbst, da es die Rechnung für Korruption, Misswirtschaft und eine inkompetente Personalpolitik präsentiert bekam. Nebenbei erwies sich der österreichische Kaiser einem verschlagenen Politiker wie Napoleon III. in keiner Weise gewachsen. Später sollte er es dann zu seinem Unglück mit einem Mann zu tun bekommen, der diesbezüglich ein noch größeres Kaliber darstellte: Otto von Bismarck.

Franz Joseph mochte es nicht, wenn jemand gegen die strenge Kleiderordnung bei Hofe verstieß. So ließ der Kaiser auch den höchsten Beamten Nachricht geben, ob es ihnen erlaubt war, bei einer dringenden Angelegenheit auch ohne Uniform zum Dienst zu erscheinen. Seine Pünktlichkeit und Genauigkeit waren sprichwörtlich und korrespondierten mit seiner absoluten Gewissenhaftigkeit gegenüber Kleinigkeiten. In all dem lag ein lähmend kleinbürgerlicher Zug. Er interessierte sich beim Militär mehr für Form und Oberflächlichkeiten, etwa möglichst blanke Uniformknöpfe, als für Strategie und Taktik. Zu militärischen Neuerungen musste er fast immer mühsam überredet werden, was zum Beispiel bei der Nichteinführung der Hinterlader-Gewehre fatale Folgen haben sollte.

Kaiser Franz Joseph war in jungen Jahren sehr unbeliebt und scheute vor keiner Form der Härte gegenüber seinen Untertanen zurück. Es sollte letztlich ein Attentat sein, welches ihm zu einer gewissen Popularität verhalf. Am 18. Februar 1853 versuchte der Ungar Libényi den Kaiser zu erstechen. Dieser wurde nur leicht verletzt, konnte aber dadurch bei der Bevölkerung Sympathiewerte sammeln. Dem Rat seiner Mutter folgend, stürzte sich der junge Kaiser wenig später in einen Konflikt, der ihn wenig anging. Die Österreicher besetzten während des Krimkrieges (1853–1856) die Fürstentümer Moldau und Walachei, konnten diese jedoch wegen des Widerspruchs der anderen Mächte nicht behalten. Österreich hatte sich neben enormen Kosten und Verlusten nur die Feindschaft der Russen eingehandelt, die das Vorgehen des Kaisers als Verrat und groben Undank für die Hilfe gegen die aufständischen Ungarn von 1849 ansahen. Das Verhältnis mit Russland konnte nie wieder wirklich gebessert werden.

Der auf Probleme in Oberitalien und eine diplomatische Provokation des französischen Kaisers folgende Krieg zwischen Frankreich, Sardinien-Piemont und dem Kaiserreich Österreich verlief denkbar unvorteilhaft für die Armee Franz Josephs. Verheerende personelle Fehlentscheidungen führten zur Niederlage von Magenta am 4. Juni 1859 und zum Rückzug aus der Lombardei. Kaiser Franz Joseph übernahm daraufhin in völliger Selbstüberschätzung den Oberbefehl und zeigte während der Schlacht bei Solferino am 24. Juni 1859 eindeutig, dass er keinerlei militärisches Talent hatte. Nach dieser erneuten, aber keineswegs vernichtenden Niederlage, die ein großer Heerführer wie Friedrich II. eher als marginalen Rückschlag zur Kenntnis genommen hätte, schloss Franz Joseph rasch den Waffenstillstand von Villafranca. Die Lombardei war damit für Österreich endgültig verloren, wobei der Verlust dieser wohlhabenden und entwickelten Provinz einen schweren Schlag für das Kaiserreich bedeutete. Vor allem war damit der Appetit des sich in der Folge konstituierenden Königreichs Italien geweckt, den Österreichern auch noch die restlichen italienischen Territorien wegzunehmen. Bismarck beobachtete diese Entwicklung sicherlich mit einer gewissen Genugtuung und sollte das schon bald für seine Zwecke ausnutzen.

Franz Joseph ließ sich 1864 von Bismarck in einen Krieg mit Dänemark hineinziehen. Dieser Konflikt brachte den österreichischen Truppen einige militärische Erfolge und hatte das Ergebnis, dass die beiden Sieger bald wegen der Verwaltung Schleswig-Holsteins in Streit gerieten. So zeichnete sich bereits 1865 ein Krieg zwischen Österreich und Preußen ab. Doch konnte dieser durch die Konvention von Gastein vorerst abgewendet werden. Bismarck setzte aber auf den Krieg mit den Österreichern und nutzte die Gelegenheit von erneuten Streitigkeiten im Frühjahr 1866, um darauf hinzuarbeiten. Er konnte ein Bündnis mit Italien schließen, um den diplomatisch passiven Franz Joseph in einen Zweifrontenkrieg zu verwickeln. Das Ergebnis war die Niederlage des Kaisers am wichtigsten Kriegsschauplatz und der Verdrängung Österreichs aus Deutschland.

Kaiser Franz Joseph, der sich während der Ereignisse von 1866 seltsam unbeteiligt verhielt und weder die Front noch seine Truppen besuchte, machte während dieser Zeit eine durchweg unglückliche Figur. Auch seine Korrespondenz in jenen Tagen zeigt, dass er vom Geschehen weitgehend überfordert war. »*Meine Völker! Vertrauet auf euren Kaiser*«, proklamierte Franz Joseph. »*Österreichs Völker haben sich nie größer als im Unglück gezeigt*« (Herre 1998, S. 218). Als die Würfel 1866 endgültig gefallen waren, schrieb Franz Joseph gekränkt: »*Aus Deutschland treten wir jedenfalls ganz aus, ob es verlangt wird oder nicht, und dieses halte ich nach den Erfahrungen, die wir mit unseren lieben deutschen Bundesgenossen gemacht haben, für ein Glück für Österreich.*« Später dann noch: »*Was die Preußen im übrigen Deutschland machen und was sie stehlen werden, weiß ich nicht, geht uns auch weiter nichts an.*« (Herre 1998, S. 223) Immerhin bemühte er sich schon einige Jahre danach, dem neu entstandenen kleindeutschen Reich ein guter Bundesgenosse zu sein. Und er betonte auch immer wieder, wie stolz er darauf sei, ein »deutscher Fürst« zu sein.

Trotz seiner anfänglichen Unbeliebtheit wurde der Kaiser noch zu Lebzeiten immer mehr zu einer mythischen Figur, von der man eigentlich wusste, dass sie das Einzige war, was das Vielvölkerreich noch zusammen hielt. Die meisten Bewohner des Reiches hatten nach mehreren Jahrzehnten seiner Regierung nie einen anderen Herrscher kennengelernt, als den seit 1848 regierenden Kaiser. »So lange er lebt …«, sagte man, würde der Staat Bestand haben, für die Zeit danach hatten die meisten keine großen Hoffnungen. Man umrankte den Kaiser so sehr mit Mythen und Anekdoten, dass seine wirkliche Persönlichkeit eigentlich völlig davon verdeckt wurde.

»*Es gab niemand, der den Kaiser je hasten, schreien oder gar schimpfen oder toben gehört hätte. Befehle pflegte er mit mäßig lauter Stimmer – immer sehr deutlich – zu geben und mit den Worten ›Ich bitte‹ einzuleiten.*« (Hantsch 1962, S. 439)

Auf die Niederlage von Königgrätz und dem Auszug aus Deutschlands weiterer Geschichte folgte für den Kaiser der tragische und völlig sinnlose Tod seines Bruders Maximilian im exotischen Mexiko, welcher Opfer seiner Phantastereien und Geltungssucht geworden war und den Versprechungen Napoleons III. geglaubt hatte, er wäre als Kaiser in Mexiko willkommen. Dies sollte erst den Beginn einer Vielzahl von privaten Katastrophen im Leben dieses Habsburgers darstellen. Es ist schwer nachzuvollziehen, wie sehr das Ende des Bruders dem Kaiser nahe gegangen ist. Zwischen den Beiden hatte immer Konkurrenz geherrscht und viele Beobachter hatten Maximilian als den fähigeren der Beiden betrachtet. Während des Konflikts von 1866 und auch schon davor, gaben viele Untertanen ihrer Meinung versteckt oder offen Ausdruck, dass sie Maximilian für den besseren Kaiser gehalten hätten. Doch dazu kam es nicht und es bestehen auch berechtigte Zweifel daran, dass Maximilian wirklich einen besseren Herrscher abgegeben hätte. Die Tage der Herrschaft der Habsburger neigten sich sowieso ihrem Ende zu, jedoch wäre zu jener Zeit kaum jemand auf die Idee gekommen, dass die im Konflikt mit Österreich »siegreichen« Hohenzollern ebenfalls als Herrscherhaus bald das Zeitliche segnen würden.

Als Kaiser Franz Joseph den bei Königgrätz verwundeten österreichischen General Anton von Mollinary besuchte, fragte er ihn nach dem Grund der Niederlage. Mollinary, der durch seine Unfähigkeit wesentlich an der Niederlage Schuld trug, meinte: »*Majestät, einer musste eben unterliegen.*« Daraufhin entgegnete der Kaiser: »*Ja, aber warum gerade wir?*« (Zimmer 1996, S. 168)

# Der Zerfall des Deutschen Bundes und der Kriegsausbruch

»*Niemals, auch in Frankfurt nicht, bin ich darüber in Zweifel gewesen, dass der Schlüssel zur deutschen Politik bei den Fürsten und Dynastien lag und nicht bei der Publizistik in Parlament und Presse oder bei der Barrikade.*« (Bismarck: Gedanken und Erinnerungen)

»*Der künftige Geschichtsschreiber dieser trostlosen Zeit wird ein schweres Stück Arbeit haben, wenn er an die Darstellung der von Österreich und Preußen in den letzten Jahren verfolgten Politik geht. Er wird entweder verzweifeln, in dieses Chaos von Widersprüchen irgendeinen logischen Zusammenhang zu bringen, oder er wird, wenn er gerecht ist, über die solche Zustände gebärende Grundsatzlosigkeit und Ideenarmut erbarmungslos den Stab brechen.*« (Neue Freie Presse, Wien 17. 5. 1866)

## Die Gasteiner Konvention

Am 1. Mai 1865 eröffnete Kaiser Franz Joseph das erste Teilstück seines Prestigeprojekts, der Wiener Ringstraße. »*Mitten in der großen Krise wurde die Lebenskraft der Monarchie demonstriert. Die Bäumchen entlang der Ringstraße waren noch zart. Man konnte nur hoffen, dass kein Sturm kam.*« (Andics 1974, S. 141) Doch der Sturm braute sich währenddessen unerbittlich zusammen.

Bekanntlich hatte das Ergebnis des Krieges gegen Dänemark mit der Abtretung der Herzogtümer Schleswig, Holstein und Lauenburg an die beiden deutschen Großmächte im Frieden von Wien geendet. Von Anfang an hatte zwischen Preußen und Österreich Uneinigkeit über die Zukunft der eroberten Herzogtümer geherrscht, was von Bismarck bewusst geschürt wurde, um einen Kriegsgrund gegen Österreich zu inszenieren. Österreich wollte unter allen Umständen die beiden Herzogtümer als eigenständige Mitglieder des Deutschen Bundes sehen, während Preußen sie als Provinzen in seinen Staat integrieren wollte.

Die beiden Mächte einigten sich schließlich darauf, um einen bereits drohenden Krieg zu verhindern, das Problem auf dem Verhandlungswege im österreichischen Bad Gastein zu klären. Die Verhandlungen wurden verbissen geführt, wobei Otto von Bismarck selbst die Sache Preußens vertrat und den eher farblosen österreichischen Vertreter Graf Gustav von Blome als Gegenüber hatte. Letzterer gab bezeichnenderweise nach Gastein seine diplomatische Karriere auf. Schließlich einigte man sich doch auf einen Vertrag und das ehrwürdige Gasteiner Hotel Straubinger, wo auch verhandelt worden war, erlebte die Unterzeichnung der »Gasteiner Konvention« am 14. August 1865. Im Wesentlichen sah der Vertrag, der aus elf Artikeln bestand und nicht einmal ein Jahr bestehen sollte, die Aufgabe der gemeinsamen Verwaltung der Herzogtümer vor. Preußen erhielt nun die alleinige Verwaltung Schleswigs und Österreich jene von Holstein. Das kleine Lauenburg wurde von Österreich gegen die Zahlung von 2,5 Millionen dänischen Talern an Preußen abgetreten. Zudem erhielt Preußen auch noch das militärische Durchzugsrecht durch zwei holsteinische Straßen und durfte ebenfalls eine Telegrafenleitung und einen Kanal durch das von Österreich verwaltete Gebiet legen. Es wurde auch noch die Schaffung einer Deutschen Bundesflotte mit Kiel als Haupthafen vereinbart. Außerdem sollte Rendsburg als neue Bundesfestung zum Schutz gegen Dänemark entsprechend bewaffnet und befestigt werden. Letztere Vereinbarungen kamen allerdings niemals zur Umsetzung, da zuvor der Deutsche Bundeskrieg ausbrach.

Österreich hatte sich mit der Unterschrift unter den Vertrag keinen guten Dienst erwiesen, denn dieser war eindeutig zugunsten Preußens ausgelegt und gestattete es Bismarck, neue Konflikte mit dem Kaiserreich heraufzubeschwören. Zudem wurden die mittleren und kleineren Angehörigen des Deutschen Bundes vor den Kopf gestoßen und Österreich verlor bei ihnen viel Sympathie. Allgemein wurde der Vertrag als übler »Länderschacher« angesehen und man sah einen deutlichen Widerspruch zur Bundesakte. Auch wenn Bismarck so tat, als hätte er bedeutende Zugeständnisse machen müssen, um die Kriegsgefahr abzuwenden, so erscheint es eindeutig, dass die Gasteiner Konvention eine weitere diplomatische Niederlage Österreichs darstellte, für die letztlich Kaiser Franz Joseph verantwortlich war. Retrospektiv könnte man die lange Herrschaft dieses Habsburgers weniger als Abfolge militärischer, sondern viel eher als eine von diplomatischen Katastrophen betrachten. Der preußische König Wilhelm war auf jeden Fall zufrieden, da er zu jener Zeit noch kein Interesse an einer militärischen Auseinandersetzung mit Österreich hatte und sich nun auch noch Herzog von Lauenburg nennen konnte. Er erhob zum Dank Bismarck in den Grafenstand. Frankreichs Napoleon III. und England reagierten verstimmt auf diese Vereinbarung, während der Zar, der seit dem Krimkrieg eine Rechnung mit Österreich offen hatte, sich über dessen Schwächung sehr freute.

Letztlich setzte Bismarck seinen antiösterreichischen Kurs weiter fort und provozierte weiter. Als Österreich nach einer Reihe von Friktionen am 1. Juni 1866 die Entscheidung über Schleswig-Holstein an die Frankfurter Bundesversammlung übergab, konnte Bismarck dies als Bruch der Gasteiner Konvention hinstellen und preußische Truppen nach Holstein schicken. Was dann auch den Kriegsausbruch darstellte.

Da die Statuten der Bundesakte des Deutschen Bundes eindeutig die Unverletzlichkeit und Unabhängigkeit der Mitgliedsstaaten des Bundes garantierten, war das Bündnis, das Bismarck am 8. April 1866 mit dem frischgebackenen Staat Italien abschloss, nach den Kriterien des Völkerrechts ein Akt des Hochverrats. Denn es war darin eindeutig vereinbart, dass man Österreich innerhalb von drei Monaten den Krieg erklären würde. Italien sollte als »Belohnung« die österreichische Provinz Venetien erhalten. Es war der preußische Generalstabschef Moltke gewesen, der im Kronrat eindeutig festgestellt hatte, dass ein Bündnis mit dem jungen Staat Italien für einen Krieg gegen Österreich absolut nötig wäre. Und Bismarck hatte dem ohne großes Zögern zugestimmt.

Österreichs Führung blieb diese Entwicklung nicht unbekannt und sie hätte nun etwas unternehmen müssen, um einen Zweifrontenkrieg zu vermeiden. Die weitgehende Befriedigung der italienischen Gebietsforderungen stand im Raum. Doch der wie üblich geistig wenig flexible und von einem mittelalterlichen Herrscherverständnis geprägte Kaiser Franz Joseph war nicht bereit, auch nur einen kleinen Teil seiner ererbten Besitzungen und Privilegien aufzugeben. Außerdem glaubte er, bestätigt durch seine wenig kompetente Hofkamarilla, er könnte gleichzeitig sowohl gegen Preußen als auch gegen Italien Krieg führen.

Franz Joseph hatte inzwischen auch einen Beschluss gefasst, der sich als einer seiner fatalsten erweisen sollte: Er bestimmte Feldzeugmeister Ludwig von Benedek zum Kommandanten der Nordarmee. Als der immerhin schon 62-jährige, der sich krank und pensionsreif fühlte, es wagte, dagegen zu protestieren, wollte der Kaiser davon überhaupt nichts wissen. Er appellierte an die Treue Benedeks und an dessen Gehorsam. Als nichts half, wurde sogar Erzherzog Albrecht, der eigentlich selbst gerne das Kommando im Norden gehabt hätte, geholt, um den Feldzeugmeister zu überzeugen. Die Armee liebe ihn, er sei eine moralische Instanz und auch die öffentliche Meinung wolle einen Oberkommandanten Benedek haben, bedeutete man dem Widerstrebenden. Benedek kapitulierte schließlich und nahm die Position an. Dann fuhr er vorerst nach Verona zur Südarmee zurück, ohne sich besonders mit den Generalstabsplänen oder dem Zustand der Nordarmee zu beschäftigen. Schon bald würde der alte General wieder zurück sein müssen, um im ihm weitgehend unbekannten Mähren und Böhmen eine sehr große, aber desorganisierte Armee zu übernehmen, wohl nicht ahnend, dass sein Gegner Moltke sich dort viel besser auskannte als er.

In Österreich registrierte man die italienischen Rüstungen für einen Waffengang und ordnete am 21. April 1866 die Mobilisierung der Truppen an der Südgrenze an. Zur gleichen Zeit begannen die Österreicher damit, Schleswig-Holstein an den Deutschen Bund zu übertragen. Das stellte sowohl einen Bruch des Wiener Friedensvertrages als auch der Gasteiner Konvention dar. Aber Preußen hatte durch sein Bündnis mit Italien sowieso einen Präzedenzfall gesetzt, der eindeutig gegen das Bundesrecht gerichtet war. Der Bund hatte nun auch in Verhandlungen wenig zu bestellen, aber es gab noch Männer in beiden Großmächten, die darauf setzten. Das Schicksal wollte es, dass der österreichische General und Gouverneur Holsteins, Gablenz, einen Bruder hatte, der in Preußen Abgeordneter war. Dieser entwickelte nun eine diplomatische Initiative, die im so genannten »Gablenz-Plan« mündete. Danach sollten die Hohenzollern Schleswig-Holstein regieren und Deutschland sollte entlang einer Linie von Norden nach Süden in einen preußischen und einen österreichischen Bereich der jeweiligen Vorherrschaft geteilt werden. Das hätte natürlich alle so genannten Mittelstaaten völlig marginalisiert. Bismarck tat zumindest so, als würde er die Initiative von Gablenz unterstützen. Doch wurden bereits während der Verhandlungen die österreichischen und preußischen Streitkräfte mobil gemacht. Währenddessen zauderten die Mittelstaaten mit der Ausnahme von Sachsen noch. Dieses Zögern sollte sich schon bald militärisch zu Ungunsten von Bayern, Württemberg und Baden auswirken.

Österreich beantragte die im Deutschen Bund vorgesehene Bundesexekution, die zuvor nur gegen kleinere politische Gebilde durchgeführt worden war, jetzt wegen »verbotener Selbsthilfe« gegen Preußen. Am 14. Juni 1866 stimmte der

Bundestag dem österreichischen Antrag mehrheitlich zu und ordnete die Mobilmachung der gesamten Bundesarmee gegen Preußen an. Preußen argumentierte, dies wäre ein Bruch der Bundesverfassung und trat aus dem Bund aus, den es zudem für aufgelöst erklärte. Es schickte aber auch Forderungen an Kurhessen, Nassau, Hannover und Sachsen, sich seiner Sache anzuschließen. Alle verweigerten das allerdings.

Der preußische Generalstabschef Moltke zeigte sich kurz vor Kriegsausbruch nachdenklich: *»Der Kampf wird furchtbar werden. Österreich hat gerüstet wie nie zuvor, und auch wir stellen unsere ganze Macht ins Feld. Jedenfalls zahlt Deutschland mit den Provinzen rechts und links an seine Nachbarn.«* (Kranz 1973, S. 80) Letztere Befürchtungen sollten sich später als unbegründet erweisen.

Preußen hatte auf den ersten Blick außer Italien noch eine Anzahl von kleineren Verbündeten, die jedoch zumeist fast völlig ohne militärischen Wert waren. Neben dem Großherzogtum Oldenburg waren dies die nicht sehr kriegerischen Hansestädte Hamburg, Lübeck und Bremen, die Herzogtümer Braunschweig, Sachsen-Altenburg, Anhalt, Sachsen-Coburg-Gotha, sowie die Fürstentümer Lippe und Waldeck-Pyrmont. Diese politischen Gebilde hatten teilweise gar keine eigenen Truppen wie Waldeck-Pyrmont oder konnten nur recht kleine Kontingente zur Verfügung stellen, die dann oft auch noch bei der Reserve landeten. Die bedeutendste Ausnahme bildete die Division Goeben, welche sich aus Soldaten des Großherzogtums Oldenburg und der Hansestädte zusammensetzte. Sie konnte einiges zum preußischen Waffenerfolg im Gebiet des Bundes beitragen. Die beiden Großherzogtümer Mecklenburg-Schwerin und Mecklenburg-Strelitz schlossen sich den übermächtigen preußischen Nachbarn nur sehr widerwillig und vor allem nicht ganz freiwillig an und es blieb ihren Truppen infolge der verzögerten Mobilmachung erspart, an den Kämpfen teilzunehmen. Andere deutsche Kleinststaaten gaben sich anfangs neutral, sahen sich aber später mehr oder weniger gezwungen, sich den Preußen anzuschließen. Es waren dies das Großherzogtum Sachsen-Weimar-Eisenach sowie die Fürstentümer Schwarzburg-Sondershausen und Schwarzburg-Rudolstadt. Sie hatten zuvor gegen die Mobilmachung gestimmt. Dazu kamen noch das Fürstentum Reuß jüngere Linie und das Fürstentum Schaumburg-Lippe, das sich am 18. August 1866 auf die preußische Seite schlug. Besser mit den Siegern heulen, als mit den Verlierern untergehen!

Ein wesentliches Requisit der militärischen Ausrüstung war bei den Preußen und einigen ihrer Verbündeten die berühmte Pickelhaube, die genauso wie das Zündnadelgewehr heute eng mit den deutschen Einigungskriegen verbunden wird. Beides hatten die Preußen einem sehr seltsamen König zu verdanken. Friedrich Wilhelm IV. (1795–1861) trat zwar zumeist als Zivilist und auch sonst für nüchterne preußische Verhältnisse recht versponnen auf. Er galt auch wegen seiner vielen Talente, Neigungen und manchmal etwas skurrilen Ideen als »Romantiker auf dem Kriegerthron« der Hohenzollern, doch er war es, der kurz nach dem Antritt seiner Regierung im Jahre 1840 dem Zündnadelgewehr und der Pickelhaube den Weg ebnete. Was wäre wohl aus den Preußen geworden, wenn es nicht dazu gekommen wäre … ?

In der lauen Frühsommernacht, in der das Ultimatum ablief, ging Bismarck in Begleitung des englischen Botschafters im Garten seines Amtssitzes in der Berliner Wilhelmstraße spazieren. Als die Turmuhren schlugen, zog der Kanzler seine Uhr aus der Tasche. Sie zeigte zwölf Uhr. Bismarck sagte: *»Jetzt marschieren unsere Truppen in Hannover und Hessen ein. Der Kampf wird ernst. Kann sein, dass Preußen verliert. Sicher ist, es wird sich tapfer schlagen. Werden wir geschlagen, so kehre ich nicht zurück. Bei der letzten Attacke werde ich fallen. Man kann nur einmal sterben, und wenn man besiegt wird, ist es besser, zu sterben.«* (Kranz 1973, S. 81)

## Falsche Erwartungen

*»Auf beiden Seiten rüstete man zum Krieg, in Preußen mit Energie und Effizienz, in Österreich mit Ruhe und Gottvertrauen, jenem Fatalismus, der einem absteigenden Reiche anstand.«* (Herre 1998, S. 208)

Das seltsame Konglomerat, das sich »Deutscher Bund« nannte, bestand bei Kriegsausbruch aus einem Kaiserreich, fünf Königreichen, sieben Großherzogtümern, einem Kurfürstentum, neun Herzogtümern, einer Landgrafschaft, acht Fürstentümern und vier republikanischen Stadtstaaten. Die wenigsten Bewohner des »Bundes« waren jemals aus den politischen Gebilden herausgekommen, denen sie zugehörten. Sie dachten kleinräumig und provinziell und hatten mit den von der gebildeten Oberschicht vertretenen Ideen, wie zum Beispiel dem »Groß«- oder »Kleindeutschtum«, nichts im Sinn. Das Einzige, was das »gemeine Volk« dabei wohl interessierte, war zumindest für den männlichen Teil der Bevölkerung die Wahrscheinlichkeit, in dem sich anbahnenden Krieg als Manövriermasse und Kanonenfutter zu dienen. Für die einfache Landbevölkerung von Territorien, wie den beiden mecklenburgischen Großherzogtümern, die bis auf die erst vor kurzem erfolgte Abschaffung der Leibeigenschaft noch im Mittelalter lebte, stellte ein »moderner Krieg« mit Eisenbahnen, Dampfschiffen, Telegraphen und Hinterladerwaffen sicher eine große geistige Herausforderung dar. Darüber dachte man in den ehemaligen Hansestädten, die aufgrund ihrer Struktur und Geschichte einfach viel weltoffener waren, ganz anders, aber die dort herrschenden Eliten und die Bevölkerung waren eigentlich weitgehend der Meinung, dass dieser Konflikt nicht ihrer war. Während sich die thüringischen Zwergstaaten ängstlich unter Preußens Schatten duckten, dachte man in den so genannten »Mittelstaaten«, den Königreichen Hannover, Sachsen, Bayern, Württemberg und Baden, sowie den hessischen Staatsgebilden, großteils nicht sehr preußenfreundlich. Wozu noch die Stadt Frankfurt kam, die als einziges Mitglied des Deutschen Bundes als demokratische Republik gelten und nicht nur als dessen Sitz, sondern auch als dessen Herz betrachtet werden kann.

In all diesen politischen Gebilden wollte so gut wie niemand einen Krieg im Inneren oder nach Außen. Eigentlich wollte auch in Preußen kaum jemand einen Krieg, nicht einmal die entscheidenden Köpfe in der Generalität und lange Zeit auch nicht der König. Nur einer wollte ihn wirklich und konsequent schon seit Langem – Otto von Bismarck. Und er hatte seit einiger Zeit alles ihm Mögliche unternommen, um König Wilhelm I. psychologisch zu beeinflussen und kriegsgeneigt zu machen.

Am Montag dem 26. Februar 1866 gab es ein Gespräch im preußischen Außenministerium in der Wilhelmstraße zwischen König Wilhelm I. und Bismarck. Dabei scheint die Entscheidung des Monarchen endgültig gefallen zu sein. Der Kronprinz und spätere Kaiser Friedrich III. traf danach auf einer Abendgesellschaft den Ministerpräsidenten und schrieb später darüber, Bismarck hätte »mit teuflischer Miene triumphierend« dreingesehen. (Zimmer 1996, S. 37) Der Kronprinz wollte den Krieg mit Österreich unter allen Umständen vermeiden und versuchte im zwei Tage später stattfindenden preußischen Kronrat, den König von diesem Entschluss abzubringen, stieß aber auf taube Ohren, denn alles war schon beschlossen und wurde auch seltsam emotional-dramatisch gerechtfertigt, so als wäre diese Auseinandersetzung unabwendbar.

Nun war also der Hohenzoller doch irgendwie davon überzeugt, dass Preußen ein Anrecht auf die nordelbischen Herzogtümer habe und Österreich Preußen demütigen wolle. Gleichzeitig schien es ihm auch mit einem Male sehr reizvoll, Preußens Macht zu vergrößern, bisher souveräne Mitglieder des Deutschen Bundes seinem Königreich einzuverleiben und die Österreicher und Sachsen durch Gebietsabtretungen zu bestrafen. Immerhin sollte damit auch der mehr als »100-jährige Kampf« mit Österreich endgültig beendet werden. Wilhelm wurde in der Folge für Bismarck viel zu eifrig und zu radikal in seinen Vorstellungen und Forderungen, weshalb jener dann in Nikolsburg seinen Monarchen letztlich wieder bremsen und auf den Boden der von ihm geschaffenen Tatsachen zurückholen musste.

Der heraufziehende Waffengang zwischen Preußen und Österreich mitsamt dem so genannten »Dritten Deutschland« beflügelte die Fantasie vieler Zeitgenossen, wobei sich nicht nur Militärs damit beschäftigten. Die spätere Entwicklung sollte zeigen, dass die meisten Annahmen und Erwartungen eigentlich falsch waren. Nur ganz wenige taugen damals wie heute zu guten Propheten und im Krieg kommt sowieso meistens alles ganz anders, als man anfangs erwartet.

So mancher preußischer Militär und auch viele Zivilisten rechneten mit einem sehr offensiven Vorgehen der Österreicher. Vielen schien auch ein schneller Vormarsch des Feindes von Nordböhmen aus in Richtung Berlin wahrscheinlich. Man spekulierte auch, welche Kriegsziele die Österreicher denn eigentlich haben könnten und konnte sich nicht vorstellen, dass sie nichts anderes im Sinne haben würden, als den Erhalt der alten Verhältnisse. So wurde die Rückeroberung Schlesiens allgemein vermutet und man nahm auch an, dass man von Seiten der Österreicher einen »Umsturz der preußischen Monarchie« ins Auge fassen würde, um die konkurrierende Dynastie zu beseitigen. In beiden Fällen hätte man dies als Rache für die preußische Demütigung Österreichs unter Friedrich dem Großen sehen können. Bismarcks wider besseren Wissens aufgestellte These von einem geplanten Angriff Österreichs auf Preußen tat bei diesen Befürchtungen natürlich ihre ürbige Wirkung. Nur der preußische Generalstabschef Moltke ließ sich von diesen Befürchtungen nicht beeindrucken und plante seine Operationen vor allem unter der Erwartung, dass er es bei den Österreichern mit größter Wahrscheinlichkeit mit einem defensiven Gegner zu tun haben würde und er deshalb vor allem ihre Defensivmaßnahmen überwinden müsse. Dabei setzte er auf das dem Gegner weit überlegene preußische Eisenbahnnetz und den Faktor Zeit, mit denen er die viel schwerfälligeren Österreicher schlagen wollte. Der getrennte Aufmarsch dreier preußischer Armeen war dabei ein notwendiges Übel. Moltkes Problem war nur, dass kaum jemand im preußischen Generalstab und auch nicht die Führer der einzelnen Armeen und Korps seine genialen Planungen wirklich durchschauten, was im Laufe des Feldzugs zu einigen Problemen und gefährlichen Situationen führen sollte. Das einzige Glück dabei sollte sein, dass die Österreicher diese preußischen Unsicherheiten und strategischen Schnitzer niemals wirklich realisierten und ausnutzen konnten.

Moltkes Planungen für den kommenden Waffengang spalteten nicht nur den Preußischen Generalstab, sondern beunruhigten auch die italienischen Verbündeten. Die Idee, dass drei Armeen getrennt gegen Österreich marschieren und sich zur Entscheidungsschlacht finden würden, schien vielen mehr als gewagt, ja als Bruch aller bewährten Strategie. Als Moltke von einem italienischen General darauf kritisch angesprochen wurde, meinte er: »*Es ist wahr, um dem Feldzug zu gewinnen, und die Vereinigung der getrennten Armeen herbeizuführen, müssen wir vorher die Österreicher auf allen einzelnen Dispositionen schlagen; aber wir werden sie schlagen!*« (Priesdorff 1937, S. 383)

Auf österreichischer Seite sah man den kommenden Ereignissen mit gemischten Gefühlen entgegen. Moritz Auffenberg, der spätere österreichische Held von Komarow, brachte auf den Punkt, was er und der große Rest der Bevölkerung dachten: »*Für Italien hatte man das Gefühl der Geringschätzung. Gegen Preußen jedoch war's der latente, doch mit Respekt untermengte Groll des gemütlichen Österreichers gegen den forschen, präpotenten Preußen, von dem man wußte, daß er danach strebte, das zu werden, was man einst war und – nicht ohne eigene Schuld – nicht mehr sein konnte. Vor dem ›Zündnadelgewehr‹ hatte man zwar einigen Respekt, doch pochte man auf die innere Stärke des eigenen Berufsheeres mit viel Kriegserfahrung, gegenüber dem Volksheer, das sich nur auf wenig Erfahrung stützte. Felsenfestes Vertrauen setzte man in die berühmte österreichische Kavallerie. Den glänzenden Reitergeneral Edelsheim sah man schon mit seinen Husaren in Berlin einreiten. Benedek genoß in der Armee, besonders aber in der Bevölkerung, großes Vertrauen.«* Und noch etwas schrieb er: Man sah die Armee »*noch nicht als Blut vom eigenen Blute*« an, man identifizierte sich also nicht voll und ganz damit, brachte auch den »*Armeeinteressen und -Einrichtungen*« nur »*geringes Verständnis*« entgegen. Die breite Öffentlichkeit habe keine Ahnung von den »*Lücken und Rückständigkeiten*« in dieser kaiserlichen Berufsarmee gehabt. (Auffenberg-Komarow 1921, S. 19)

Von Seiten der offiziellen Propaganda sah das Alles anders aus: »*Der Ernst der Lage machte die inneren politischen Zwistigkeiten verstummen. In der Erkenntnis, dass Österreich einer schweren Prüfung entgegengehe, schloss man sich zum Schutze des Reiches aneinander. Es erwachten das Selbstbewußtsein und die patriotische Begeisterung. So drohend auch die Aussichten waren, glaubte man doch, im Vertrauen auf die Stärke der ruhmvollen, so oft erfolgreichen österreichischen Armee auf einen günstigen Ausgang hoffen zu können, und überdies hatte ja Österreich in einigen süddeutschen Staaten Bundesgenossen. […] Als die Truppendurchmärsche begannen und General Benedek seinen ersten Armeebefehl von Wien aus erließ, da fing auch die Stadt an sich zu rühren.*« Freiwilligenkorps und patriotische Hilfsvereine wurden gebildet, Geld für die Unterstützung der Familien der Soldaten gesammelt, Verbandsmaterial vorbereitet und viele Familien erklärten sich bereit, im Notfall Verwundete bei sich aufzunehmen und zu pflegen. Gleichzeitig schickte die Wiener Bürgerschaft dem Kaiser eine untertänige Ergebenheitserklärung. Dieser schien befriedigt und antwortete: »*Ich habe alles gethan, um den Frieden und die Freiheit Deutschlands zu erhalten, aber das ist Mir von allen Seiten unmöglich gemacht worden. […] Ich greife nun zum Schwerte im Vertrauen auf Gott, Mein gutes*

*Recht, Meine tapfere Armee und die Mitwirkung Meiner Völker.«* (Gemeinde Wien 1910, S. 57 ff.)

Friedrich Engels schrieb viel über den beginnenden Krieg. Dabei setzte er eindeutig auf die Österreicher und hielt von den Preußen und ihrem König recht wenig: *»Die preußische Armee wird unter dem Oberbefehl des Königs stehen, d. h. eines Paradesoldaten von bestenfalls sehr mittelmäßigen Fähigkeiten und schwachem, aber oft halsstarrigem Charakter. Er wird erstens umgeben sein vom Generalstab der Armee unter General Moltke, einem ausgezeichneten Offizier; zweitens von seinem »Geheimen Militärkabinett«, das aus Günstlingen des Königs besteht, und drittens von anderen Generalen zur Disposition, die er in seine Suite berufen kann. Man kann kein besseres System erfinden, um die Niederlage einer Armee bereits in der Organisation ihres Hauptquartiers zu beschließen.«* War schon diese Einschätzung verfehlt, so erging er sich auch noch in Vergleichen zu anderen militärischen Ereignissen: *»Der Feldzug von 1806 wurde in ähnlicher Weise vom Vater des jetzigen Königs geführt; das Ergebnis waren die Niederlagen von Jena und Auerstedt und die Vernichtung der gesamten preußischen Armee innerhalb von drei Wochen. Es besteht kein Grund anzunehmen, daß der jetzige König mehr Courage hat als sein Vater; und wenn er in Graf Bismarck einen Mann gefunden hat, dem er in politischer Hinsicht ohne Bedenken folgen kann, so gibt es in der Armee keinen Mann in entsprechend gehobener Stellung, der in ähnlicher Weise die ausschließliche Führung auf militärischem Gebiet übernehmen könnte.«* Der einzige Punkt, in dem sich Engels als prophetisch erwies, war der Hinweis, dass die Österreicher wie schon die Dänen durch das Zündnadelgewehr viel höhere Verluste haben würden. Außerdem bemängelte er das schlechte und korrupte österreichische militärische Versorgungswesen. Trotzdem rechnete er eindeutig mit einem klaren Sieg der Österreicher über die preußische *»Friedensarmee«*, die *»nur widerwillig«* in den Krieg zog. (Engels: Betrachtungen über den Krieg in Deutschland)

Auf österreichischer Seite behaupteten vor allem Journalisten, dass das Land mindestens 800 000 Soldaten ins Feld führen könne, womit man die zahlenmäßig weit unterlegenen Preußen regelrecht erdrücken würde. Die meisten internationalen Beobachter schlossen sich dieser und ähnlichen pro-österreichischen Meinungen an, denn allgemein hielt man im Ausland wenig von der preußischen Armee. Immerhin hatte ja das Kaiserreich Österreich auch doppelt so viele Einwohner wie Preußen, argumentierten manche. Doch wurde dabei nicht bedacht, dass das österreichische Rekrutierungswesen weitaus weniger effizient war und man zudem Truppen gegen Italien und zur Niederhaltung der stets rebellischen Ungarn brauchte. Letztlich sollte man gegen Preußen in eindeutiger zahlenmäßiger Unterlegenheit aufgestellt sein.

Österreich hatte im Norden sieben Armeekorps und fünf Kavalleriedivisionen mit insgesamt 270 000 Mann aufzubieten. Das war das Gros der verfügbaren Kräfte, denn für den Kampf im Süden gegen das Königreich Italien hatte man nur 80 000 Mann zur Verfügung. Man hatte die Armee während der vergangenen Jahre eher stiefmütterlich behandelt und seit dem Ende des Neoabsolutismus hatte die vom Kaiser zögerlich ins Leben gerufene Volksvertretung seit 1861 auch wenig Interesse gezeigt, der Truppe Geld zukommen zu lassen. Dadurch hatten sich auch alle Pläne einer Umbewaffnung der Infanterie zerschlagen. Das Militärbudget sank von 122 Millionen Gulden im Jahre 1862 bis 1865 auf 90 Millionen. Selbst als ein baldiger Kriegsausbruch schon im Raum stand, waren die Verantwortlichen nicht bereit, mehr Geld zu investieren. Der Kriegsminister Feldmarschall-Leutnant Franck resignierte: *»Man schneidet das Lebensmark der Armee ab!«* (Patera 1960, S. 96) Wozu zu bemerken ist, dass die finanzielle Situation der Monarchie in jenen Jahren als Erbe der Misswirtschaft während des Neoabsolutismus und unter Einfluss verschiedener weltwirtschaftlicher Aspekte nicht allzu rosig war.

Man hatte den Stand der Kavallerie um 10 000 Mann reduziert, um Kosten zu sparen. Bei der Infanterie sollte die vorgeschriebene Stärke 146 Mann pro Kompanie betragen, es waren jedoch nur jeweils 54 Mann unter den Fahnen. Der Rest war nach kurzer Ausbildung beurlaubt worden! Was die Schießausbildung betraf, so hatten die meisten Infanteristen mit ihren Lorenz-Gewehren bisher nur eine relativ geringe Anzahl von Schüssen abgegeben. Man musste ja Munition sparen. Allgemein war allerdings klar, dass das Lorenz-Gewehr keine schlechte Waffe war. Die Schussleistungen waren für einen gezogenen Minié-Vorderlader sehr gut und die Waffe war in der Hand eines geübten Schützen sicherlich ein sehr gefährliches Kriegsgerät. Immerhin hatte man im Amerikanischen Bürgerkrieg diese Waffen in großem Maßstab auf beiden Seiten eingesetzt (Nordstaaten 226 924 Gewehre und Konföderierte mehr als 100 000 Gewehre) und sie erfreuten sich in der Regel großer Beliebtheit bei den Soldaten. Somit kann man sagen, dass das österreichische Lorenzgewehr im Gegensatz zum preußischen Zündnadelgewehr einiges mehr an Kriegserfahrung aufzuweisen hatte.

Internationale Beobachter jenseits von Friedrich Engels sahen Österreichs größte Chancen in seiner hervorragenden Artillerie, die im Gegensatz zu den Preußen die Umrüstung auf gezogene Hinterlader mit viel größerer Einsatzreichweite geschafft hatte, während viele preußische Batterien noch mit glatten Kanonen älterer Bauart mit viel geringerer Reichweite als die neuen gezogenen Geschütze Vorlieb nehmen mussten. Ganz besonders wiesen aber Experten, wie der damals sehr bekannte Kriegskorrespondent der Times, William H. Russel, der immerhin beim Angriff der Leichten Brigade im Krimkrieg dabei gewesen war, darauf hin, dass die österreichische Kavallerie als die beste der Welt gelte. Immerhin war auch der Kommandant der 1. Leichten Kavalleriedivision, Generalmajor Leopold von Edelsheim, seit seinen Bravourtaten im Krieg von 1859 »der berühmteste Reiterführer Europas«. (Zimmer 1996, S. 61)

Was international viel weniger gesehen wurde, aber sicherlich einen schwerwiegenden »Wettbewerbsnachteil« der

k. k. Truppen bedeutete, war die personelle Situation in den höheren Offiziersrängen. Hier waren in allzu vielen Fällen ganz andere Faktoren als persönlichen Fähigkeiten und Tüchtigkeit für die jeweilige Position maßgeblich. *»In den hohen Stellen der Führung finden sich viele Männer, die zwar treu und der Dynastie voll ergeben, aber nicht genügend vorgebildet sind, um im Krieg schweren Anforderungen zu entsprechen. Vielfach sind Angehörige des hohen Adels zu Generalen gemacht worden, deren einzige Qualifikation eben diese Zugehörigkeit zu den großen Familien des Landes ist.«* (Andics 1974, S. 129) Dem gegenüber standen altgediente Troupiers, die aus der Zeit der »groben Oberste« stammten, jener Epoche in der k. k. Armee, als diese im Vormärz, während der Niederschlagung der Revolution von 1848 und des Neoabsolutismus brutalisiert und auch brutal geführt wurde. Diese Männer hatten ihre Fähigkeiten, aber sie waren keine Anhänger der feinen Klinge und der gefinkelten Generalstabsarbeit. Sie konnten gut disziplinierte Truppen ins feindliche Feuer treiben und waren auch für die eine oder andere tollkühne Unternehmung gut. Aber sie waren keine Männer, die Armeekorps oder gar ganze Armeen strategisch geschickt und mit Raffinesse führen konnten. Letztlich war auch der talentierte Benedek ein Emporkömmling aus jener Zeit und hatte einiges von einem »groben Oberst« an sich.

Am 6. Juni 1866 teilte der preußische Generalleutnant von Manteuffel dem österreichischen Statthalter von Holstein in sehr höflicher Form mit, dass er am nächsten Tag in dem Herzogtum einmarschieren werde. Feldmarschall-Leutnant Gablenz hatte mit seiner Truppe in Holstein keinerlei Chance gegen die weit überlegenen Preußen. Immerhin bestand seine Streitmacht nur aus einer kombinierten Brigade mit zwei Infanterieregimentern, einem Jägerbataillon, einem Husarenregiment und einer Geschützbatterie. Zudem war er durch die räumliche Distanz von jedem Nachschub abgeschnitten. Die Preußen unter Manteuffel waren ihm nicht nur zahlenmäßig weit überlegen, sondern hatten auch kein

Nachschubproblem. Die Österreicher sammelten sich nach der Aufgabe von Kiel bei Altona und Gablenz zog sich mit seiner österreichischen Brigade aus Holstein nach Hannover zurück. Danach marschierte er zur österreichischen Nordarmee nach Böhmen. Es sollte ihm in der Folge vorbehalten bleiben, die österreichische Waffenehre im Norden zu retten.

Dem Abzug von Gablenz aus Holstein folgte am 11. Juni 1866 in Frankfurt der Abmarsch der österreichischen und preußischen Truppen, die das Zentrum des Deutschen Bundes hatten schützen sollen. Als beide Kontingente in verschiedene Richtungen davonmarschierten, bezog die Frankfurter Bevölkerung eindeutig Partei. Während man den abmarschierenden Österreichern einen begeisterten und auf seine Weise triumphalen Abschied bereitete, ernteten die Preußen nur Schweigen und wohl auch feindselige Blicke. Natürlich ahnte in Frankfurt damals noch niemand, dass die Preußen schon bald zurück sein und sich brutal revanchieren würden.

Während in Frankfurt letzte und inzwischen illusorische Debatten stattfanden, wirre Beschlüsse gefasst wurden und sich der preußische Abgesandte von Savigny auch noch mit der Ankündigung eines neuen, preußisch dominierten kleindeutschen Bundes blamierte, rollten alle Räder bereits Richtung Krieg.

Es gab letztlich weder von preußischer noch von österreichischer Seite eine offizielle Kriegserklärung. Stattdessen wurden den Österreichern von preußischen Parlamentären Notifikationen überreicht, die besagten, dass sich ihr Land von nun an mit Österreich im Kriegszustand befinden würde. Bereits zuvor am 15. Juni wurde dem sächsischen König Johann ein Ultimatum überreicht, bis Mitternacht die Demobilisierung seiner Armee in die Wege zu leiten. Doch wollte man das von preußischer Seite gar nicht abwarten und während des Tages fuhren bereits preußische Armeeeinheiten – mit der Bahn – nach Sachsen. An der Elbe war jedoch Endstation, weil die Sachsen kurz entschlossen die Brücke gesprengt hatten. Während dieser Aktion war der preußische Gesandte noch beim sächsischen König in Dresden, um auf dessen Kapitulation zu warten. Kurz vor Mitternacht musste er nach Berlin telegraphieren, dass die Sachsen sich zum Krieg an der Seite Österreichs entschieden hatten. König Johann marschierte mit seiner Armee von 32 000 Mann mitsamt der Artillerie in großer Ruhe und guter Ordnung in Richtung österreichischer Grenze. Schon bald folgten ihnen ebenfalls geordnet die Preußen, von denen jeder ein Zündnadelgewehr bei sich hatte …

*»Wer will unter die Soldaten*
*Der muss haben ein Gewehr,*
*Das muss er mit Pulver laden*
*Und mit einer Kugel schwer.«* (F. W. Güll)

# Moltke und Benedek

*»Strenge Darstellung der Tatsache, wie bedingt und unschön sie auch sei, ist ohne Zweifel das oberste Gesetz.«* (Leopold von Ranke)

So wie Königgrätz der Höhe- und Wendepunkt des Deutschen Krieges war, so könnte man dieses Ereignis zu einem Duell zwischen dem Preußen Moltke und dem Österreicher Benedek stilisieren. Beide Feldherren wurden vor den Ereignissen von 1866 unterschiedlich wahrgenommen. Ludwig von Benedek war in ganz Europa bekannt und galt als fähiger und erfolgreicher General. Moltke hingegen erfreute sich keiner großen Popularität und war selbst in der preußischen Öffentlichkeit ein unbeschriebenes Blatt. Es war bekannt, dass sogar einige preußische Generale von ihrem Generalstabschef, seinen Fähigkeiten und Ideen wenig hielten.

## Benedek, ein seltsamer Held

*»Die Herren Offiziere aller Waffengattungen haben auch vor dem Feinde immer nach Vorschrift, thunlichst nett und sauber adjustiert, womöglich auch immer frisch rasiert zu sein.« – Eine Anordnung Benedeks aus einem Tagesbefehl zu Beginn des Feldzugs von 1866.* (Schmitt/Strasser 2004, S. 133)

Der 1804 geborene Ludwig August von Benedek war der Sohn eines Arztes aus Ödenburg und entstammte somit bürgerlichen Verhältnissen. Der Umstand, dass die Benedeks Protestanten waren, schien seiner Karriere im katholischen Kaiserreich unter Kaiser Franz I. nicht besonders dienlich und der junge Ludwig konnte nur mit einiger Protektion überhaupt in die Wiener Neustädter Militärakademie eintreten. 1822 kam er als Fähnrich zur Truppe und machte Karriere. Ab 1833 war er als Oberleutnant dem Generalquartiermeisterstab der Armee in Italien zugeteilt, wo man von ihm bald beeindruckt war. 1835 wurde er zum Hauptmann befördert und 1840 als Major und Adjutant dem Generalkommando in Galizien zugeteilt. Als Oberst war er 1846 bei der Niederschlagung des Aufstandes in den westlichen Teilen Galiziens aktiv, wo er sich den Beinamen »Falke von der Weichsel« erwarb. Benedek erhielt das Ritterkreuz des Leopold-Ordens und wurde in den Ritterstand erhoben. Er hatte gezeigt, dass er konsequent, umsichtig und furchtlos handeln konnte und damit auch eine gewisse Popularität erlangt.

Benedeks weitere Karriere führte ihn wieder nach Italien, wo er unter den Fittichen des legendären Feldmarschalls Radetzky sein Talent entfalten konnte. Er erhielt das Kommando eines Infanterieregiments und wurde schon bald in die chaotischen Verhältnisse des Jahres 1848 involviert. Als der Aufstand gegen die Österreicher in Mailand ausbrach, führte er sein Regiment geordnet aus der Garnison zur Hauptarmee. Dann übernahm er am 5. April 1848 das Kommando einer Brigade und zeichnete sich in der Folge im so genannten »Ersten italienischen Unabhängigkeitskrieg« mehrfach aus. Am 29. Mai 1848 leitete er bei Curtatone den entscheidenden Sturmangriff und erhielt den Maria-Theresien-Orden. Schon hier zeigte sich, dass er ein Mann der Offensive war. Zu seinem Unglück sollte er später seine große Niederlage bei Königgrätz in einer Defensivstellung erleiden. Im Feldzug von 1849 war er erfolgreich bei der Eroberung von Mortara und beim großen österreichischen Sieg von Novara beteiligt. Sein Vorgesetzter, der Erzherzog Albrecht, war von Benedeks Leistungen so beeindruckt, dass er ihm den Degen seines Vaters, des Siegers über Napoleon, Erzherzog Karl, überreichte. Benedek wurde im April 1849 zum Generalmajor befördert und erhielt die Position des Chefs des Generalquartiermeisterabteilung (der Begriff eines Generalstabs wurde in Österreich erst später eingeführt) der 2. Armee in Italien. Dann erfolgte ein kurzes Zwischenspiel in Ungarn, wo sich Benedek bei der Bekämpfung der Aufständischen in Raab beteiligte und anschließend in einem Gefecht verwundet wurde. Dann übernahm er wieder den Generalquartiermeisterstab in Italien, wo er 1853 zum Feldmarschall-Leutnant befördert wurde. Österreichs undurchdachtes Eingreifen in den Krimkrieg erlebte Benedek als Kommandanten des IV. Armeekorps 1854 in Lemberg. Auch hier machte er eine gute Figur.

Während des Kriegs von 1859, den Österreich durch das Versagen seiner Diplomatie gegen das Königreich Sardinien und den französischen Kaiser Napoleon III. führen musste, führte Benedek als General das Kommando über das VIII. Armeekorps. Am 27. Mai 1859 erhielt er in dieser Funktion auch den zweithöchsten Rang, den die österreichische Armee zu vergeben hatte – er wurde Feldzeugmeister. Während Österreichs Truppen vor allem in Folge einer völlig inkompetenten Armeeführung nur wenige Siege erringen konnten, bildete Benedek eine Ausnahme. Während am 24. Juni 1859 die Schlacht bei Solferino tobte, in welcher der junge Kaiser Franz Joseph ganz dramatisch seine mangelnde militärische Begabung unter Beweis stellte, kam es nördlich der Hauptschlacht zur Schlacht bei San Martino. Hier gelang es Benedek die Truppen Sardinien-Piemonts zurückzuwerfen, so dass König Viktor Emanuel II. Einheiten aus Solferino abziehen und nach Norden marschieren lassen musste. Die Kämpfe blieben lange unentschieden und der Hügel von San Martino wechselte innerhalb weniger Stunden sieben Mal den Besitzer. Benedek weigerte sich auch, einen Rückzugsbefehl seines Kaisers zu befolgen. Er kämpfte bis in die Nacht, als die österreichische Hauptarmee bei Solferino sich schon längst geschlagen gegeben hatte. Hierfür erhielt er das Kommandeurskreuz des Maria-Theresia-Ordens und viele sprachen offen aus, dass Solferino unter seinem Kommando vielleicht doch noch ein Sieg geworden wäre.

Durch diese Taten stiegen Benedeks Reputation und Popularität und er wurde am 30. Januar 1860 Chef des Generalquartiermeisterstabes. Im darauffolgenden April ernannte man ihn zum Zivil- und Militärgouverneur von Ungarn, wo es ihn aber nicht lange hielt. Denn bereits am 20. Oktober war er Oberkommandant aller österreichischen Truppen in Venetien und der Alpenländer. Dazu kam dann noch die Mitgliedschaft auf Lebensdauer im österreichischen Herrenhaus. Die breite Bevölkerung sah in dem stets eleganten und überkorrekt adjustierten General eine Art von militärischem Genie und manche verglichen ihn schon mit dem legendären Radetzky. Es schien so, als hätte der bürgerliche Protestant aus der ungarischen Provinz, der inzwischen in den österreichischen Militäradel aufgenommen worden war, den Höhepunkt seiner Karriere erreicht.

Der legendäre Biograph der österreichischen Monarchie, Constantin von Wurzbach, schrieb (vor Königgrätz) über Benedek: »*Seinem Aeußern nach eine durch und durch ritterliche Erscheinung, das Auge voll Feuer doch gewinnend, in Haltung stattlich, im Benehmen männlich, bieder und treuherzig, im Dienste pünktlich, und selbst der vorleuchtende Stern, ist er von der Mannschaft verehrt, von Nichtmilitärs hochgeachtet, und im Leben einer jener gefeierten Helden Oesterreichs […]*« (Wurzbach 1856, 1. Band, S. 265)

Benedek wusste, dass das neu gegründete Königreich Italien alles daransetzen würde, auch noch den Rest der von Österreich auf der Halbinsel gehaltenen Territorien zu befreien und hatte die österreichischen Streitkräfte in Italien für den allgemein erwarteten Kampf dementsprechend gut geschult. Als ihn der Kaiser im März 1866 nach Wien beorderte, um ihm mitzuteilen, dass er gegebenenfalls das Kommando im Norden gegen Preußen übernehmen müsste, war Benedek sehr niedergeschlagen. Er wusste um seine Grenzen und rechnete sich in dem ihm weitgehend unbekannten Terrain wenig Erfolgschancen aus. Seiner Frau schrieb er, dass er sich »wie eine Esel« vorkäme. Doch letztlich ließ er sich umstimmen, zumal man ihm eröffnete, dass bei einem Misserfolg des Habsburgers Erzherzog Albrecht im Norden die Monarchie in Gefahr wäre (Patera 1960, S. 96). Somit übernahm

Benedek schließlich das Kommando im Norden während Erzherzog Albrecht im Süden kommandierte und Benedeks Generalstabschef Franz Freiherr von John zugeteilt bekam.

Es kam der unglückliche Umstand hinzu, dass Benedek es bei der österreichischen Nordarmee mit zwei Generalstäblern zu tun hatte, die ihr Möglichstes taten, um den ganzen Feldzug in ein Desaster zu verwandeln. Alfred Freiherr von Henikstein (1810–1882) war der Sohn eines jüdischen Bankiers und als Feldmarschall-Leutnant und kurzfristiger Generalstabschef der ranghöchste jüdische Offizier der österreichischen Militärgeschichte. Henikstein war trotz einiger Erfahrung auf verschiedenen Kriegsschauplätzen eher ein gebildeter Theoretiker und die Praxis kümmerte ihn wenig. Genauso war auch seine Arbeit im Generalstab und er fiel durch Ideen, wie jene einer kompletten Befestigung Wiens, auf, die rein statisch-defensiv gedacht waren und jede Form von aktivem Offensivgeist vermissen ließen. Außerdem dürfte er ohne Rücksprache mit Benedek Befehle und Anordnungen erlassen haben, die letztlich das bereits bestehende Chaos bei der Nordarmee verschlimmerten. Benedek war durch diesen Generalstabschef sicher schwer gestraft und Henikstein wurde noch kurz vor der Schlacht von Königgrätz telegrafisch seines Amtes enthoben. Doch es gab noch einen anderen Etappen-General, der Benedek zu schaffen machte.

Gideon Ritter von Krismanic (1817–1876) war ebenfalls ein gebildeter Offizier, der auch als militärischer Lehrer tätig war. Er wurde am 22. März 1866 zum Chef der Operationskanzlei der Nordarmee ernannt. Krismanic arbeitete penibel die Operationspläne für den böhmisch-mährischen Kriegsschauplatz aus, wobei er nur starr an die Defensive und an das Halten der Festungsstadt Olmütz als Operationsbasis dachte. Von Krismanic spielte mit seiner defensiven strategischen Einstellung der mobilen offensiven Strategie Moltkes in die Hände. Er wurde so wie Henikstein am Tag vor Königgrätz seines Postens enthoben. Gegen beide Generäle leitete man später kriegsgerichtliche Untersuchungen ein. Diese wurden jedoch im Folgenden nicht weitergeführt. Benedek agierte durch diese Entwicklung bei der großen Entscheidungsschlacht fast ohne Generalstab.

Zu allem Überdruss waren einige der österreichischen Korpskommandanten und ranghohen Offiziere Angehörige des Hochadels, die sich vom protestantischen »Emporkömmling« Benedek nichts sagen lassen wollten, was dann auch zu eigenmächtigen Entscheidungen während der Schlacht von Königgrätz führen sollte, die, wenn auch vielleicht nicht entscheidend für deren Ausgang, doch verheerend waren. Benedek war auch nach seinem Dienstantritt als Kommandant der Nordarmee »erschlagen« von der dort herrschenden Korruption und der schlechten Organisation, die im völligen Gegensatz zu seiner gut verwalteten Südarmee stand. Das entschuldigt allerdings nicht seine falschen strategischen Entscheidungen, bei denen er dem offensiven Moltke nichts entgegensetzen konnte, da er es auch nicht gewohnt war, eine derart große Armee, die aus vielen Korps bestand, zu führen.

## Helmuth von Moltke

*»In der Schilderung geschichtlicher Begebenheiten, wie sie auf die Nachwelt übergeht, bilden sich Irrtümer zu Legenden heraus, die später nicht leicht richtigzustellen sind. Dahin gehören unter anderem die Erzählungen, welche die großen Entscheidungen unserer letzten Feldzüge mit besonderer Vorliebe und in hergebrachter Weise aus der Beschlußfassung eines zuvor versammelten Kriegsrats hervorgehen lassen.«* (Moltke 1881)

Helmuth Karl Bernhard von Moltke (1800–1891), auch »der große Schweiger« genannt, war ein anderer Typus als Ludwig von Benedek. Beide verkörperten in großem Maße das gesellschaftlich-militärische Umfeld, dem sie entstammten, wobei Benedek viele Schwächen Österreichs unter den späten Habsburgern offenlegte, während Moltke die Stärken Preußens wie kaum ein anderer seit dem Alten Fritz zu verkörpern schien.

Der später für viele so »typische« Preuße entstammte allerdings dem Mecklenburger Adel. Sein Vater war Generalleutnant in dänischen Diensten und zog mit seiner Familie 1803 aus der mecklenburgischen Provinz nach Lübeck. Da Friedrich Philipp von Moltke in Dänemark militärisch Karriere gemacht hatte, sorgte er dafür, dass seine drei ältesten Söhne ab 1811 in die Kadettenakademie von Kopenhagen kamen. Helmuth von Moltke scheint ein gelehriger Militärschüler gewesen zu sein, erfreute sich großer Beliebtheit und wurde 1818 Page am Hof des dänischen Königs, ehe er ein Jahr später die militärische Charge eines Sekondeleutnants erhielt. Er diente von nun an in einem dänischen Infanterieregiment in Rendsburg. Der junge Moltke war sich seiner großen Begabung sicher, denn er fühlte sich zu Höherem berufen. So schrieb er vorwitzig an den dänischen König Frederik VI.: *»Möge es mir irgendwann in der Zukunft vergönnt sein, die Befähigungen, die ich zu erwerben trachte, zum Nutzen des Königs und Dänemarks einzusetzen.«* War Moltke ein dänischer Patriot? Wohl kaum, denn der junge Moltke hatte offensichtlich bereits längerfristige Ziele. Er hatte schon früh durch die Beziehungen seines Vaters viele bedeutende Persönlichkeiten der dänischen Geisteswelt kennengelernt und sich eine für einen jungen Militär jener Zeit sehr umfangreiche und weltoffene Bildung angeeignet. Durch den Theologen Jacob Peter Mynster wurde Moltkes tief empfundene Religiosität weiter verstärkt und sie sollte ihm später ein wichtiger Leitfaden sein. Wobei allgemein zu bemerken ist, dass Religiosität bei den großen Heerführern der Geschichte eher die Ausnahme als die Regel darstellt.

Der junge Moltke wollte bald aus der dänischen Armee austreten, da sie ihm für eine Karriere zu klein erschien. Sein Interesse galt der preußischen Armee und er setzte alles daran, aufgenommen zu werden. Der dänische König gab im Januar 1822 den Bitten Moltkes nach, wobei er erwartete, dass dieser eines Tages wieder in dänische Dienste zurückkehren würde.

Moltke absolvierte in Preußen die Offiziersprüfung mit Auszeichnung, wobei man seine herausragende Bildung und seine hohe Intelligenz besonders würdigte. Er wurde als Seconde-Lieutnant eingestellt und kam in ein Grenadier-Regiment, das in Frankfurt an der Oder stationiert war. Auch hier erkannte man rasch seine große Begabung und schickte ihn auf die Allgemeine Kriegsschule in Berlin. Moltke hatte somit die Gelegenheit, sich weiterzubilden und seinen kulturellen Neigungen nachzugehen. Hier schrieb er auch einige Erzählungen, die sogar veröffentlicht wurden. Nebenbei zeigte er auch ein Talent als Zeichner. Da Moltke ebenso eine topographische Begabung besaß, wurde er 1828 zum Topographischen Büro des Großen Generalstabes in Berlin versetzt, nachdem er einige Zeit als Lehr- und Prüfungsoffizier für Offiziersanwärter tätig gewesen war. Hier machte er durch perfekte kartographische Arbeiten auf sich aufmerksam, was dazu führte, dass er ab 1832 zum Großen Generalstab abkommandiert wurde. Die Beförderung zum Hauptmann erfolgte 1835 und er erhielt einen sechsmonatigen Bildungsurlaub gewährt, der ihn nach Wien, Athen, Neapel und Konstantinopel führen sollte. An eine Rückkehr in den dänischen Dienst dachte er schon lange nicht mehr. Da der türkische Sultan Mahmud II. sein rückständiges Heer an westliche Normen anpassen wollte, ersuchte er die Preußen um Militärberater. Da traf es sich gut, dass Moltke bereits vor Ort war. Ab Anfang 1836 war der vielseitig begabte preußische Offizier also mit der Neuorganisation der osmanischen Streitkräfte beschäftigt. Moltke ging in seiner neuen Beschäftigung auf und unternahm auch groß angelegte Reisen auf dem Gebiet des Osmanischen Reiches. Hier zeigte sich erneut, dass Moltke Strapazen ertrug und ständig neue Eindrücke sammelte. Als er Ende 1839 wieder nach Berlin zurückkommen musste, hatte er viele prägende Erkenntnisse gewonnen. 1841 publizierte er seine Erfahrungen und Reiseerlebnisse in der Türkei, wobei er in sehr gutem Stil ungeschminkt über die Verhältnisse beim »kranken Mann am Bosporus« berichtete. Dieses Werk wurde ein Bestseller und erlebte viele Auflagen. Außerdem hatte Moltke als Erster große Gebiete der Türkei kartographisch präzise erfasst. Während seines Türkeiaufenthalts hatte Moltke neben einer Militäraktion gegen die Kurden auch an einem Feldzug der Türken gegen die ägyptische Armee in Syrien teilgenommen. In der Schlacht bei Nisib erlitten die Türken unter dem Kommando des beratungsresistenten Hafiz Pascha eine vernichtende Niederlage, bei der Moltke nur mit großer Mühe sein Leben retten konnte. Somit war er in seiner Generation preußischer Offiziere auch einer der ganz wenigen mit echter Kriegserfahrung und erhielt dafür vom preußischen König den Orden Pour le Mérite.

Ab 1840 diente Moltke beim Generalstab der 4. Armee und wurde 1842 zum Major befördert. Da man für den künstlerisch versponnenen Prinzen Heinrich von Preußen einen passenden Adjutanten suchte, verfiel man auf Moltke, der alle anderen seiner Kameraden an Bildung übertraf. Da der Prinz fast immer in Rom war, tat Moltke dort seinen Dienst und beschäftigte sich intensiv mit antiker Geschichte und der Topographie, wobei er auch Karten zeichnete und einen Führer über Rom und dessen Umgebung schrieb. Prinz Heinrich starb im Sommer 1846 und Moltke wurde zum Generalstab des VII. Korps in Koblenz versetzt. Ab 1848 versah er bereits in höherer Position Dienst im Großen Generalstab in Berlin und stieg anschließend zum Chef des Generalstabes des IV. Armeekorps in Magdeburg auf. 1851 folgte schließlich die Ernennung zum Oberst. Schon bald zum Generalmajor befördert, kümmerte sich Moltke auch um die militärische und geistige Erziehung des jungen Prinzen Friedrich Wilhelm, dem späteren Thronfolger. Moltke erfüllte auch diese Aufgabe mit Bravour und er begleitete den Prinzen dabei auf vielen Reisen in Europa. So lernte er die Höfe fast aller Großmächte kennen.

Nachdem Moltke ab Ende Oktober 1857 die Führung des Großen Generalstabes übernommen hatte, erreichte er eine Stellung, die er über 30 Jahre inne haben sollte. Während dieser Zeit erlangte er auch den Titel eines Generalfeldmarschalls, der höchste militärische Rang, den das damalige Preußen zu vergeben hatte. Moltke unterschied sich von seinen Vorgängern durch seine Universalität, seine vielseitigen künstlerischen und wissenschaftlichen Begabungen und seine Weltgewandtheit. Der an sich politisch sehr konservative und nationalistische Moltke war ein großer Anhänger des technischen Fortschritts und setzte besonders auf die Eisenbahn und die moderne Massenproduktion von Kriegsmitteln.

Moltke, der in jungen Jahren noch von dem berühmten Clausewitz beeinflusst und gefördert worden war, sah im Großen Generalstab das richtige Instrument, um Kriege vorzubereiten und zu steuern. Weshalb er sich auch bei seiner Operationsführung jede politische Kontrolle verbat und nur bereit war, sich dem Oberkommandierenden, also in der Regel dem König, zu unterwerfen, der ihm dafür das Beratungsmonopol zugestand. Das Schicksal wollte es, dass Moltke in König Wilhelm I. den richtigen »Partner« für diese Vorstellungen fand und mit ihm ein Vertrauensverhältnis aufbauen konnte, was sicher bedeutende Auswirkungen auf den Verlauf der Einigungskriege und die großen Siege von Königgrätz und Sedan hatte. Moltkes Vorstellungen bezüglich der modernen Kriegsführung wichen vom althergebrachten Lehrgebäude ab. So war er ein Anhänger des getrennten Aufmarsches der Armeen und deren Konzentration am Schlachtfeld. Zudem wollte er den Gegner auch nicht ermatten, wie im Zeitalter der Kabinettskriege, sondern diesen in einer Umfassungsschlacht nach dem Vorbild Hannibals vernichten. Obwohl Moltke größten Wert auf genaue Planung, Gefechtsgliederung und Marschordnung legte, war ihm klar, dass man einen Feldzug nur soweit planen konnte, bis es zum ersten Feindkontakt kam. Deshalb war jede Art von Strategie für ihn ein »System von Aushilfen«, das man mit dem nötigen Gespür einsetzen musste. Im Gegensatz zu vielen seiner Vorgänger trat Moltke deshalb auch für eine größere Freiheit der militärischen Unterführer ein, die im Rahmen einer so genannten »Auftragstaktik« zu agieren hatten. Moltke setzte dabei auf eine »Einheitlichkeit im Denken«, zu der die Offiziere erzogen wurden. Diese Vorstellungen sollten großen Einfluss auf die weitere Entwicklung des deutschen Militärs haben. Für den Krieg, den Moltke führen wollte, sollten alle wirtschaftlichen und technischen Errungenschaften einer konsequenten Nutzung zugeführt werden. Die Eisenbahn, der Telegraf, das Zündnadelgewehr und die gezogenen Hinterladekanonen. Nur damit sah er sich in der Lage, mit den neu formierten Massenheeren strategische Erfolge herbeizuführen. Besonders wichtig war ihm der Ausbau des Eisenbahnnetzes, um hunderttausende Soldaten in kurzer Zeit transportieren zu können. Moltke war sicherlich bei der Nutzung der Bahn allen anderen Heerführern seiner Zeit überlegen und die Preußen hatten auch bezüglich der Leistungsfähigkeit ihres Bahnnetzes große Vorteile gegenüber ihren Gegnern wie den Österreichern, die diesbezüglich technologisch rückständig waren.

Moltkes erste große Tat am Vorabend der Einigungskriege war 1862 die Ausarbeitung des Generalstabsplanes gegen Dänemark. Seine Orientierung an der militärischen Philosophie von Clausewitz brachte Moltke einige Male massiv in Konflikt mit Bismarck. Als Führer des Generalstabs konnte sich Moltke erst »entfalten«, nachdem König Wilhelm I. am 2. Juni 1866 diesen per Kabinettsorder zum Zentrum des militärischen Einflusses auf alle Kriegshandlungen gemacht hatte. Moltke war es von nun an möglich im Namen des Königs Befehle erteilen. Jetzt war er wirklich zum großen Feldherrn und Schlachtenlenker geworden. Königgrätz wurde sein erstes Meisterstück als weitgehend selbst entscheidender Feldherr und in Sedan übertraf er sich dann selbst.

*»Im Grunde genommen hatte Moltke die Kriegsphilosophie von Clausewitz nur logisch weiterentwickelt. Aber das Umfeld hatte sich verändert.«* (Thies 2010, S. 89)

# Der Feldzug in Böhmen

*»Gesetzt, einem jungen preußischen Fähnrich oder Kornett würde bei der Leutnantsprüfung die Frage gestellt, was der sicherste Plan für den Einfall einer preußischen Armee in Böhmen wäre? Gesetzt, unser junger Offizier würde antworten: ›Das beste wäre, die Truppen in zwei etwa gleich starke Armeen zu teilen und die eine nach Osten um das Riesengebirge, die andere nach Westen zu schicken, so daß sie sich in Gitschin vereinigten.‹ Was würde der prüfende Offizier dazu sagen? Er würde den jungen Herrn informieren, daß dieser Plan gegen die beiden wichtigsten Gesetze der Strategie verstoße: erstens, seine Truppen nie so zu teilen, daß sie einander nicht unterstützen können, sondern sie näher beisammenzuhalten; und zweitens, im Falle eines Vormarsches auf verschiedenen Straßen die Vereinigung der verschiedenen Kolonnen an einem Punkt zu vollziehen, der nicht in Reichweite des Feindes liegt; daß deshalb der vorgeschlagene Plan der denkbar schlechteste sei; daß er überhaupt nur dann in Betracht gezogen werden könnte, wenn Böhmen von feindlichen Truppen völlig frei sei; und daß somit ein Offizier, der einen solchen Feldzugsplan vorschlägt, nicht einmal ein Leutnantspatent verdiene.«* (Friedrich Engels)

Moltkes Plan zum Einmarsch in Böhmen widersprach wie im letzten Kapitel ausgeführt allen »Erkenntnissen« der gelehrten Kriegswissenschaft. Die Armee zu teilen und an verschiedenen Stellen ohne Kontakt untereinander in das feindliche Territorium einzufallen, schien die einzelnen Teile der Streitmacht der Vernichtung preiszugeben. Und dennoch hatte sich Helmuth von Moltke genau für diese Art der Kriegsführung entschieden. Zwar sollte ihm die spätere Entwicklung recht geben, doch ging er ein großes Risiko ein. Der Bruch militärischer Tabus als preußische Tradition und das Hasardieren im Kriegswesen hatte ja in Preußen mit dem »Alten Fritz« einen Ahnherrn. Andererseits hatten sich auch große Heerführer der österreichischen Kriegsgeschichte wie Prinz Eugen oder Radetzky häufig nicht an die »Regeln« gehalten und waren dennoch oder vielleicht gerade deshalb sehr erfolgreich gewesen.

Moltke setzte neben den disziplinierten und gut ausgebildeten preußischen Truppen auch auf Befehlshaber, denen er vertraute und die er für fähig hielt, jeweils eine der drei Heersäulen erfolgreich zu kommandieren. Neben dem Kronprinzen Friedrich Wilhelm, der die 2. Preußische Armee befehligte, die lange Zeit sehr eigenständig und ohne Tuchfühlung mit den anderen preußischen Armeen kämpfen musste, waren dies General Eberhard Herwarth von Bittenfeld, der die Elb-Armee kommandierte und Prinz Friedrich Karl von Preußen, der das Kommando über die 1. preußische Armee erhielt.

## Friedrich Karl von Preussen

Prinz Friedrich Karl Nikolaus von Preußen (1828–1885) wurde als der einzige Sohn eines jüngeren Bruders von Wilhelm I geboren. Wie bei preußischen Prinzen üblich, wurde Friedrich Karl militärisch ausgebildet und erhielt mehrere Jahre lang auch diesbezüglichen Unterricht durch Major Albrecht Graf von Roon, der später preußischer Kriegsminister werden sollte. Der junge Prinz studierte ab 1846 an der Universität Bonn und wurde dort auch sehr populär, weil er ein ertrinkendes Kind aus dem Rhein rettete. Im Krisenjahr 1848 sah man Friedrich Karl im Stab des preußischen Generals Friedrich Graf von Wrangel im Schleswig-Holsteinischen Krieg. Dabei zeichnete sich der Prinz in mehreren Gefechten durch großen Mut aus. Als er 1849 als Major am Feldzug gegen die Revolutionäre in Baden teilnahm, wurde er bei einem von ihm geführten Kavallerieangriff schwer verwundet.

Die 1850er-Jahre, die in Preußen ja weitgehend Friedensjahre waren, sahen den Hohenzollern-Prinzen, der bereits

1856 den Rang eines Generalleutnants erreichte, beim eifrigen Studium der Militärwissenschaften. Er dachte dabei teilweise sehr unkonventionell und entwickelte neue Erkenntnisse, die er in für einen engeren Kreis bestimmten Vorträgen und in Lithographie hergestellten Schriften festhielt. Doch einige seiner Zuhörer veröffentlichten die Ideen und Reformvorschläge und machten sie einer breiteren und durchaus auch interessierten Öffentlichkeit zugänglich. Friedrich Karl kommandierte ab 1860 das III. Armee-Korps, welches durch seine Reformen umgestaltet wurde. Diese Entwicklung griff auch auf den Rest der preußischen Armee über. Während beispielsweise die Österreicher unter Franz Joseph militärisch erstarrten und fast jeder Neuerung abhold waren, setzten die Preußen auf Modernisierung, was zu einem großen Teil das Verdienst Friedrich Karls war.

Der Krieg gegen Dänemark im Jahre 1864 brachte dem reformorientierten Prinzen die Chance, sich im Gefecht zu beweisen. Er erhielt den Oberbefehl über die preußischen Verbände in Schleswig-Holstein. Durch die vom ihm angeordnete Erstürmung der Düppeler Schanzen errang Preußen den in diesem Krieg entscheidenden Sieg. Friedrich Karl wurde auch noch Oberbefehlshaber der Alliierten Preußen und Österreicher und setzte gemeinsam mit dem österreichischen General Gablenz seinen Siegeszug fort. Nach dem erfolgreichen Ende des Feldzugs erhielt der Prinz hohe Auszeichnungen und es war auch nicht überraschend, dass er für den Krieg von 1866 das Kommando über die 1. Preußische Armee bekam. Diese bestand aus dem II., III. und IV. Korps und hatte eine äußerst erfolgreiche Kampagne vor sich.

*»Ich sehe ganz genau voraus, wie das alles enden wird. Da vor dem Opernplatz, unter meinen Fenstern, wird man Ihnen den Kopf abschlagen und etwas später mir.«* (König Wilhelm I. zu Bismarck im Oktober 1862) Das war wohl eine der falschesten Prognosen der Geschichte.

Mit sehr großer Präzision und viel zu schnell für ihre Gegner begannen die Preußen ihren Angriffskrieg mit dem Einmarsch der Elbarmee in Sachsen. Der sächsische König Johann zog am 16. Juni mit seiner kompletten Armee aus Dresden ab, um, wie vereinbart, an der Iser auf das I. Österreichische Korps unter General Gallas zu stoßen. Die beiden Truppen sollten gemeinsam eine Armeeabteilung unter dem sächsischen Kronprinzen Albert bilden. Während die Sachsen sich absetzten, rückte die Elbarmee unter Herwarth von Bittenfeld bis zum 18. Juni auf die Linie Dresden-Nossen vor. Von hier aus nahm man Kontakt mit der 1. Preußischen Armee auf, die durch die Lausitz nach Böhmen eindrang. Währenddessen fasste die 2. Preußische Armee unter dem Kronprinzen Friedrich Wilhelm ihre Kräfte bei Glatz in Niederschlesien zusammen, um von hier aus in Böhmen einzumarschieren. Es war geplant, dass sie sich später mit der 1. Armee vereinigen sollte. Da Moltke wegen des Vordringens der 2. Armee gewisse Befürchtungen bezüglich des Übergangs über das Riesengebirge hatte, erhöhten auf sein Kommando die 1. und die Elbarmee ihr Marschtempo, auch um die österreichische Nordarmee aus Nordböhmen zu vertreiben.

Die Elbarmee drang am 22. Juni bei Rumburg über die böhmische Grenze vor und traf am 25. Juni beim Hühnerwasser auf die österreichische Brigade Leiningen, welche den vorgeschobenen linken Flügel der aus Österreichern und Sachsen gebildeten Iserarmee bildete. Hier erlitten die ersten österreichischen Verbände, insbesondere das 32. Feldjägerbataillon, erstmals unter dem massierten Feuer des Zündnadelgewehrs schmerzliche Verluste. Trotzdem versuchte die Brigade Leiningen einen Gegenstoß, bevor sie sich erfolglos und unter großen Verlusten absetzen musste. Am 28. Juni befand sich die Elbarmee dann bereits vor Münchengrätz.

Währenddessen drang die 1. Armee unweit von Reichenberg ebenfalls in Böhmen ein. Am Abend des 26. Juni konnten die Preußen die drei östlichen Übergänge über die Iser kampflos besetzen, während es in Podol zu einem heftigen Nachtgefecht mit der Brigade Poschaner kam. Bei diesem Zusammentreffen erlitten die Österreicher besonders hohe Verluste und es war klar, dass das Korps Gallas die Iserlinie nicht mehr halten konnte. Bei Münchengrätz errichteten die vereinten Sachsen und Österreicher – immerhin zusammen 60 000 Mann – eine gut durchdachte Defensivstellung, um die Preußen wenigstens hier zum Stehen zu bringen. Doch dann kam der Befehl Benedeks zum Rückzug Richtung Gitschin, was letztlich die Weichen für Königgrätz stellen sollte. Während in der Nacht vom 27. auf den 28. Juni bei den Österreichern und Sachsen eine Brigade nach der anderen abmarschierte, lieferten drei Brigaden den Preußen hinhaltende Gefechte. Der Kampf war so kurz wie heftig und die Österreicher wichen auf Fürstenbrück zurück. Nun besetzten die von ihrem eigenen Tempo und den vielen Kampfhandlungen bereits etwas erschöpften Preußen das von ihren Gegnern verlassene Münchengrätz. Da ihnen hier die Waldsteinsche Bierbrauerei in die Hände fiel, stieg die Stimmung der ausgelaugten Truppe wieder. Am 28. Juni stieß die 1. Preußische Armee mit der 3. Division an der Spitze über Podkost und Subotka weiter in Richtung Gitschin vor. Auf Seiten ihrer österreichischen Gegner machte sich bereits großer Unmut wegen des fast völligen Versagens von Graf Eduard Clam-Gallas als militärischer Führer und der schwer nachvollziehbaren Befehle aus dem Hauptquartier von Benedek breit. Viele Offiziere erkannten, dass man Gelegenheiten versäumt hatte, die Preußen an der Iser wenn schon nicht zu schlagen, so doch länger aufzuhalten. Außerdem hatte sich von Anfang an gezeigt, dass die österreichische Stoßtaktik im Kampf gegen die schnell schießenden Preußen ineffektiv war und nur zu enormen Verlusten führte. General Eduard Clam-Gallas, der bereits im Krieg von 1859 als Korpskommandant sowohl bei Magenta als auch bei Solferino versagt und trotzdem als Günstling des Kaisers wieder eine hohe Führungsfunktion erhalten hatte, verschlimmerte die Verhältnisse noch zusehends. Er sollte dann auch bei Gitschin sein Waterloo erleiden.

Die 2. Preußische Armee hatte wie von Moltke bereits antizipiert, größere Schwierigkeiten, als die anderen beiden preußischen Armeen. Sie versuchte mit drei Kolonnen die Pässe nach Nordostböhmen zu passieren. Das V. Korps unter General Steinmetz ging über Nachod, das Gardekorps über Eypel und rechts das I. Korps unter General Bonin über Trautenau. Außerdem ließ der Kronprinz einen Aufklärungsvorstoß gegen das in Oberschlesien gelegene Oswiecim unternehmen, der jedoch von österreichischen Verbänden zurückgeschlagen werden konnte.

Benedek hatte seinen Vormarsch am 17. Juni von Olmütz aus begonnen, wobei eine seiner Kolonnen, bestehend aus drei Korps nach Josefstadt-Königinhof, eine andere aus zwei Korps bestehende nach Königgrätz-Josefstadt, sowie weitere Einheiten direkt Richtung Königgrätz marschierten. Entlang der schlesischen Grenze sollten zwei weitere Korps die Truppenbewegungen absichern. Zum Flankenschutz und zur Unterstützung wurde Kavallerie aufgeboten. Die einzelnen Marschziele sollten zwischen dem 24. und 27. Juni erreicht werden. Doch nun machten sich schon in der Anfangsphase der Operationen gravierende Mängel bei der Versorgung und Ausrüstung bemerkbar; alles ging viel schlechter voran als berechnet und Benedek musste bei seinen Plänen Abstriche machen. Den wohlorganisierten und gut geplanten Verhältnissen bei den Preußen unter Moltke hatte Benedek mit seiner Nordarmee wenig entgegenzusetzen. Es muss aber wohl festgestellt werden, dass er für die meisten dieser Mängel nicht verantwortlich gemacht werden kann, sondern bereits ein unorganisiertes und ineffektives System übernommen hatte.

Benedek entschied sich am 20. Juni dafür, das Gros seiner Armee am 29. und 30. Juni bei Gitschin zu sammeln und sich dort mit der 1. Preußischen Armee auf eine Schlacht einzulassen. Als er jedoch am 25. Juni vom Vormarsch der 2. Preußischen Armee Nachricht erhielt, traf er eine verhängnisvollen Entscheidung. Er verteilte seine Kräfte und befahl dem VI. und X. Korps gemeinsam mit einer Kavalleriedivision die Verteidigung der Gebirgspässe bei Trautenau und Skalitz. Sie sollten den Gegner in Kämpfe verwickeln und die Flanke der Nordarmee schützen. Mit dem Rest seiner beachtlichen Armee rückte der österreichische Befehlshaber dann gegen die 1. Preußische Armee vor. Währenddessen machte sich die 2. Preußische Armee unter dem Kronprinzen daran, möglichst schnell die Ausgänge aus dem Riesengebirge in Besitz zu nehmen.

## Österreichs singulärer »Sieg«

*»Noch so ein Sieg, und wir sind verloren!«* (König Pyrrhus zugeschrieben)

Die Stadt Trautenau (heute Trutnov genannt) war etwa 7 Kilometer von der Grenze zu Preußen entfernt, galt als eine der bedeutendsten Industriestädte Böhmens und war auch ein wichtiger Knotenpunkt im Straßennetz Nordböhmens. Genau auf diesen Ort marschierten seit 4 Uhr morgens die Kolonnen des 1. Preußischen Armeekorps unter General Bonin zu. Bedingt durch das schwierige Gelände war das Vorrücken der Preußen nicht einfach und die Österreicher hätten wohl gute Gelegenheiten gefunden, den Feind vor Trautenau aufzuhalten, wenn sie denn rechtzeitig vor Ort gewesen wären. Doch die Brigade Mondel des X. Österreichischen Korps unter Gablenz marschierte erst auf die Stadt zu, während von Trautenau aus nur einige Eskadronen Kavallerie versuchten, den Vormarsch der Preußen zu verlangsamen. Um 8 Uhr morgens traf die Brigade Mondel endlich vor der Stadt ein und formierte sich in Bataillonen auf einer sehr gut zu verteidigenden Höhenposition. Die dortigen Hügel boten viel Sicherheit vor Kavallerieangriffen und ermöglichten den Schützen gute Deckung. Die Preußen sollten sich auch mit dem Einsatz ihrer Artillerie in der Folge schwer tun. Die Stellung schien frontal kaum zu nehmen. Das Ganze erinnert fast an gewisse Stellungen die der legendäre österreichische Feldmarschall Daun im Siebenjährigen Krieg bezogen hatte, insbesondere bei Kolin.

Die Preußen besetzten vorerst die Stadt Trautenau, doch dabei kam es schon zu Kämpfen mit dem 12. österreichischen Jägerbataillon, das in die Obervorstadt eingesickert war. Auch die österreichische gemischte Kavallerie griff jetzt an und warf die preußischen Dragoner zurück. Die Preußen beschossen nun von den Häusern Trautenaus aus die österreichischen Infanteriestellungen und setzten zum Sturm an. Als die Preußen vordrangen, kam es besonders bei der gemauerten Kapelle am so genannten Kapellenberg zu heftigen Kämpfen, bei denen eine Gruppe österreichischer Infanterie aufgerieben wurde. Die Verteidiger mussten sich in der Folge vom Kapellenberg zurückziehen und dieser war um 12 Uhr in der Hand der Preußen. Diese drangen weiter vor und waren sich ihres Erfolges sicher, obwohl sie erst die Vorhut des X. Korps bekämpften. Doch ab 15 Uhr erreichte Feldmarschall-Leutnant Gablenz selbst mit dem Gros seiner Truppen das Schlachtfeld und formierte sie zum Gegenstoß. Gablenz hatte schon im Krieg gegen Dänemark gezeigt, dass er sehr schnell disponieren konnte und griff mit drei Brigaden an. Während das Gefecht immer heftiger wurde und sich die österreichischen Brigaden an den Flügeln zum Vorrücken formierten, ließ Gablenz 40 Geschütze zusammenziehen und den von den Preußen eroberten Kapellenberg beschießen. Dem konnte die preußische Artillerie wenig entgegensetzen und eine preußische Batterie hatte sich bereits abgesetzt. Der österreichische Frontalangriff war heftig und auch wenn man Terrain gewann, waren die Verluste hoch. Letztlich scheiterten alle angreifenden Brigaden von Gablenz an der überlegenen Feuerkraft der Preußen. Es schien so, als würden die Österreicher auch in diesem Gefecht aufgrund ihrer feuertechnischen Unterlegenheit erfolglos bleiben. Doch dann traten, für alle überraschend, einige preußische Regimenter den Rückzug an. Daraufhin griff kurz entschlossen die neu eingetroffene österreichische Brigade Knebel noch einmal den Kapellenberg an, wobei deren Kommandant selbst, ohne einen Befehl von Gablenz abzuwarten, den Angriffsbefehl gab. Die eigenmächtige Entscheidung hatte kurzfristig Erfolg: Letztlich konnte der Hügel durch einen Flankenangriff von der westlichen Seite genommen werden. Man zahlte diesen Terraingewinn jedoch durch hohe Verluste, besonders unter den Offizieren, die leicht erkennbar an der Spitze ihrer Truppen agierten. So fiel ein großer Teil der Offiziere aller an dem Angriff beteiligten österreichischen Bataillone oder wurde schwer verwundet. Mit der Unterstützung des Regiments Erzherzog Karl gelang es den österreichischen Angreifern, die Preußen vor sich herzutreiben, welche sich nun nach Parschitz absetzten. Österreichische Jäger stürmten die Stadt und drängten die verbliebenen Preußen ins Aupa-Tal, wo diese sich neu formierten. Um 19 Uhr standen die Österreicher auf allen Höhen von Trautenau und verfolgten den Abzug der Preußen. Der Geschützkampf dauerte an, bis um 21.30 schließlich Ruhe einkehrte.

Nach dem Abklingen der Kämpfe zählten die Österreicher ihre Gefallenen und Verwundeten. Das Ergebnis war niederschmetternd und ließ den vermeintlichen »Sieg« bitter schmecken. Generell waren die Verluste der kaiserlichen Truppen genau viermal so hoch wie jene der Preußen! Die Österreicher hatten insgesamt 191 Offiziere (worunter immerhin 12 Stabsoffiziere waren) und 4596 Mann verloren. Die höchsten Verluste hatten natürlich die Brigaden, die in dichten Sturmkolonnen die preußischen Linien angegriffen hatten. Man gab später General Gablenz die Hauptschuld an diesen schweren Verlusten. Immerhin hatte er unter hundertprozentiger Umsetzung der seit Jahren gelehrten Stoßtaktik seine Männer in den Tod getrieben, um einen Sieg zu erringen.

Die Preußen waren nun in großer Sorge, dass die siegreichen Österreicher die Lage ausnutzen und ins Aupa-Tal eindringen würden, was wahrscheinlich zum Untergang des I. Korps geführt hätte. Doch Gablenz und seine überlebenden Truppen waren viel zu geschwächt, um mehr als Geplänkel zu veranstalten. Außerdem hatte der österreichische Befehlshaber inzwischen die Übersicht verloren und man beließ es somit bei der Besetzung Trautenaus und der Höhen oberhalb der Stadt.

## General Ludwig von Gablenz

*»Der Saus und Braus*
*Macht denn der den Soldaten aus?*
*Das Tempo macht ihn, der Sinn und Schick,*
*Der Begriff, die Bedeutung, der feine Blick.«*
(Schiller: Wallensteins Lager)

Der Sieger von Trautenau, Ludwig Karl Wilhelm Freiherr von Gablenz (1814–1874) war kein gebürtiger Österreicher, sondern wurde in Jena als Sohn eines sächsischen Generals geboren. Er trat erst nach seiner Ausbildung und einer kurzen Zeit als Leutnant in Sachsen 1833 in die österreichische Armee ein. Hier diente er bei der Infanterie, der Kavallerie und im Generalstab. Als Adjutant des österreichischen Generals Wallmoden zeichnete er sich 1848 in Italien aus und wurde nach der Schlacht bei Custozza in den Rang eines Majors erhoben. Danach diente er in Ungarn bei der Bekämpfung der Aufständischen als Generalstabs-Chef im Schlickschen Korps, wo er an insgesamt 46 militärischen Aktionen teilnahm. Er erhielt dafür das Ritterkreuz des Maria-Theresien-Ordens und wurde als Oberstleutnant Kommandant eines Dragoner-Regiments. Man hielt große Stücke auf ihn und Gablenz wurde österreichischer Verbindungsoffizier bei der russischen Armee, die 1849 in Ungarn eindrang.

Als 1850 der Krieg zwischen Österreich und Preußen fast unvermeidbar schien, kam Gablenz als Oberst in den Generalstab der böhmischen Armee. Danach folgten diplomatische Missionen in Dresden und ein Einsatz bei der Besetzung der Donaufürstentümer im Krimkrieg. Hier kommandierte er schon als Generalmajor eine eigene Brigade. Gablenz war auch im Krieg von 1859 gegen Sardinien und Frankreich aktiv und kämpfte bei Magenta und Solferino. Im Deutsch-Dänischen Krieg von 1864 befehligte er das VII. Armeekorps und errang mit seinen österreichischen Truppen dabei große Erfolge. Nach dem Überschreiten der Eider erfocht er einen bedeutenden Sieg über die Dänen bei Oberselk und einen weiteren bei Oeversee. Weitere militärische Erfolge bei Schleswig folgten. Gablenz wurde in Österreich sehr populär und erfreute sich auch der großen Hochachtung seiner preußischen Kollegen. Der preußische König verlieh ihm den Orden Pour le Mérite und in Österreich bekam er das Kommandeurkreuz des Maria-Theresien-Ordens. Außerdem wurde er 1865 zum Statthalter der eroberten Provinz Holstein ernannt. Er war dort bei der Bevölkerung sehr beliebt, da er im Gegensatz zu den Preußen als liberal galt, musste aber seine Stellung nach Ausbruch des Konflikts mit Preußen räumen, wonach er sich in einem erfolgreichen Marsch mit seinen Truppen bis zu den österreichischen Linien durchschlug.

Die mehr als zehn Stunden dauernde Schlacht bei Trautenau, bei der Gablenz das X. Österreichische Korps kommandierte, war dann der letzte Sieg seiner militärischen Karriere – und auch der verlustreichste. Gablenz hatte schon im Krieg gegen Dänemark die Überlegenheit des preußischen

Hinterladers erkannt und auch – erfolglos – für eine Umrüstung der kaiserlichen Truppen plädiert.

Gablenz kämpfte auch in der Schlacht von Königgrätz als Korpskommandant mit und besetzte schließlich die großen Befestigungswerke, die gegen den preußischen Vormarsch nördlich von Wien errichtet worden waren. Nachdem er nach Friedensschluss einige Zeit außer Dienst war, wurde er Mitglied des österreichischen Herrenhauses und ab 1868 kommandierender General in Kroatien und Slawonien. Kaiser Franz Joseph schickte ihn 1871 als Vertreter zum Einzug der im Krieg gegen Frankreich siegreichen deutschen Truppen nach Berlin, was Gablenz wohl mit gemischten Gefühlen erlebt hat. Der verdiente General nahm bald danach seinen Abschied und zog sich ins Privatleben zurück. Nachdem er durch Finanzspekulationen sein gesamtes Vermögen in der Folge des Börsenkrachs von 1873 verloren hatte, erschoss sich Gablenz im Januar 1874 in Zürich. Er wurde 1905 von seinem Grab in Zürich in eine Krypta in Trautenau umgebettet, wo er bei einem dort errichteten Kriegerdenkmal ruht.

## Das Gefecht bei Nachod

*»Eine Niederlage – aber der Tag der Kaiserlichen Infanterie.«* (Preil 1993, S. 39)

Das V. preußische Korps unter dem Kommando des Generals der Infanterie Karl Friedrich von Steinmetz überschritt von Glatz kommend die Grenze bei Schlaney. Es war die Vorhut unter Generalmajor von Löwenfeld, die am 26. Juni gegen 17 Uhr in österreichisches Territorium eindrang. Ein kleines Grüppchen österreichischer Soldaten leistete Widerstand und zog sich dann rasch zurück. In der Folge konnten die Preußen das Schloss und die Stadt Nachod ohne große Probleme besetzen. Von besonderer strategischer Bedeutung war eine Hügelkette südwestlich der Stadt beim Branka-Pass, die ebenfalls besetzt wurde, während das Gros des preußischen Korps noch im Anmarsch war.

Dem gegenüber war das österreichische Korps unter General Wilhelm von Ramming (1815–1876), das aus vier Brigaden bestand, im Anmarsch, um sich den Preußen in den Weg zu stellen. Ramming war ein altgedienter Offizier mit viel Schlachtenerfahrung, der auch als Militärhistoriker wirkte und einiges über seine Erfahrungen publiziert hatte. Inwieweit ihn das als Heerführer empfahl, sei dahingestellt, hatte er doch zumeist über Niederlagen geschrieben.

Als es zur Feindberührung kam, schien es so, als begänne der Tag für die Österreicher gut. Die Brigade Hertweck konnte die Kirche und den Friedhof von Václavice einnehmen und die Preußen zurückschlagen. Österreichische Jäger verschanzten sich dann in der Kirche und dem Friedhof und konnten diese gegen Angriffe der Preußen halten, bis die Brigade Jonák eingetroffen war. Dann griff man gemeinsam die preußischen Soldaten, die sich in einem Waldstück verschanzt hatten, an. Die Preußen wurden in der Folge auf die Branka-Höhe zurückgedrängt, doch dann ließ der Druck der Österreicher nach, während ihre Gegner weitere Truppen ins Gefecht brachten.

Einer der Höhepunkte des Gefechts war gegen 11 Uhr ein Duell von massierter österreichischer Artillerie, die von Kavallerie-Einheiten unterstützt wurde, und einer preußischen Brigade unter Generalmajor von Wnuck. Danach war General Ramming der Meinung, das Treffen sei für die Österreicher bereits gewonnen und schickte diesbezügliche Meldungen an Benedek.

Doch die Preußen schafften weitere Truppen heran und die Österreicher verloren nach und nach ihre Überlegenheit. Das hatte zur Folge, dass die Preußen immer offensiver wurden und die Österreicher zurückdrängten. Weitere Gegenangriffe der Österreicher scheiterten nun alle an der großen Zahl und Feuerüberlegenheit der Preußen. Ramming erkannte, dass er die Situation nicht mehr wenden konnte und stoppte weitere sinnlose Angriffe. Dann musste er Benedek mitteilen, dass seine Siegesdepesche zu früh erfolgt war. Während die Österreicher sich langsam absetzten, folgte ihnen General Steinmetz mit seinem Korps und schon der nächste Tag brachte ein weiteres militärisches Treffen, das bei Skalitz stattfinden sollte.

Die Österreicher kämpften bei Nachod lange Zeit sehr verbissen, worüber der preußische Historiker Heinrich von Sybel schrieb: »*Wie mutig und todesverachtend die feindlichen Bataillone heranstürmten, bis sie des Gegners auch nur ansichtig wurden, streckte das bei aller Schnelligkeit stets wohlgezielte Feuer desselben ein Viertel, ja ein Drittel ihre Mannschaft tot oder verwundet zu Boden.*« (Preil 1993, S. 39) Doch die kaiserlichen Truppen waren lange Zeit nicht bereit, aufzugeben. Man warf alles nach vorne und die Musiker der Regimentskapellen spielten so lange anfeuernde Märsche, bis sie selbst getroffen wurden. Für die Preußen wurde die Situation oft kritisch, doch sie konnten zumeist Stand halten. Österreichische Kavallerie attackierte heftig, konnte preußische Reiter zurückwerfen, kollabierte aber doch am dichten Abwehrfeuer des Zündnadelgewehrs.

Ramming scheiterte letztlich mit seiner Truppe sowohl an der schnellen Schussfolge des Zündnadelgewehr als auch an der besseren preußischen Infanterietaktik. Sie war weniger starr als die österreichische und machte die preußischen Halbbataillone viel beweglicher. Obwohl die Infanterie der Österreicher über viele Stunden lang angriff, konnte sie diese Vorteile ihres Gegners niemals wettmachen. Damit waren die Weichen auch für Königgrätz gestellt, doch bis dahin sollte es noch das denkwürdige Gefecht bei Skalitz geben.

## Das Gefecht bei Skalitz:

*»Scharf schießt das preußische Gewehr,*
*Das an seinem hinteren Ende zu laden ist.*
*Fünf Schuß auf jeden Schuss des Vorderladers:*
*Welch furchtbare Waffe ist das Zündnadelgewehr!*
*Oh, dieses nie fehlende Zündnadelgewehr!*
*Das todbringende Zündnadelgewehr!*
*Wie zum Spaß schmettert es die Menschen zu Boden.*
*Welch furchtbare Waffe ist das Zündnadelgewehr.«*
(»Punch«, 21. Juli 1966)

Benedek war über die Vorgänge und die Tragweite der bisherigen österreichischen Niederlagen und Verluste überraschend schlecht informiert. Zudem waren seine Befehle oft auch sehr widersprechend und vergrößerten die sowieso schon chaotische Situation in der Nordarmee. Das militärische Nachrichtenwesen der Österreicher hatte auch schon bessere Tage erlebt.

Der Preuße Karl Friedrich von Steinmetz (1796–1877) war, wie die meisten seiner Kollegen, ein altgedienter Veteran der Befreiungskriege, in denen er schon in jungen Jahren das Eiserne Kreuz erhalten hatte. Nun kommandierte er erfolgreich das V. Armeekorps, welches gemeinsam mit dem VI. Armeekorps den linken Flügel der Kronprinzenarmee bildete. Durch seinen knappen Sieg bei Nachod hatte Steinmetz das Prädikat »Löwe von Nachod« erworben, obwohl er während dieser Schlacht recht passiv agiert hatte. Steinmetz war sicher einer der fähigeren Truppenführer der Preußen und man verglich ihn und seine Kampfweise später manchmal mit jener Blüchers, da er diesem auch in gewisser Beziehung im Alter, im Auftreten und seinem gesamten Erscheinungsbild entsprach, wenngleich er wohl etwas weniger exzentrisch war als Blücher. Doch war Steinmetz wie der preußische Nationalheilige Blücher stets militärisch offensiv und scheute Risiken meist nicht.

Das Gefecht bei Skalitz am 28. Juni 1866 entwickelte sich dadurch, dass Erzherzog Leopold mit dem von ihm kommandierten VIII. Österreichischen Korps die Preußen aufhalten sollte, damit es Benedek ermöglicht wurde, in Richtung Westen zu marschieren, um die aus Sachsen vorrückenden Preußen zu neutralisieren, ehe sich diese mit der Armee des Kronprinzen vereinigen konnten. Benedek selbst erschien am Morgen des 28. Juni gemeinsam mit seinem Noch-Generalstabschef Krismanic in Skalitz. Der schon bei Nachod geschlagene General Ramming schlug bei einer Besprechung vor, dass er mit den noch einsatzbereiten Truppen seines Korps jenes von Erzherzog Wilhelm verstärken und dann gemeinsam mit dem Korps des Feldmarschall-Leutnants Tassilo Festetics den Preußen hier endlich eine Niederlage bereiten könne. Das Gefechtsfeld bei Skalitz schien entsprechend und würde der österreichischen Artillerie ein großartiges Schussfeld erlauben. Der zunächst unschlüssig wirkende Benedek schien der Idee nicht abgeneigt, entschied sich dann aber nach einem Gespräch mit seinem Stabschef anders. Er ordnete an, dass Ramming nach Westen abrücken sollte, da er unter anderem annahm, dass General Steinmetz nach den heftigen Kämpfen in Nachod am Tag zuvor nicht so schnell offensiv werden würde. Benedek nahm also generell Abstand von der ursprünglichen Idee einer Schlacht bei Skalitz und ordnete auch den Rückzug des VIII. Korps an, sollte es bis 14 Uhr zu keinen größeren Kampfhandlungen in diesem Bereich kommen. Als es einer seiner Stabsoffiziere wagte, diese Entscheidung zu hinterfragen, reagierte der österreichische Feldherr unwirsch und war nicht bereit, sich auf weitere Diskussionen einzulassen. Benedek war bekannt dafür, mit Kritik und Einwänden schlecht umzugehen.

Doch die weitere Entwicklung sollte Benedek rasch eines Besseren belehren, denn die Preußen hatten schon seit dem frühen Morgen an ihrem weiteren Vorgehen gearbeitet und ab 10 Uhr gab es schon die ersten Artillerieduelle. Etwa um 12 Uhr gingen bereits die Soldaten der preußischen 9. Division vor und die Aktivitäten der Artillerie nahmen zu. Doch Benedek glaubte immer noch an eine Art von Scheingefecht und gab sich überraschend kühl und unbeeindruckt. Erzherzog Leopold sah allerdings schon den Ernst der Lage, was ihn in Gegensatz zu seinem Oberbefehlshaber brachte.

Der Preuße Steinmetz seinerseits hatte inzwischen Verstärkung durch das Korps von General Mutius erhalten und es war ihm klar, dass er es theoretisch mit drei österreichischen Korps zu tun hatte. Sein Ziel war natürlich Skalitz, aber er ging vorsichtig vor. Die preußische Niederlage bei Trautenau beeinflusste die Situation auch und Steinmetz musste zudem auf einige erwartete Unterstützungen verzichten. Steinmetz war jedoch nicht der Mann, der abwarten wollte, bevor andere die Initiative ergriffen und er befahl nun seinerseits den Angriff.

Es war vorgesehen, dass Einheiten der 9. Division die linke Flanke der Österreicher angriffen, während die 10. Division den Gegner im Zentrum attackieren sollte. Bei den Österreichern gab es unterdessen ein ziemliches Chaos, da Skalitz von abrückenden Truppen überlaufen war und andere Einheiten kaum passieren konnten. Das Vorrücken der Preußen gegen den linken Flügel der Österreicher lief recht gut und die IX. Division der Preußen wurde schließlich in Kämpfe mit einer österreichischen Brigade unter heftigem Einsatz der Artillerie verwickelt. Die Preußen konnten den Wald von Dubno besetzen und die Österreicher von dort vertreiben. Da die Preußen das aus dem Wald fliehende österreichische Bataillon weiter unter heftigem Zündnadel-Feuer hielten, gelang es ihnen die Hälfte zu töten oder zu verwunden, ehe dieses die eigene Stellung erreichte. Der österreichische General Fragnern kommandierte den linken Flügel der Österreicher und hatte von Erzherzog Leopold bisher keinen Folgebefehl erhalten. Doch er nahm an, dass ein Angriff einzuleiten sei, da der Oberkommandierende Benedek in der Nähe war und zudem die Preußen vom Dubno-Wald aus die Österreicher umgehen und ihnen in die Flanke fallen konnten. Fragnern befahl deshalb seiner Brigade von sich aus den Angriff auf den Wald von Dubno. Seine Männer verließen unter den schmetternden Klängen ihrer Musikkapellen die sicheren Stellungen auf einer Anhöhe und gingen mit Unterstützung der Artillerie gegen den Feind vor.

Dieser österreichische Angriff auf den Dubno-Wald kann eigentlich nur mit einigen völlig desaströsen Frontalangriffen in den Napoleonischen Kriegen und im Amerikanischen Bürgerkrieg verglichen werden (besonders jenem Picketts bei Gettysburg) und das Ergebnis war ebenso verheerend. Nach einer Stunde waren von den am Angriff beteiligten 6000 österreichischen Soldaten 3000 entweder gefallen, verwundet oder gefangengenommen. Schon die erste Angriffswelle erlitt furchtbare Verluste und verlor fast alle ihre Offiziere. Das hinderte die zweite Welle, die interessanterweise aus polnischen und ukrainischen Soldaten bestand, aber nicht daran, ebenfalls vorzurücken. Wider erwarten gelang es einigen hundert Österreichern sogar, sich am Rand des Dubno-Waldes festzusetzen. Da aber der Großteil der angreifenden Truppen außer Gefecht war, wurde diese Stellung letztlich völlig wertlos und sollte eigentlich wieder aufgegeben werden. Besonders verheerend für die Österreicher war, dass neben General Fragnern auch alle Regimentskommandeure und ein Großteil der Offiziere gefallen waren.

Die Überlebenden des Fragnern-Angriffs flohen über das Schlachtfeld und erreichten in völliger Auflösung begriffen die Brigade Schulz am rechten Flügel. Schulz befahl seinen Leuten, die Kameraden mit dem Bajonett aufzuhalten, um den Zusammenhalt seiner Truppe nicht zu gefährden.

Der österreichische Oberst Kreyssern konnte von seiner Stellung aus genau den Untergang der Brigade von Fragnern beobachten. Er schickte zur Rettung fünf Bataillone gegen die Preußen im Wald. Genauso wie Fragnern hatte er keine Befehle seines Korpskommandeurs Erzherzog Leopold erhalten und musste auf sich allein gestellt handeln. Kreyssern führte den Angriff persönlich mit dem Säbel in der Hand und fand dabei den Tod.

Obwohl die Österreicher theoretisch den Damm einer Bahnlinie als Deckung für ihr Vorgehen hätten benutzen können, dachte niemand daran, den Bahndamm zu besetzen, bis ihnen die Preußen zuvorkamen. Von hier aus konnten sie alle vorgehenden Truppen der Österreicher unter Flankenfeuer nehmen. In der Folge kam es entlang des Bahndammes zu heftigen Kämpfen, die ebenfalls für die Österreicher sehr verlustreich verliefen. Als sich die Preußen jedoch hervorwagten, um die Österreicher auf offenem Feld anzugreifen, erlitten sie selbst hohe Verluste vor allem durch die sehr effektive österreichische Artillerie, die in diesem Fall von Skalitz aus feuerte. Der die ganze Zeit über nicht sehr präsente Erzherzog Leopold befahl den Kampf entlang der Bahnlinie abzubrechen.

Nun war es aber für die Österreicher nicht so einfach, sich vom Feind zu lösen, da die Preußen sofort nachstießen. Diese Aktion zweier preußischer Bataillone endete schließlich erst am Bahnhof von Skalitz, wo sie gleich auch das dortige österreichische Zentrum in ihren Besitz bringen konnten. Während etwa einer Stunde heftiger Kämpfe hatte der habsburgische Erzherzog zwei Brigaden verloren und den Rest seiner Truppen in eine sehr schwierige Lage manövriert.

Erzherzog Leopold (1823–1898) war als Befehlshaber des VIII. Österreichischen Armeekorps der vielleicht schwächste kaiserliche Befehlshaber im Krieg von 1866. Er trägt einen großen Teil der Verantwortung an der militärischen Katastrophe von Skalitz. Dabei war Leopold in jungen Jahren durch großen Mut im Krieg in Italien im Jahre 1848 hervorgetreten. Er hatte danach sehr interessante Forschungen über Militärtechnik betrieben und selbst erfolgreich Torpedos, See- und Landminen erfunden, die österreichischen Genietruppen reformiert und an der Wiener Wasserleitung gebaut. Sein Hauptinteresse galt mehr dem Flottenwesen und den Marinetruppen, wobei er jeder technischen Neuerung gegenüber sehr aufgeschlossen war. Als militärischer Führer eines Armeekorps erwies er sich allerdings im Jahre 1866 als ungeeignet. Er ließ viele seiner Offiziere ohne klare Befehle, was zu militärischen Fehlentscheidungen und vielen Opfern führte. Eine der Ursachen für die militärische Katastrophe von Skalitz dürfte gewesen sein, dass der Erzherzog es zuließ, dass seine Soldaten um die Mittagszeit des 28. Juni eine doppelte Portion Wein erhielten. Nun war es in jenen Zeiten in fast allen Armeen üblich, dass man die Soldaten unter ein gewisses Quantum Alkohol setzte, bevor man sie gegen den Feind schickte. Pervitin oder ähnliche Drogen sollten auf späteren Kriegsschauplätzen die Funktion dieses Aufputschmittels übernehmen. Im Korps des Erzherzogs übertrieb man allerdings den Alkoholkonsum an jenem Tag. Die Männer hatten infolge der bereits erwähnten großen Versorgungsmängel mehrere Tage lang kaum etwas gegessen – und so konnte die doppelte Dosis Alkohol eine beträchtliche Wirkung erzielen.

Die – ebenfalls stark alkoholisierte – Brigade von Generalmajor Schultz erhielt den allgemeinen Rückzugsbefehl, den Benedek um 12 Uhr erlassen hatte, mit einer Stunde Verspätung. Da waren die Preußen bereits im Besitz des Bahnhofs von Skalitz und Schulz bereitete gerade einen Gegenangriff vor. Als der Generalmajor nun seinen Soldaten den Rückzugsbefehl verkündete, geschah etwas Seltsames. Die Männer wollten weiterkämpfen und nicht zurückweichen. Die Erbitterung über den bisherigen Verlauf der Schlacht war groß und der Alkohol tat weiterhin seine Wirkung. Am Rande des Dubno-Waldes hielt sich noch immer ein aus etwa 400 Mann bestehender Rest der Fragnern-Brigade auf, der nicht bereit war, aufzugeben. Auch wenn fast keine Offiziere mehr vorhanden waren, gingen diese Soldaten unkoordiniert gegen die weit überlegenen Preußen vor und wurden letztlich fast alle niedergeschossen oder gerieten verwundet in Gefangenschaft.

General Steinmetz konnte mit der Entwicklung sehr zufrieden sein. Er hatte das feindliche Zentrum eingenommen und den linken Flügel des österreichischen Korps umfasst. Nun gingen die Preußen von den Höhen an der Aupa aus massiv gegen die verbliebenen österreichischen Stellungen vor. Die Österreicher leisteten weiterhin Widerstand. Um 14 Uhr griffen die Preußen unter der persönlichen Führung von Steinmetz das Zentrum von Skalitz an. Den Österreichern gelang es nur, mit Hilfe ihrer Artillerie den Rückzugsweg für die Reste der Brigaden Fragnern und Kreyssern aufrecht zu erhalten. Dann gab der Erzherzog den Befehl zum allgemeinen Rückzug, der schnell ungeordnet wurde. Die Soldaten wollten über das kleine Flüsschen Aupa flüchten, wobei viele einfach schwammen bzw. wateten. In der Kulisse vieler brennender Häuser spielten sich noch einige Rückzugsgefechte ab, während sich der österreichische Tross verbissen seinen Weg vom Feind bahnte. Die Preußen konnten in der Folge noch etwa 3000 Österreicher gefangen nehmen, wobei immerhin 1287 unverwundet waren. Die Soldaten vom Korps des unglücklichen Erzherzogs waren nun panisch auf der Flucht, so dass sie sogar das VI. Österreichische Korps, das sich laut Benedeks unverständlicher Planung schon Stunden zuvor abgesetzt hatte, erreichten und in Unordnung brachten.

Die Gesamtverluste des kaiserlichen Heeres bei Skalitz betrugen insgesamt 5372 Soldaten, davon immerhin ein General und 205 Offiziere. Die Preußen hatten 62 Offiziere und 1305 Soldaten verloren. Im Prinzip war es der übliche Faktor 1 zu 4, der sich durch die gesamten Kampfhandlungen des Krieges zog. Wenn man in Betracht zieht, dass ein großer Teil der österreichischen Ausfälle Gefangene waren, war der preußische Verlust in tatsächlichen Opferzahlen trotz des Zündnadelgewehrs sehr hoch. Benedek, der selbst eine schwere Mitverantwortung am Desaster von Skalitz hatte, behauptete später, er habe von der Schlacht so gut wie gar nichts wahrnehmen können, da während seines Ritts nach

Josephstadt ein heftiges Sommergewitter den Kampflärm neutralisiert hätte. Dem widersprach unter anderem General Ramming. Dieser gab später ebenfalls wieder, dass er Benedek ersucht habe, in die Schlacht bei Skalitz eingreifen zu dürfen, doch wurde ihm dies untersagt. Es scheint so, als wäre Skalitz der dunkelste Tag der Österreicher vor der Entscheidungsschlacht von Königgrätz gewesen.

Die Ereignisse von Skalitz zwangen Benedek letztlich, seine Planung zu ändern. Ein weiterer Vormarsch der Nordarmee in Richtung Jicin war nicht mehr möglich, zumal auch Gablenz mit seinem Korps in schwere Bedrängnis geraten war. Benedek sah sich jetzt gezwungen, ein kompliziertes Manöver einzuleiten, bei dem er die bereits in Bewegung befindlichen Einheiten anhielt und neu in Stellung brachte. Solche Aktionen waren selbst bei Manövern in Friedenszeiten schwierig umzusetzen, doch nun war durch den preußischen Druck die Situation eine ganz andere. Am 28. Juni etwa um 21.30 befahl Benedek, alle ihm unterstellten Truppen sollten eine zentrale Stellung bei Königshof beziehen. Dieser Befehl wurde auf bis heute unerklärliche Weise erst verzögert am nächsten Tag um 8 Uhr an die Korpskommandanten übermittelt. Selbst der Stab Benedeks scheint erst am Morgen des 29. Juni Mitteilung erhalten zu haben. Die Ereignisse bei Skalitz und die raschen Erfolge von Steinmetz setzte in Gange, was über Königgrätz nach Nikolsburg führen sollte. Steinmetz war dabei vielleicht neben Moltke der beste preußische Heerführer in diesem Krieg. Doch gab es da noch den Kommandanten der Elbarmee.

## Eberhard Herwarth von Bittenfeld

Für einen preußischen General hatte Eberhard Herwarth von Bittenfeld (1796–1884) eine ungewöhnliche Herkunft. Die Familie entstammte dem Augsburger Stadtadel, gelangte aber erst zu Bekanntheit, als sie den Preußen eine größere Anzahl erfolgreicher höherer Offiziere schenkte. War der Vater Eberhards bereits preußischer Generalmajor gewesen, so erreichten immerhin drei seiner Söhne preußische Generalsränge. Auch bei Eberhard Herwarth von Bittenfeld war es so, dass er seine ersten militärischen Erfahrungen bereits in den Befreiungskriegen sammelte, trat er doch bereits 1811 im Alter von 15 Jahren als Musketier in ein Infanteriebataillon ein. Er beteiligte sich an einer Vielzahl von Schlachten gegen Napoleon, blieb danach in der preußischen Armee und machte weiter Karriere bei der Infanterie. So war er am Höhepunkt der Revolution von 1848 Kommandant des königlichen Schlosses in Berlin. Nachdem er schon 1850 als Oberst das Kommando über eine Infanterie-Brigade inne hatte, wurde er 1852 Generalmajor und 1854 zum Kommandanten der Bundesfestung Mainz ernannt. Ab 1856 kommandierte er als Generalleutnant die 7. Division, wurde 1860 General der Infanterie und Kommandant des VII. Armee-Korps. Im Krieg gegen Dänemark 1866 übernahm Herwarth von Bittenfeld das Armeekorps des Prinzen Friedrich Karl, da dieser General Wrangel als Oberbefehlshaber beerbte. Beim Übergang nach Alsen konnte Herwarth den letzten Widerstand der Dänen am 29. Juni 1864 brechen und erhielt schließlich für seine Verdienste den Pour le Mérite als auch den österreichischen Maria-Theresien-Orden. Danach war Herwarth einige Zeit Oberbefehlshaber der Elbherzogtümer. Als sich der Konflikt mit Österreich bereits abzeichnete, erhielt er Ende Juni 1865 das Kommando über das VIII. Armee-Korps, mit dem er schließlich gemeinsam mit der 14. Division 1866 die so genannte Elbarmee bildete. Mit dieser besetzte er Dresden und war bei den Gefechten bei Hühnerwasser und Münchengrätz am 27. und 28. Juni 1866 erfolgreich. Sein späterer Einsatz bei Königgrätz sollte ihm den Schwarzen Adlerorden und eine hohe finanzielle Zuwendung bringen. Er war dann auch weiter als Kommandeur des VIII. Armee-Korps tätig und hatte auch im Krieg gegen Frankreich wichtige Positionen inne. Danach ging der bereits 75jährige als Generalfeldmarschall in den Ruhestand. Er hatte auch mehrere Jahre einen Sitz im Preußischen Herrenhaus. Im Gegensatz zu Moltke und einiger seiner Generalskollegen dürfte Herwarth von Bittenfeld ein Militarist ohne kulturelle Interessen gewesen sein. So schrieb einer seiner Generalstabsoffiziere über ihn: *»Sehr bestimmt, streng im Dienst, wohlwollend, gewöhnt sich mündlich und schriftlich präcise auszudrücken, außerordentlich redegewandt, klarer Verstand, treffendes Urtheil, stattliche Erscheinung, gewinnende Formen, konnte recht deutlich, sogar derb werden.« (Allgemeine Deutsche Biographie, Band 50)*

## Gitschin und Schweinsschädel

*»Was für Fehler auch im Operationsplan der Preußen gelegen haben mögen, durch ihre Schnelligkeit und entschiedenen Aktionen haben sie diese wieder wettgemacht. Man kann an den Operationen keiner ihrer beiden Armeen etwas aussetzen. Kurz, scharf und entschieden waren alle ihre Schläge und hatten vollen Erfolg.«* (Friedrich Engels)

Benedeks Planänderung brachte es mit sich, dass bei dem Treffen von Gitschin die sächsischen und österreichischen Einheiten wenig Unterstützung hatten und demzufolge auch auf verlorenem Posten standen. Das österreichische I. Korps unter General Clam-Gallas zog sich am 28. Juni 1866 nach der erfolglosen Schlacht bei Münchengrätz gemeinsam mit der sächsischen Armee weiter zurück. Man hoffte auf den Vormarsch der Nordarmee unter Benedek und versuchte, neue Stellungen zur Verteidigung zu errichten. Die preußische 1. Armee unter dem offiziellen Oberbefehl des Prinzen Friedrich Karl hielt sich eng an die Planungen Moltkes und ließ den zurückweichenden Gegner keine ruhige Phase. Immerhin sollte durch diese Aktionen die 2. Preußische Armee Zeit bekommen, sich mit den beiden anderen Armeen zu vereinigen, bevor es zur großen Entscheidungsschlacht kam.

Gemeinsam mit der Elbarmee unter General Herwarth von Bittenfeld wurden von der 1. Armee die österreichischen Rückzugslinien einer ständigen Bedrohung ausgesetzt. Die Österreicher wurden im Prinzip von den Preußen wie eine Herde getrieben, da die Elbarmee einfach mobiler war und die kaiserlichen Kolonnen am Abzug nach Süden hinderten. Unter dem Eindruck von den für sie alptraumhaft schnell vorrückenden Preußen wurden General Clam-Gallas und seine sächsischen Verbündeten auf die Stadt Gitschin hingetrieben. Nächtliche Kämpfe bei Podkost und Sobotka entschieden die Preußen schnell zu ihren Gunsten gegen die österreichische Nachhut. Clam-Gallas bereitete sich schließlich im Norden und Westen von Gitschin zum Gefecht vor. Da das Gelände zerklüftet war, stellte besonders das nördliche Vorfeld von Gitschin ein schwieriges Terrain für einen Angriff dar. Es gab auch das mit Mauern bewehrte Dorf Lochow, das von tiefen Schluchten fast vollständig umgeben war. Das gesamte Terrain mit seiner unübersichtlichen Berg- und Tallandschaft schien besonders für die preußische Kavallerie ein kaum zu überwindendes Hindernis zu sein.

Um 15.30 erfolgte der erste Angriff der preußischen 5. Division; vorerst gegen die Sachsen. Die Ortschaft Podulez geriet durch Beschuss in Brand und wurde dann von den Preußen im Sturm genommen. Es kam nun zu einem Großangriff österreichischer Kavallerie auf die eingedrungenen Preußen, der aber schnell zum erliegen kam. Auch die sächsische Infanterie musste sich schließlich beim Kampf um die Ortschaft Dilez dem Zündnadelgewehr geschlagen geben. Die Sachsen zogen sich in der Folge direkt nach Gitschin zurück, wo auch schon bald heftig gekämpft wurde. Den Österreichern erging es kurz darauf auch nicht besser, nachdem preußische Regimenter die gut aufgestellten Höhenstellungen der Verteidiger einfach umgingen und die preußische Reserve unter General von Manstein die Orte Brada und Prachow stürmte. Das von den Österreichern besetzte Dorf Podulez wurde von den Preußen abgeschnitten und die Besatzung zog es vor, sich zu ergeben. Anfangs konnte die österreichische Artillerie von den Prachower Höhen aus den Preußen bedeutende Verluste zufügen, doch dann setzte sich alles schnell nach Gitschin ab.

Etwa um 16 Uhr erschien auch noch das II. Preußische Armeekorps und griff die auf Höhenstellungen postierten Österreicher bei Brada und den benachbarten Orten an. Das schwierige Gelände schreckte die preußischen Angreifer nicht, wobei einige Waldstücke mit Schützen der österreichischen Brigade Ringelsheim und eines sächsischen Jägerbataillons gut besetzt waren. Der preußische General von Werder nahm die Herausforderung an und ließ unter dem Dauerfeuer ausgesuchter Zündnadelschützen seine Leute vorrücken. Schon bald zeigte sich das übliche Bild: hohe Verluste der Verteidiger durch die Feuerüberlegenheit ihrer Gegner. Sogar die für den gezielten Feuerkampf geschulten kaiserlichen Jäger konnten mit ihren langsamen Vorderladern wenig ausrichten. Die Österreicher und ihre sächsischen Verbündeten mussten nach und nach weichen, versuchten jedoch einige Male, sich neu zu formieren und weiter Widerstand zu leisten. Doch der Erfolg blieb aus und nachdem eine heftig verteidigte Schlucht als die letzte Bastion der Österreicher vor Gitschin gefallen war, drängten die Überlebenden auf die Stadt zurück.

Als es langsam dunkel wurde, gingen die Kämpfe dennoch weiter und die Sachsen bildeten eine Auffangstellung, in die auch immer mehr geschlagene Österreicher fluteten. Um 22 Uhr hatten die zuvor aus verschiedenen Richtungen angreifenden Preußen nun engere Tuchfühlung und Prinz Friedrich Karl wollte unter allen Umständen Gitschin möglichst rasch in seinen Besitz bringen. Der völlig überforderte österreichische General Clam-Gallas hatte inzwischen auch von den Änderungen in der Planung Benedeks erfahren und gab Befehl, den sinnlosen Kampf abzubrechen. Doch es war nicht einfach, sich von dem rasch vordrängenden Feind zu lösen. Die Preußen stürmten weiter heftig auf Gitschin, während sich die Kolonnen der geschlagenen Verbündeten in südöstlicher Richtung zur Elbe hin absetzten. Die Sachsen hatten die Rolle einer Arrieregarde bekommen. Nachdem die Österreicher aus der Stadt abgezogen waren, stellten auch die Sachsen ihren Widerstand ein und setzten sich in Richtung Königgrätz ab. Die Verluste bei Gitschin waren für die Österreicher wiederum sehr hoch und erreichten auch den bereits üblichen Faktor 1 zu 4. Interessanterweise gelang es den Preußen bei diesem Treffen kaum, Gefangene zu machen.

Feldmarschall-Leutnant Gablenz hatte sein bereits ziemlich lädiertes X. Korps von Trautenau nach Soor zurückgezogen und ersuchte Benedek vergeblich um Verstärkung, da ihm die preußische Garde zusetzte. Gablenz setzte jetzt besonders auf die Feuerkraft seiner Artillerie und versuchte damit, die Preußen bei Staudenz aufzuhalten. Er hoffte auf das anmarschierende IV. Österreichische Korps unter Tassilo Graf Festetics, welches dann die Preußen von Süden her in der Flanke angreifen sollte. Beim Gefecht von Soor und Burkersdorf konnte die 1. Preußische Gardedivision die Österreicher bei Staudenz mit Erfolg vertreiben. Währenddessen wurde die österreichische Brigade Grivicic von der 2. Gardedivision erfolgreich von Gablenz Korps abgeschnitten und beim Gefecht bei Burkersdorf so gut wie gänzlich vernichtet.

Danach sollte das Gardekorps dem Wunsch Moltkes gemäß Verbindung mit dem I. und V. Armeekorps aufnehmen und so die Vereinigung der ganzen 2. preußischen Armee vorantreiben. Als Verbindungsort war Königinhof an der Elbe festgesetzt. Dass die überall zurückweichenden Österreicher das noch in irgendeiner Form verhindern konnten, schien bereits unvorstellbar. Das Vordringen der Preußen entlang der Elbe war scheinbar unaufhaltsam.

In der Stadt Königinhof und deren nördlichem Vorfeld erwarteten Einheiten des IV. Österreichischen Korps die Preußen. Unterstützt wurden sie von mehreren Batterien des X. Korps von Gablenz. Königinhof war ein strategisch wichtiger Ort an der Elbe, der immerhin zwei Brücken über den Fluss aufwies. Als die Preußen sich der Stadt näherten, kam es ab 15 Uhr zu ersten Kampfhandlungen. Unzureichende österreichische Kräfte, die im Vorfeld der Stadt Aufstellung genommen hatten, mussten bald ihre Stellungen räumen und zogen sich geordnet nach Königinhof zurück. Obwohl sich die Österreicher im Norden der Stadt gut verschanzt hatten, konnten die Preußen bereits mit ihrer ersten Welle in Königinhof einbrechen. In der Folge kam es zu heftigen Kämpfen in großen Bereichen der Stadt, bei denen die Österreicher rasch an Boden verloren. Besonders schlimm erging es dem Infanterie-Regiment Coronini, das eine Fahne seines 3. Bataillons verlor und sich danach demoralisiert fast komplett ergab. Die übrig gebliebenen Österreicher zogen sich rasch über die Elbbrücken auf die andere Seite des Flusses zurück. Die Preußen stießen rasch nach und konnten beide Brücken in ihren Besitz bringen. Man brachte Sprengladungen an, falls die Österreicher einen Gegenstoß über die Brücken machen würden. Währenddessen feuerte die österreichische Artillerie auf die siegreichen Preußen, konnte aber das Blatt nicht mehr wenden, da zudem kein österreichischer Gegenstoß erfolgte.

Das Gefecht bei Königinhof war militärisch zu vernachlässigen, da letztlich nur 5000 Preußen gegen 800 Österreicher kämpften. Der Untergang des Regiments Coronini, das letztlich etwa 100 Tote zu beklagen hatte und zum Großteil mit seinem Kommandanten Oberst von Stocklin in Gefangenschaft geriet, war jedoch bitter. Die preußischen Verluste betrugen nur einen Bruchteil davon. Der komplette Untergang eines ganzen Regimentes stellte trotz aller Verluste im Krieg von 1866 eher eine Ausnahme dar.

Benedek plante ab dem 29. Juni 1866 die Konzentration seiner verbliebenen Kräfte bei Königgrätz, um es dort mit der 1. Preußischen Armee und der Elbarmee aufzunehmen. Wichtig war dabei für ihn, dass der Vormarsch der 2. Preußischen Armee so lange gestoppt wurde, dass sie nicht mehr entscheidend in die Auseinandersetzung eingreifen konnte. Das IV. Österreichische Korps unter Festetics sollte deshalb die 2. Preußische Armee aufhalten. Immerhin hatte Benedek durch seinen Rückmarsch in Richtung Königgrätz erreicht, dass die 1. Armee und die Elbarmee den Kontakt zu seinen Truppen weitgehend verloren hatten und er sich damit Zeit verschafft hatte, sich neu zu formieren.

Der Kommandant des IV. Österreichischen Korps, Graf Festetics, erwartete die vordringenden Preußen bei Schweinschädel. Trotz der Tatsache, dass Benedek von ihm nur verlangte, den weiteren Vormarsch des Gegners zu verlangsamen, hatte er sich entschlossen, diese Position auf keinen Fall ohne größeren Kampf aufzugeben. Er war der Meinung, dass ein zu langer kampfloser Rückzug den Geist der Truppe schwer erschüttern würde. Wie schon Gablenz und andere Korpskommandanten vertraute er besonders auf die Artillerie, welche die Überlegenheit des Zündnadelgewehrs wenigstens etwas ausgleichen sollte. Die Kanoniere wussten auch genau, was von ihnen erwartet wurde und entfachten ein starkes Dauerfeuer auf die vordringenden Preußen.

Nachdem die Preußen dann gezielt die österreichischen Batterien angriffen, warf ihnen Festetics eine Infanteriebrigade entgegen, die hohe Verluste erlitt. Die Preußen drangen bei ihrem ersten Angriff schon tief in Schweinschädel ein, wo es zu heftigen Kämpfen kam, welche meistens zu Gunsten der Zündnadel-Schützen ausgingen. Ein Brennpunkt der Kämpfe wurde eine massiv gebaute Meierei, in welcher sich ein österreichisches Bataillon verschanzt hatte. Diese Einheit konnte den überlegenen Preußen lange erfolgreich Widerstand leisten, wurde dabei aber fast völlig vernichtet. Als er schließlich die ganze Ortschaft in seinen Besitz gebracht hatte und seine Truppen erschöpft waren, ließ General von Steinmetz von einer weiteren Verfolgung der Österreicher ab und Festetic konnte sich erfolgreich von seinem erneut überlegenen Gegner lösen. Mit dem Verlust von insgesamt 1450 Mann hatte der österreichische Korpskommandant den preußischen Vormarsch eigentlich nur unwesentlich aufgehalten. Schon bald marschierten die preußischen Truppen weiter in Richtung Gradlitz. Steinmetz musste nach dem Gefecht von Schweinschädel wegen der Verluste und der Erschöpfung seiner Soldaten mit seinem Korps hinter den anderen drei preußischen Korps der Kronprinzenarmee zurückbleiben, weshalb er schließlich auch in Königgrätz zu spät kam. Trotzdem war seine Erfolgsbilanz letztlich wohl die bedeutendste unter allen preußischen Korpskommandanten.

Schon vor Königinhof und Schweinschädel soll sich bereits eine große Niedergeschlagenheit über die Nordarmee gelegt haben: »*Die Niederlage von Gitschin bewirkte in der österreichischen Armee die Vorstellung, der Krieg sei verloren. Niemand war stärker von diesem Gefühl beherrscht als der Oberkommandierende selbst. Die Möglichkeit eines Angriffskrieges, der seinem Temperament entsprochen hätte, war seit Skalitz dahin. … Sein Elan war durch die von allen Fronten eintreffenden Nachrichten über die Verluste, die das Zündnadelgewehr verursacht hatte, erschüttert.*« (Craig 1966, S. 140 f.)

Dazu ein paar Verlustzahlen: »*In all diesen Gefechten fielen deutlich mehr Österreicher als Preußen: bei Hühnerwasser 5,5 mal so viele (27 zu 50), bei Trautenau 3,6 mal so viele (4 787 zu 1 338) und bei Nachod-Wysokow fünfmal so viele (5 719 zu 1 122, zahlenmäßig die höchsten Verluste vor Königgrätz). Beim Nachtgefecht von Podol betrug das Verlustverhältnis gar 8 zu 1 (1 048 zu 130).*« (http://www.bundesheer.at/truppendienst/ausgaben/artikel.php?id=223)

## Telegramme

*»Im Krieg ist alles gefährlich.«* (Helmuth von Moltke)

Der Krieg von 1866 war nicht der erste, bei dem der Telegraf als relativ neue technische Errungenschaft zur Kommunikation eine wichtige Rolle spielte. So spielte das Verlegen oder Zerstören von Telegrafenmasten zum Beispiel im Amerikanischen Bürgerkrieg eine große Rolle. Der Deutsche Krieg brachte aber einige sehr denkwürdige Telegramme hervor, von denen man einige hier Revue passieren lassen sollte.

Da gibt es die bekannte Depesche, die Benedek vor Königgrätz an den Kaiser schickte: *»Bitte Eure Majestät dringend, um jeden Preis den Frieden zu schließen. Katastrophe der Armee unvermeidlich …«*

Franz Joseph wird über dieses Telegramm und die derart offene Sprache seines Feldherrn wohl indigniert gewesen sein. Empfehlungen zum Friedensschluss wollte er von einem seiner Generäle sicher nicht in dieser Form hören. Er war der Kaiser und nur er war berechtigt über diese Dinge zu entscheiden. Eine vorzeitige Kapitulation hätte seine Position und die weitere Rolle Österreichs in der Welt wohl in Frage gestellt. Und so musste wohl einfach weiter gekämpft werden. Deshalb telegrafierte er an Benedek: *»Einen Frieden zu schließen unmöglich. Ich befehle – wenn unausweichlich – den Rückzug anzutreten. Hat eine Schlacht stattgefunden?«* Später gab der kaiserliche Generaladjutant Crenneville zu, dass er den letzten Satz selbst an das kaiserliche Telegramm angefügt hatte. Denn: *»Ja, wie kann man denn einen Rückzug antreten ohne eine verlorene Schlacht.«* (Craig 1966, S. 142 f.) Einen Tag später befahl Franz Joseph noch, die Generäle Clam-Gallas, Krismanic und Henikstein ihrer Ämter zu entheben und einen neuen Stabschef zu ernennen. Ob Benedek Crennevilles Satz als Befehl für eine größere Schlacht auffasste oder nicht, ist bis heute umstritten.

Zwischen den zwei folgenden Telegrammen liegen zweieinhalb Wochen. Sie sind Zeugnisse von zwei Seiten der Kriegsgeschichte: einer verheerenden Niederlage und eines großartigen Sieges.

Das Konzept des Telegramms aus dem Hauptquartier der k. u. k. Nordarmee nach der Schlacht von Königgrätz am 3. Juli lautete: »*… Vorgestern schon besorgte Catastrophe der Armee heute vollständig eingetreten. Nach mehr als fünfstündigem brillanten Kampfe der ganzen Armee und der Sachsen in theilweise verschanzten Stellungen vor Königgrätz, mit Zentrum Lippa, gelang es dem Feinde, sich unbemerkt in Chlum festzusetzen. Regenwetter hielt den Pulverdampf am Boden, so daß er jede bestimmte Aussicht unmöglich machte, bei Chlum blieb unvermuthet eine Lücke in der Stellung. Plötzlich von dort aus in Flanke und Rücken beschossen, wanken die nächsten Truppen, allmählich griff an vielen Punkten eine unaufhaltsame Panique um sich, und alle Anstrengungen, dem Rückzuge Einhalt zu thun, waren vergebens. Der selbe erfolgte anfangs langsam, die Auflösung nahm aber zu, und ganz ungeordnet zogen sich alle über die Kriegsbrücken der Elbe, sowie nach Pardubic zurück. Verluste noch gar nicht zu übersehen, aber gewiß unendlich groß …*« (KA, MKSM, 1866, 69, Nordarmee)

Ganz anders das Telegramm von Konteradmiral Tegetthoff aus Spalato, aufgegeben am 20 Juli 1866 um 11 Uhr 50: »*An Seine Excellenz Herrn I. Generaladjutanten Sr. Majestät, F.M.L. Grafen Crenneville: Durch Dampfer Stadium (?) nach Spalato. Heute Vormittags unter Lissa die feindliche Flotte, 23 Schiffe stark, darunter Affondatore und 11 andere Panzerschiffe, angetroffen. Im Verlaufe des Kampfes wurde mit Euer Majestät Panzerfregatte E. H. Max eine große italienische in den Grund gerammt, eine andere wurde in die Luft gesprengt. Von beiden konnte Niemand gerettet werden. Euer Majestät Linienschiff ›Kaiser‹ von vier feindlichen Panzerschiffen umgeben, rannte eines an, verdrängte alle, verlor dabei Fockmast, Bugspriet, 22 Tote, 82 Verwundete … Escadre vollkommen kampffähig. Bemannungen von besten Geiste beseelt. Nach zweistündigem Kampfe den Feind verdrängt, Lissa entsetzt …*« (KA, MKSM, 1866, 66 – 2/24)

Das Telegramm Benedeks zeugt von Versagen: Man wurde während der Schlacht vom Feind überrascht, konnte die Panik der Truppe nicht bekämpfen, der Rückzug war »ungeordnet«, alles ist entglitten, »unendlich große« Verluste. Dass es in Wirklichkeit nicht ganz so schlimm gewesen war, Österreich kein Cannae erlebt und Benedek letztlich den Großteil seiner Armee gerettet hatte, wurde dabei nicht kommuniziert.

Tegetthoff beschreibt nüchtern, sachlich und knapp, was geschehen ist: Stärke der Gegner. Vernichtung zweier italienischer Schlachtschiffe, das alte Linienschiff »Kaiser« konnte sich im Kampf gegen vier Gegner behaupten. Und er beschreibt auch exakt die Verluste, die erlitten wurden. Dann noch: die Mannschaft ist »von bestem Geiste« und man ist vollkommen in der Lage weiterzukämpfen. Sieger und Verlierer, Tegetthoff und Benedek, wohl auch zwei sehr unterschiedliche Charaktere.

# Königgrätz und der Triumph der Zündnadel

*»Als die österreichischen Truppen in den Morgenstunden des 3. Juli 1866 bei Königgrätz Aufstellung nahmen, bot sich dem Betrachter ein Schauspiel dar, wie es in der Kriegsgeschichte in dieser Form zum letzten Mal vorkommen sollte. Getrennt nach Landsmannschaften und Waffengattungen, überzogen die kaiserlichen Verbände die Hänge und Täler an der Bistritz mit einem vielgestaltigen Teppich von Farben und Formen: die Infanterie in weißen Röcken und blauen Hosen, die Jäger in ihren grünen Uniformen, die Husaren mit gelbgeränderten Tschakos, die braunröckigen Artilleristen, die Ulanen mit rotumrandeten Tschapkas und die Kürassiere in hohen Stiefeln und mit breiten Kämmen an den Helmen.«* (Förster 2004, S. 217) Selten zuvor war eine derartig schön anzusehende Armee dieser Dimension zu ihrer größten Niederlage aufmarschiert.

Dennoch: *»Nur zwei Korps der Nordarmee, das 2. Und 3., waren noch intakt. Alle anderen Truppenteile hatten in den bisherigen Gefechten teilweise enorme Verluste erlitten, insgesamt über 30 000 ann […]. Alles in allem fehlte schon jetzt die Stärke eines ganzen Armeekorps.«* (Preil 1993, S. 58)

Auch wenn viele der bei Königgrätz in Stellung gegangenen österreichischen Soldaten bereits als Angehörige verschiedener Korps in heftige und wenig erfolgreiche Kämpfe gegen preußische Truppen verwickelt gewesen waren und nur zu gut um die Überlegenheit des Zündnadelgewehrs wussten, scheint es nicht an Mut und Zuversicht gemangelt zu haben. Man stand hier in gut vorbereiteten Stellungen zur großen Entscheidungsschlacht unter Feldzeugmeister Benedek bereit. Diese Zuversicht scheint allerdings nicht auf alle Angehörigen der österreichischen Generalität und der Stäbe zugetroffen zu haben, da einige schon in aller Früh so betrunken waren, dass sie sich nur mühsam in ihren Sätteln halten konnten, was vielleicht auch einige ihrer späteren Fehlentscheidungen erklärbar macht.

Feldzeugmeister Ludwig von Benedek hatte eine Defensivstellung gewählt und damit auf die bisherigen verlustreichen Kämpfe gegen die preußischen Eindringlinge reagiert. Er wollte die Überlegenheit des Zündnadelgewehrs weitgehend neutralisieren und die beiden Armeen, denen er sich gegenüber sah, so lange erfolglos anrennen lassen, bis sie ihre Kräfte erschöpft hatten. Anschließend plante er sich der, seiner Nachrichtenlage nach noch weit entfernten, 2. Preußischen Armee mit weit überlegenen Kräften zuzuwenden.

Benedek hatte eine Entscheidung getroffen. »*Die Alternative zu einem riskanten Rückzug war das Wagnis der Entscheidungsschlacht. Benedek hatte bei seinen Erkundungsritten festgestellt, dass sich das Gelände westlich von Königgrätz für eine großangelegte Defensivstellung geradezu anbot. [...] Benedek beschloss, sie [die Preußen] an dieser Stelle zu erwarten, und er hatte durchaus Grund zu der Annahme, er könne ihnen einen mörderischen Empfang bereiten.*« (Zimmer 1996, S. 112)

Der österreichische Oberbefehlshaber stellte seine Armeekorps sehr defensiv in einer Art von »Hakenstellung« auf. Diese reichte von Trotina an der Elbe über Sadowa bis Kuklena und beschrieb einen Bogen oder Haken. Dabei wurde eine Reihe von Höhen, die den Raum zwischen Bistritza, Elbe und Trotina ausfüllten, genutzt. Der gegen Westen ausgerichtete Teil der Aufstellung verlief hinter der Bistritza, während sich der rechte Flügel an die Trotina anlehnte. Es gab dabei einige beherrschende Positionen: die Höhen von Maslowed, Chlum, Problus und Hradek. Zudem war das Überwinden der Bistritza und der Trotina wegen des dort vorhandenen Morasts für die Infanterie schon nicht einfach, während die Artillerie und die Kavallerie auf Brücken angewiesen war. Dies war geplanter maßen eine großes Problem für die preußische Artillerie. Die österreichische Artillerie hingegen wurde auf den beherrschenden Höhen aufgestellt und konnte von hier aus ihre volle Feuerkraft entfalten.

Benedek verschanzte seine Truppen auch teilweise hinter künstlichen Hindernissen und legte vor allem großen Wert auf ein freies Schussfeld der Artillerie. Da die Elbe im Rücken der Österreicher war – was in der Militärtheorie als strategisch schlecht galt – hatte Benedek dafür gesorgt, dass immerhin eine große Anzahl von Kriegsbrücken zur Verfügung standen, falls man sich rasch zurückziehen musste. Immerhin stand auch der Train der großen Armee zum Großteil auf der anderen Seite des Flusses. Ein Umstand, der sich später als Nachteil bemerkbar machen sollte.

Der schlaue Kriegsbeobachter Friedrich Engels hatte es auf den Punkt gebracht: Nachdem er darüber schrieb, wie gefährlich der getrennte Aufmarsch auf schwierigem Gelände für die Preußen gewesen sei und dass ihnen die Vernichtung gedroht hätte, wenn die Österreicher ihnen ausreichend Truppen an den strategisch richtigen Stellen in den Weg gestellt hätten, stellte er fest: Der Plan Moltkes habe nur gelingen können, wenn die Preußen in die Lage kamen, sich frei zu entfalten. Dazu Engels zynisch: »*General Benedeks geheimnisvoller Plan scheint hauptsächlich darin bestanden zu haben, gerade solch eine Lage zu schaffen. Es scheinen nur zwei österreichische Armeekorps – das I. (Clam-Gallas) und das VI. (Ramming) – in der Nordwestecke Böhmens gestanden zu haben, wo – wie wir dies von Anfang an erwarteten – die entscheidenden Aktionen erfolgen mußten. Wenn damit beabsichtigt war, die Preußen in eine Falle zu locken, dann ist das Benedek so gut gelungen, daß er selbst in die Falle ging.*« Zu den Preußen: »*[…] dieser Vormarsch bleibt auf jeden Fall und unter allen Umständen ein höchst gefährliches Manöver, das mit einer vollständigen Niederlage hätte enden können, wären nicht Benedeks sonderbare Langsamkeit, die unerwartete Stoßkraft der preußischen Truppen und die Hinterlader gewesen.*«

# Das Zündnadelgewehr

*»Selten ist der Unterschied zwischen geeigneten und ungeeigneten Waffen so deutlich zu Tage getreten wie bei der Schlacht von Königgrätz 1866.«* (Regan 1998, S. 194)

Der Krieg von 1866 und besonders Königgrätz sind verbunden mit dem Mythos vom Zündnadelgewehr. Es gibt keinen Krieg der Geschichte, der im kollektiven Gedächtnis mit einer einzigen Waffe verbunden ist, weder der Hundertjährige Krieg mit dem Langbogen noch der Erste Weltkrieg mit Maschinengewehr und Giftgas.

Das nun schon zehn Jahre alte Gewehrmodell war 1866 waffentechnisch sicher nicht mehr auf dem neuesten Stand und es gab schon viel bessere Gewehre auf dem Markt. Vor allem der kurz zuvor zu Ende gegangene amerikanische Bürgerkrieg, der noch weitgehend ein Krieg der Vorderlader gewesen war, hatte gezeigt, was waffentechnisch möglich war. Innerhalb kurzer Zeit waren eine Vielzahl von Hinterlader-Systemen und auch schon Repetiergewehre aufgetaucht – allerdings in zu geringen Stückzahlen, um kriegsentscheidend zu wirken. Das preußische Zündnadelgewehr war recht anfällig, seine Schussweite war den meisten gezogenen militärischen Vorderladern mit Minié-Geschossen weit unterlegen, es hatte nicht die besten ballistischen Werte, aber es hatte zwei riesengroße Vorteile gegenüber allen Vorderlader-Gewehren jener Zeit: Es hatte einen viel kürzeren Ladevorgang und man konnte es auch im Liegen laden. Diese beiden Faktoren sollten letztlich seinen Erfolg ausmachen.

Die Österreicher wie seine Verbündeten kannten das Zündnadelgewehr schon sehr lange. Sie hatten es auch schon 1851 einer Reihe von Tests unterzogen; allerdings mit negativer Bewertung. Der oberste Waffentechniker der österreichischen Armee, General Vinzenz von Augustin, kam in seinem Gutachten zu dem Ergebnis, dass dieses Gewehr zu kostenintensiv und gefechtsmäßig wenig brauchbar sei, dass es technisch zu anfällig wäre und durch das schnelle Feuern die Soldaten zur Munitionsvergeudung verleiten würde. Man kann über dieses Urteil eines an sich fähigen und technischen Neuerungen gegenüber sehr aufgeschlossenen Mannes wie Augustin verwundert sein, sollte aber bedenken, dass das Zündnadelgewehr auch von anderen militärischen Großmächten wie Großbritannien und Frankreich getestet und verworfen wurde. Für das taktische Denken jener Zeit, das noch sehr stark von den Napoleonischen Kriegen bestimmt war, schien das Zündnadelgewehr wertlos.

Dabei mutet es fast wie ein Treppenwitz der Weltgeschichte an, dass Österreich lange vor Königgrätz das erste Land der Welt gewesen war, das Teile seiner Armee mit einem Hinterlader ausgerüstet hatte. Der Crespi-Hinterlader wurde bereits 1770 hauptsächlich von der österreichischen Kavallerie geführt. Auch danach gab es immer wieder österreichische Hinterladermodelle, die allerdings aus Kostengründen von der Armee nicht angeschafft wurden. Zur Zeit Napoleons hatten einige österreichische Verbände übrigens auch als einzige Armee der Welt ein Druckluftgewehr – Modell Girandoni – mit mehrschüssigem Magazin. Beide Modelle wurden später vor allem aus Kostengründen wieder aus dem Verkehr gezogen.

Der letztlich wichtigste Entscheidungsträger in Österreich war natürlich der junge Kaiser Franz Joseph, der einerseits noch stark unter dem Einfluss seiner Mutter stand und andererseits schon in jungen Jahren geistig überraschend träge und fantasielos war. Er vertraute natürlich einerseits dem Rat seines Waffenexperten Augustin, vor dem er großen Respekt hatte, und andererseits war er der Meinung, die Königin der Waffen wäre das Bajonett. Der zu einem großen Teil durch seine Schuld missglückte Feldzug von 1859 hatte den Kaiser auch darin bestärkt, dass man in erster Linie durch Bajonettangriffe die Entscheidung herbeiführen könne. Deshalb forcierten die österreichischen Militärs eine Taktik, die bereits aus dem Zeitalter Napoleons hätte stammen können. Es war dies die »Stoßtaktik«, bei der es in erster Linie um den direkten Angriff und das Handgemenge mit dem Feind ging, während man auf die Konzentration der Feuerkraft oder gezielte Weitschüsse kaum Wert legte. Paradoxerweise erfolgte diese Entscheidung, als man endlich erstmalig durch das Minié-System Gewehre in der Hand jedes Soldaten hatte, die für gezieltes Feuer auch auf große Distanzen geradezu prädestiniert waren. Eine Folge dieser österreichischen Fehlentscheidung, die auch von anderen Armeen kopiert wurde, war der Umstand, dass die Schießausbildung der Infanterie mehr als unzulänglich war, weil man ja auch keine Munition »vergeuden« wollte. Der Krieg gegen Dänemark schien der Entscheidung zur Stoßtaktik sogar Recht zu geben, denn als die Österreicher diese hier zum ersten Mal in großem Maßstab einsetzten, konnten sie durch ihr tapferes Vorgehen sogar ihre preußischen Verbündeten beeindrucken. Allerdings zeigten schon hier die höheren Verluste, dass diese Taktik ihren Preis hatte. Und die Dänen hatten ja auch noch Vorderlader!

Ein weiterer Grund für die mangelnde Bereitschaft der Österreicher, waffentechnisch umzurüsten, waren wirtschaftliche Erwägungen. Immerhin besaß die Gewehrfabrik im Wiener Arsenal ein de facto Monopol bei der Herstellung des Lorenz-Gewehrs. Man hatte im Laufe der Zeit die Effizienz immer weiter gesteigert und auch zuletzt kostspielige neue Maschinen angeschafft, wodurch die Produktion auf 1000 Stück pro Tag gesteigert werden konnte. Das Interesse auf ein neues Gewehrmodell umzusteigen war demnach denkbar gering. Interessanterweise kam es dann kurz vor Kriegsausbruch zu einem Umdenken, das fast panikartig anmutete. Da kurzfristig die Entwicklung eines eigenen Hinterladers in größeren Stückzahlen nicht möglich war, wandte man sich unter anderem an die Vereinigten Staaten, um dort mehrere Tausend Remington-Gewehre zu bestellen. Allerdings trafen die ersten 5000 Remingtons erst ein, als der Krieg schon fast vorbei war.

Generell muss festgestellt werden, dass die Wirkung des Zündnadelgewehrs abgesehen von der wirklich überlegenen Schussfolge auch eine psychologische war. Dies gilt sowohl für die Preußen, als auch für ihre Gegner. Während die Waffe den Preußen eine große Zuversicht in die eigene Überlegenheit vermittelte, verleitete es den Gegner zu panischen Reaktionen. Die Feuerdisziplin der Preußen war ohnehin besser als die ihrer Gegner. So verschossen z. B. die Bayern beim Gefecht von Kissingen innerhalb kurzer Zeit mit ihren Vorderladern ihre pro Mann mitgeführte Munition! Das waren immerhin 80 Schuss, wobei man offensichtlich extrem ungezielt feuerte, denn der Effekt war trotz der vielen abgegebenen Schüsse gering. Zur gleichen Zeit verschossen die Preußen trotz ihrer potentiell höheren Schussfolge weniger als 30 Patronen pro Mann, erzielten dabei aber mehr Treffer. Die Preußen schossen wohl auch stressfreier. Ähnliche Beobachtungen konnte man auch in Königgrätz und den böhmischen Kämpfen davor machen. Die schußtechnisch wenig ausgebildeten österreichischen Infanteristen schossen mehr als ihre Gegner, ohne allerdings wesentliche Effekte damit zu erzielen. Dabei war das Zündnadelgewehr auch kein Garant für Treffsicherheit, denn es wurde errechnet, dass die Preußen im Mainfeldzug eine durchschnittliche Trefferquote von 0,9 Prozent aller abgegebenen Schüsse aufweisen konnten. Da sie bei Königgrätz mitunter auf sehr dicht gestaffelte österreichische Sturmkolonnen schossen, dürfte hier die Trefferquote höher gewesen sein.

*»Wenn die Österreicher geschlagen wurden, so wird für das Ergebnis nicht so sehr General Benedek oder General Ramming wie General »Ramrod«* [Im Englischen: Ladestock bei Vorderladern] *zu tadeln sein.«* (Friedrich Engels)

## Der Verlauf der Schlacht

*»Erst wägen, dann wagen.« »Kein Plan überlebt die erste Feindberührung.«* (Helmuth von Moltke)

*»Nun gewärtige ich heute und längstens morgen eine entscheidende Schlacht. Wenn mein altes Glück mich nicht ganz verläßt, kann's zum guten Ende führen, kommt es jedoch anders, dann sage ich in Demut: Wie Gott will. Bin ruhig und gefaßt, und wenn erst die Kanonen in rechter Nähe donnern werden, wird mir wohl werden.«* (Benedek am Morgen des 3. Juli 1866 an seine Frau)

Die Kampfhandlungen bei Königgrätz begannen am 3. Juli 1866 gegen sieben Uhr früh an einem Hochsommertag, der alles andere als sommerlich war. Der Morgen war trüb und regnerisch, an manchen Stellen auch neblig. Das Gelände war feucht und viele Wege nur schwer passierbar. Während des Tages sollte sich das Wetter kaum bessern. Das mit 197 000 Mann und 770 Geschützen bis dahin größte österreichische Heer, das sich jemals an einem Ort versammelt hatte, litt unter der Witterung, doch die Stimmung der Truppe hätte auch schlechter sein können. Es schien, als ob sich der Kampfgeist und die Moral der Soldaten durch die neue starke Stellung eindeutig gebessert hatten. Man brannte geradezu darauf, hier endlich die Entscheidung herbeizuführen. Benedek hatte vorerst alles auf die Defensive ausgerichtet.

Moltke war auf preußischer Seite entschlossen, am Morgen des 3. Juli auf jeden Fall durch einen Vorstoß eine Schlacht in Gang zu bringen, mit dem Ziel der Einschließung und Vernichtung der österreichischen Nordarmee. Andererseits war man sich im preußischen Oberkommando nicht im Klaren darüber, was Benedek im Schilde führte. Hatte man bisher mit einem weiteren Rückzug der Österreicher gerechnet, so schien dieser unterbrochen zu sein und Moltke rechnete nun sogar mit einem Angriff. Deshalb wurde die Konzentrierung aller preußischen Truppen gegenüber der österreichischen Stellungen an der Bistriza angeordnet. In ihrer Aufstellung verfügten die 1. Preußische Armee und die Elbarmee über zusammen 702 Geschütze, die jedoch bei Weitem nicht so gute Positionen hatten wie jene der Österreicher, denen diese Gegend früher auch als Übungsgebiet für die Artillerie gedient hatte. In der preußischen Führung spekulierte man an diesem Tag auch von Beginn an darüber, wo die 2. Armee sei und wie lange sie für ihren Marsch auf das Schlachtfeld brauchen würde. Wie so oft in diesem Krieg war die Aufklärung beider Seiten meistens unzureichend.

Die preußischen Truppen der 1. Armee gingen parallel zur Straße Horschlitz-Sadowa vor, doch die österreichische Artillerie eröffnete rasch das Feuer. Die Preußen nahmen dennoch das Skalkagehölz, konnten die Räumung Sadowas erzwingen und in den Hola-Wald bei Ober-Dohalitz eindringen. Weiteren Einheiten gelang es die Zuckerfabrik im Süden Sadowas und Unter-Dohalitz in Besitz zu nehmen. Doch wurde das preußische Vordringen von den 160 österreichischen Kanonen, die auf der Höhe von Lipa und Langenhof aufgefahren waren, immer mehr behindert. Dagegen konnte die preußische Artillerie die eigenen Truppen über das Tal der Bistritza hinweg so gut wie nicht unterstützen.

Schon recht bald hatte sich deutlich gezeigt, dass die österreichische Artillerie sehr gut positioniert und der preußischen überlegen war. Damit hatte sich Benedek nicht verrechnet und die Kanoniere sollten gemeinsam mit den Angehörigen der verschiedenen österreichischen Kavallerieregimenter das große Plus der kaiserlichen Truppen während der gesamten Schlacht sein. Aber Schlachten und Kriege wurden und werden in der Regel durch den Einsatz der Infanterie entschieden. Hier zeichnete sich wieder ein ähnliches Bild ab wie bei den vorherigen Treffen. Es fehlte den österreichischen Fußsoldaten in der Regel nicht an Mut oder an der nötigen Disziplin. Nur gegen das schnelle Feuer der Zündnadelgewehre war kaum anzukommen. Und wenn, dann unter Verlusten. Wobei der Einsatz der inzwischen von vielen verfluchten Stoßtaktik diese noch enorm vergrößerte.

Trotzdem lief es in der Anfangsphase der Schlacht nicht schlecht für Benedek und seine Truppen. Die österreichische Artillerie hielt die Preußen in Schach und fügte ihnen überraschend hohe Verluste zu. Ein preußischer Soldat berichtete später darüber: »*Wir suchten Schutz zu finden gegen ein solches Feuer! Wir zogen unsere Uhren und zählten. Ich stand neben der Fahne. In zehn Sekunden krepierten vier Granaten und ein Schrapnell dicht vor uns. Wenn ein Schrapnell krepiert, so prasselt es wie Hagel auf die Erde nieder. Ich sah das alles. Jeder fühlte, er stehe in Gottes Hand.*« (Weissensteiner 1994, S. 107)

An der Nahtstelle zwischen dem Zentrum der Österreicher und ihrem rechten Flügel lag ein Waldstück, das Swiepwald genannt wurde. Und hier gelang es den Preußen, sich festzusetzen. Unterstützt von ihrer Divisionsartillerie konnten die Preußen gegen vier österreichische Bataillone im Swiepwald vorgehen. Die Österreicher leisteten heftigen Widerstand gegen den überlegenen Gegner, wurden aber zurückgetrieben und die Preußen nahmen nach der Durchquerung des Waldes auch noch die Ortschaft Tschistowes. Im Gegenstoß konnten die Österreicher die Angreifer kurzfristig zum Weichen bringen, wurden aber dann Opfer des preußischen Abwehrfeuers.

Das wurde natürlich auch von den Kommandeuren des österreichischen IV. Korps unter Feldmarschall-Leutnant Tassilo Graf Festetics de Tolna (1813–1883), der wie viele höhere Adelige nicht glücklich darüber war, unter dem Befehl eines Protestanten niederer Herkunft kämpfen zu müssen, bemerkt – und nun geschah das eigentlich Ungeheuerliche. Das Korps verließ seine Position, die Benedek eigentlich als Abwehrstellung für den Fall des Auftauchens der preußischen Kronprinzenarmee vorgesehen hatte, und schwenkte bei dem kleinen Dorf Chlum, das später noch traurige Berühmtheit erlangen sollte, gegen den Swiepwald, um dort in die Kämpfe einzugreifen. Das Verheerende dabei war, dass Benedek darüber nicht sofort informiert wurde. Das IV. Korps zog seine ganze Artillerie – immerhin 80 Kanonen – nach

Maslowed und Tschistowes hinüber und startete mit drei Brigaden den Gegenangriff. Die Preußen wurden zunächst durch diese massive Attacke überrascht und verloren Tschistowes und weitere eroberte Gebiete, konnten sich aber im Südwestteil des Swiepwaldes halten. Nun wurden auch rasch neue preußische Bataillone in dieses Gefecht geworfen und das weitere Unheil nahm seinen Lauf. Immer mehr Verbände verbissen sich im Kampf um das Waldstück. Auch Graf Edelsheim, der eigentlich die extrem wichtige Höhenstellung von Chlum hätte bewachen sollen, mischte sich mit seiner Truppe eigenmächtig in die Kämpfe ein. Das sollte noch schlimmere Folgen haben.

Um die kommende Katastrophe perfekt zu machen, verließ nun auch das ebenfalls zur Abwehr am rechten Flügel vorgesehene II. Korps (unter Feldmarschall-Leutnant Graf Thun) seine Position, um auch in das Geschehen im Swiepwald einzugreifen. Damit war Benedeks rechter Flügel weitgehend entblößt, ohne dass der Feldzeugmeister darüber sofort im Bilde war. Als Benedek erfuhr, was geschehen war, befahl er natürlich den beiden Korpskommandanten, so schnell wie möglich in ihre Ausgangsstellungen zurückzukehren. Das war aber leichter gesagt als getan, da die Truppen inzwischen voll in das Gefecht im und rund um den Swiepwald verwickelt waren und sich kaum vom Feind lösen konnten. Letztlich akzeptierte Benedek irgendwie die Eigenmächtigkeit seiner beiden Korpskommandanten und erlaubte sogar General Mollinary, als dieser den verwundeten Festetics, dem ein Artilleriegeschoss ein Bein abgerissen hatte, als Kommandant des IV. Korps ablöste, den weiteren Kampf um das Waldstück.

Das Swiepgefecht war wie viele Kämpfe dieser Art sehr unübersichtlich, da sich die Truppen der Österreicher und Preußen vermischten. Mit großer Anstrengung und Unterstützung ihres bewährten Zündnadelgewehres konnten die Preußen sich nach einigen verlustreichen Aktionen wieder des gesamten Waldes versichern, doch blieb Tschistowes in den Händen der Österreicher. Zwei Brigaden des II. Korps griffen nun erneut unterstützt durch die auf 120 Geschütze verstärkte österreichische Artillerie den Swiepwald an. Die Preußen verloren nun unter dem Ansturm wiederum den größten Teil des Waldes, aber sie konnten durch die Kämpfe immerhin 49 österreichische Bataillone mit 120 Geschützen binden, die Benedek bald schon an anderen Schauplätzen des Schlachtfeldes gebraucht hätte.

Dennoch schien trotz dieses schweren strategischen Missgriffs die Lage inzwischen sehr zugunsten der Österreicher und der mit ihnen verbündeten Sachsen, die am linken Flügel kämpften, geraten zu sein. Das erdrückende Feuer der österreichischen Artillerie setzte den Preußen weiter schwer zu und machte in vielen Bereichen die Überlegenheit durch das Zündnadelgewehr wett. Die österreichische Infanterie kämpfte nun auch etwas vorsichtiger und weniger verlustreich als beispielsweise noch bei Trautenau. Im Swiepwald, der mehrfach den Besitzer wechselte, spielten sich heftige Kämpfe und allzu oft der Kampf Mann gegen Mann mit Bajonett und Gewehrkolben ab, wobei den Preußen dabei die feuertechnische Überlegenheit weniger nutzte. Dezimierte Verbände der Preußen, die manchmal alle ihre Offiziere verloren hatten, waren schon im Rückzug, was auch der König und Bismarck bemerkten. Man wurde am preußischen Feldherrnhügel zunehmend nervös. Benedek sah nun die Gelegenheit, die Schlacht siegreich zu beenden und beschloss, seine Reserve, die immerhin 58 000 Mann umfasste, in die Schlacht zu werfen, um den beiden preußischen Armeen einen vernichtenden Stoß zu versetzen.

Der Kommandant der 1. Preußischen Armee, Prinz Friedrich Karl, musste jetzt viele seiner Reserven vorziehen, um sich in der mit immer größerer Wucht ausgetragenen Schlacht zu behaupten. Unterdessen gab sich der preußische König völlig unerschrocken und furchtlos: *»König Wilhelm hatte sich zu weit in das von feindlichen Geschossen bestrichene Gebiet vorgewagt und war lange nicht zu bewegen, sich weiter zu-*

*rückzuziehen. Da sprengte Graf Bismarck, der seit dem frühen Morgen nicht von seiner Seite gewichen war, zu ihm und bat in dringendem Tone: ›Wenn Eure Majestät so wenig Rücksicht auf die eigene Person nehmen, so haben Sie wenigstens Mitleid mit Ihrem Ministerpräsidenten, von dem Ihr getreues preußisches Volk seinen König fordern wird; im Namen dieses Volkes bitte ich, verlassen Sie diese gefährliche Stelle!‹ Da reichte ihm der König die Hand mit den Worten: ›Nun, Bismarck, so lassen Sie uns weiter reiten!‹ Sprachs, wandte sich seine Rappstute und setzte sie in so langsamen Galopp, als gäbe es einen Spazierritt die Linden hinunter in den Tiergarten.«* (Parth 2010, S. 303)

Gegen Mittag erhielt Benedek telegraphische Berichte des Kommandanten der vom Schlachtfeld nicht allzu weit entfernten österreichischen Festung Josefstadt, der den Anmarsch großer preußischer Truppenmassen von Gradlitz kommend meldete. Benedek ordnete deshalb den schnellstmöglichen Rückzug des II. und IV. Korps an, damit diese die verwaisten Stellungen am rechten Flügel besetzen könnten. Es war ihm klar, dass er auch im Norden bald eine starke Front bilden müsste. Wobei er immer noch hoffte, bis dahin im Zentrum und am linken Flügel den Sieg davongetragen zu haben.

Unterdessen lief es auch für die preußischen Truppen im Hola-Wald schlecht, da die österreichische Artillerie ihre Stellungen immer mehr zusammenschoss. Die preußische Artillerie schaffte es nicht, ihre Infanterie ausreichend zu unterstützen, denn die österreichischen Geschütze standen gut gedeckt auf ihren Höhenstellungen und schossen gezielt auf die preußische Infanterie, ohne sich auf Duelle mit den preußischen Batterien einzulassen. Die Preußen schossen mit ihren teilweise noch glatten Geschützen vom linken Ufer der Bistriza fast verzweifelt auf vermeintliche Ziele. Durch das heftige Artilleriefeuer der Österreicher scheiterten auch alle preußischen Ausbruchsversuche aus dem Wald. Dieser für die preußischen Fußsoldaten unerträgliche Zustand sollte letztlich fünf Stunden dauern. Österreichische Infanterieangriffe auf die Preußen im Hola-Wald oder bei Ober-Dohalitz wurden ihrerseits wieder Opfer des Zündnadelgewehres und brachten nichts als Verluste.

Da die Preußen ursprünglich auf Offensive eingestellt waren, kam vor allem bei der 1. Armee Unmut und Ratlosigkeit auf und so mancher begann zu fürchten, dass diese Schlacht vielleicht anders ausgehen könne, als die vorhergehenden. Ein direkter Frontalangriff über die kaum bewachsenen und leicht unter volles Feuer zu nehmenden Hänge hätte schon angesichts der österreichischen Artillerie viele Opfer gekostet. Es war nun auch am preußischen Feldherrnhügel klar, dass die Schlacht nur an den Flügeln entschieden werden konnte. Moltke bestand darauf, auf jeden Fall bei der 1. Preußischen Armee beträchtliche Kräfte wie ein komplettes Armeekorps in Reserve zu halten, falls die Österreicher einen groß angelegten Gegenangriff machen und die Preußen in eine bedrohliche Situation bringen sollten.

Die Elbarmee versuchte die Österreicher am linken Flügel zu umfassen und damit auch von Pardubitz abzuschneiden. Moltke hatte die Kommandeure erst in der Nacht zuvor über seinen Plan, den Österreichern ein zweites Cannae zu bereiten, aufgeklärt. Doch das Gelände und die Wege waren schlecht und die Preußen kämpften sich mühsam voran. Sie erreichten erst später als erwartet Alt-Nechanitz, wo sie die Sachsen rasch vertreiben konnten. Dann nahmen sie Nechanitz in Besitz und rückten auf Hradek vor. Da es aber nur eine einzige mehr oder weniger kaputte Brücke über die Bistritza gab, hatte die Masse der Elbarmee große Schwierigkeiten, an ihre rascher vorrückende Stoßspitzen anzuschließen. Weshalb es auch bis Mittag dauerte, bis die Preußen genug Artillerie versammeln konnten, um die Stellungen der Österreicher und Sachsen bei Niederprschim und Problus unter Feuer zu nehmen. Der von Moltke geplante Versuch einer Umfassung der gegnerischen Kräfte scheiterte deshalb auch fürs Erste. Genauso wenig war ein sächsischer Gegenstoß auf Hradek erfolgreich.

Im preußischen Hauptquartier wusste man seit längerer Zeit, dass man es mit der kompletten Nordarmee zu tun hatte und wurde zunehmend nervös. Der sehnlichst erwartete Angriff der 2. Preußischen Armee wollte und wollte nicht erfolgen. Als es um 13 Uhr noch immer keine Anzeichen dafür gab, entschloss sich Prinz Friedrich Karl, mit der 1. Armee einen frontalen Angriff durchzuführen, trotz der zu erwartenden Verluste. Nach und nach wurden die dafür nötigen Truppen hinter dem Hola-Wald aufgestellt. Doch dann griff Moltke ein und verbot dieses Unternehmen, denn er blieb bei seiner Meinung, dass die Entscheidung an den Flügeln fallen müsse.

Bismarck und einige Generäle waren von zunehmender Unruhe besessen. Der preußische König und der als »großer Schweiger« bekannte Moltke gaben sich regungslos und unerschüttert. Bismarck drängte sein Pferd schließlich an jenes des Generalstabschefs heran. Dann hielt er Moltke sein Zigarrenetui unter die Nase. Dieser wählte bedächtig und nahm sich wortlos die beste Zigarre. Der Ministerpräsident fühlte fast, wie Moltkes Siegeszuversicht auf ihn übergriff. Er ritt zum König und sagte: *»Unsere Sache steht gut, Moltke hat sich eben in aller Ruhe meine beste Zigarre ausgesucht.«* (www.deutsche-schutzgebiete.de/deutscher_krieg_schlacht_bei_koeniggraetz.htm)

Eine andere Anekdote berichtet, dass Bismarck Helmuth von Moltke angesichts der aktuellen Situation gefragt habe, welche Pläne er für einen eventuellen Rückzug der preußischen Armeen habe. Daraufhin meinte Moltke angeblich kurz und bündig: »Keine«. Bismarck war klar, dass sein politisches Überleben eng mit dem Ausgang der Schlacht verbunden war. Dieser Krieg war in erster Linie sein Kind und er würde bei einer Niederlage ebenfalls untergehen.

Doch dann geschah zumindest für die Österreicher etwas völlig Unerwartetes, das Gerd Fesser in großartiger Weise beschrieben hat: *»Feldzeugmeister Benedek hat sich auf der Höhe von Lipa postiert und verfolgt das Kampfgeschehen. Rings um ihn* *halten die Offiziere seines Stabes in ihren schneeweißen Waffenröcken, auf dem Kopf goldbetreßte Zweispitze mit flatternden hellgrünen Federbüschen. Da kommt einer von ihnen, Oberst Neuber, auf den Gedanken, sein ermattetes Ross gegen ein frisches auszutauschen. Er reitet deshalb auf das nahegelegene Chlum zu, das durch eine Bodenwelle verdeckt ist. Als der Oberst sich dem Ort nähert, pfeifen ihm plötzlich Kugeln um die Ohren. Starr vor Überraschung sieht er, dass fliehende österreichische Kavallerie aus dem Dorf herausssprengt. Neuber galoppiert in rasender Eile zum Gefechtsstand zurück. Seine Erregung mühsam unterdrückend, bittet er Benedek, ihm eine Meldung unter vier Augen machen zu dürfen. Der Feldzeugmeister sieht ihn befremdet an. ›Wir haben keine Geheimnisse.‹ – ›Dann habe ich zu melden, dass die Preußen Chlum besetzt haben!‹ Die Stabsoffiziere sind wie vom Donner gerührt. Benedek reißt sein Pferd herum und jagt auf Chlum zu, sein Stab hinter ihm her. Als die Kavalkade das erste Bauerngehöft erblickt, schlägt ihr ein Bleischauer entgegen, und mehrere Reiter stürzen getroffen zu Boden. Was ist geschehen?«*

Es waren zwei Dinge, welche die Katastrophe beschleunigten. Erstens hatten die eigenwillig handelnden österreichischen Korpskommandanten die Anordnung Benedeks, sich vom Swiepwald-Gefecht zu lösen und ihre ursprünglichen Stellungen zu beziehen, nur halbherzig oder gar nicht befolgt, der rechte österreichische Flügel blieb also weiterhin kaum gedeckt. Und zweitens war die 2. Preußische Armee trotz aller Schwierigkeiten, wie dem schlechten feuchten Wetter und den teilweise kaum passierbaren Straßen, schneller vorangekommen, als Benedek erwartet hatte. Wie schon oft hatte man die Preußen unterschätzt und selbst zu wenig Aufklärung betrieben. Nun war jedenfalls der Kronprinz mit seinen Männern vor Ort und das Unheil kam über die Nordarmee.

## Der Kronprinz

*»Wir kannten Dich! Bei der Trompete Tönen*
*Zum Sieg oft rief uns Deiner Stimme Laut,*
*Stolz überhallend der Geschütze Dröhnen.«*
(Die Gartenlaube, 26/1888)

Die vielleicht entscheidende Persönlichkeit für den preußischen Sieg bei Königgrätz war der Kronprinz Friedrich Wilhelm (1831–1888), der letztlich eine Rolle wie Blücher bei Waterloo einnahm: Er gab durch sein Erscheinen mit der Zweiten Armee auf dem Schlachtfeld der bis dahin festgefahrenen und weitgehend unentschiedenen Schlacht die nötige Wendung. Der spätere Kurzzeitkaiser, war trotz seiner angeblichen Liberalität, und wie sollte es auch anders sein, von Kindheit an eng mit dem Militärischen verflochten. So war eine seiner Erzieherinnen die Witwe des Ahnvaters aller modernen Militärwissenschaft – Carl von Clausewitz. Später wurde der Sohn Prinz Wilhelms von Männern erzogen und durchlief, wie von einem Prinzen der Hohenzollern erwartet, eine militärische Karriere. Der vielseitig interessierte Friedrich Wilhelm verliebte sich in die Tochter der englischen Königin Victoria, die ihn später heiraten und die großen und liberalen Einfluss auf ihn nehmen sollte. Militärisch zeigte Friedrich Wilhelm schon in jungen Jahren eine große Tüchtigkeit und wurde bei einem Manöver im Jahre 1853 deshalb gleich am Paradefeld zum Major befördert. Der damalige Oberst Helmuth von Moltke wurde auch persönlicher Adjutant Friedrich Wilhelms und war auch sicher sein wichtigster militärischer Lehrer. Dieser Kontakt hatte sicherlich auch einen gewissen Einfluss darauf, das Moltke 1857 an die Spitze des Großen Generalstabs gesetzt wurde. Nachdem sein Vater den Thron 1861 bestiegen hatte, avancierte Friedrich Wilhelm auch offiziell zum Kronprinz. Er positionierte sich als Gegner der Innenpolitik König Wilhelms I. und insbesondere Otto von Bismarcks. Dennoch konnte er sich stets einer gewissen Bewunderung gegenüber Bismarck und dessen Erfolgen nicht enthalten, zudem musste er auch seinem Vater gegenüber loyal sein. Wegen seiner großen militärischen Qualitäten war es sicher eine kluge Entscheidung, ihm das Kommando über die 2. Preußische Armee zu übergeben.

Der Kronprinz, der recht spät den dringenden Befehl zum Vorrücken erhalten hatte, ließ seine Männer beim Vormarsch nach Königgrätz antreiben, denn das Schlachtfeld musste so schnell wie möglich erreicht werden. Es gab für ihn dabei zwei Alternativen: Da er sich von Osten näherte, konnte er entweder auf dem kürzesten Weg die am weitesten östliche gelegene Flanke der Österreicher angreifen – oder aber einen längeren Weg in Richtung Norden in Kauf nehmen und hinter den Stellungen der 1. Armee auftauchen, um diese von hier aus direkt zu unterstützen. Um den Feind möglichst schnell zu erreichen, entschied sich Friedrich Wilhelm für einen Flankenangriff. Der Kronprinz hoffte, dass durch diesen Angriff die beiden anderen preußischen Armeen stark profitieren würden, wobei er natürlich keine Ahnung hatte, dass die Österreicher durch die Dummheit ihrer Korpskommandanten ihren rechten Flügel sowieso weitgehend entblößt hatten und er durch sein Vorgehen die Schlacht mit einem Schlage entscheiden würde. Friedrich Wilhelm gab für den Vormarsch als Orientierungspunkt eine Baumgruppe auf der Höhe von Chlum an, wobei er präzise die Achillesferse Benedeks erwischte.

Der Hügel, auf dem das Dorf Chlum lag, war der Angelpunkt der ganzen rechten Flanke der österreichischen Stellung. Und doch waren hier beim Anmarsch des Kronprinzen nur wenige österreichische Soldaten positioniert. Neben der bereits erwähnten Insubordination Graf Edelsheims, der eigentlich diese Höhenstellung hätte schützen sollen und wie andere Verantwortliche eigenmächtig die Position gewechselt hatte, gab es auch noch eine völlige Fehleinschätzung der Position der Kronprinzenarmee durch Benedek und seinen

Stab. Man nahm an, dass diese Truppen noch viel weiter entfernt wären und noch lange nicht in die bis dahin vielleicht für die Österreicher erfolgreiche Schlacht eingreifen könnten. Das regnerische Wetter und die schlechte Übersichtlichkeit des Vorfeldes der österreichischen Stellungen am rechten Flügel taten dazu ein Übriges. Nachrichten über das rasche Vordringen der Kronprinzenarmee erreichten entweder nicht die Verantwortungsträger oder wurden im Hauptquartier ignoriert.

Da es lange Zeit brauchte, bis sich die schlimme Veränderung in der verstreut kämpfenden Nordarmee herumgesprochen hatte, kämpften die kaiserlichen Truppen am Feind weiter und wähnten sich noch vielfach in der Hoffnung, doch noch einen Sieg erringen zu können. Im preußischen Hauptquartier rund um Moltke und den König erhielt man aber umgehend Nachricht und konnte auch erkennen, dass am rechten österreichischen Flügel plötzlich heftige Kampfhandlungen im Gange waren.

Benedek verlor trotz der erschreckenden Situation nicht die Nerven und setzte alle Mittel ein, um Chlum zurückzuerobern. Immerhin hatte er ja noch große Reserven, die jetzt eingesetzt werden konnten. Aber nun kam wieder das Zündnadelgewehr in schrecklicher Weise zu Einsatz. Das Feuergefecht mit dem Lorenz-Gewehr war sowieso für die Österreicher aussichtslos, also setzte man wieder voll auf die Stoßtaktik und eine Sturmkolonne nach der andern marschierte in das heftige Feuer des Gegners. Hunderte österreichische Soldaten wurden innerhalb kurzer Zeit Opfer eines eichelförmigen Geschosses, das »Langblei« genannt wurde. Es wurde mit einer heute eher schwach wirkenden Anfangsgeschwindigkeit von 296 m/Sek. verfeuert, nachdem die Stahlnadel, die »Zündnadel« genannt wurde, die von hinten geladene Papierpatrone durchstoßen und die Zündkapsel erreicht hatte. (Gundolf 1995, S. 266).

Die Garde der Kronprinzen-Armee hatte um 14.45 Chlum und Rosberitz genommen. In der Folge eroberten die österreichischen Brigaden Poschacher und Rosenzweig vom bisher in Reserve gehaltenen VI. Korps Rosberitz zurück. Das Eliteregiment Hoch- und Deutschmeister warf gemeinsam mit den Infanterieregiment Nr. 55 und dem Jägerregiment Nr. 17 die preußische Garde auch bis zur Kirche im Zentrum von Chlum zurück und die preußische Artillerie des Kronprinzen wurde ebenfalls wieder zum Rückzug gezwungen. Doch dann wurden die heftig vordringenden Österreicher vom unerbittlichen preußischen Feuer des neu eingreifenden I. preußischen Korps erneut vertrieben. Während dieser Kämpfe war Benedek ohne Rücksicht auf sein eigenes Leben immer weit vorne anzutreffen, denn er wollte in dieser verzweifelten Lage seinen Männern ein Beispiel geben. Der Feldzeugmeister schickte nun auch seine letzte Reserve, das I. Österreichische Korps, ins Gefecht – und wieder endeten alle Anfangserfolge an der Feuerüberlegenheit der Preußen. Währenddessen hatten die Soldaten mit den Pickelhauben das strategisch wichtige Lipa genommen, wodurch dem II. Korps der Österreicher nicht mehr übrig blieb, als der Rückzug. Das riss auch die Nachbarkorps mit sich. Zudem schien Benedek plötzlich verschwunden und sein Stab war nur noch ein Schatten seiner selbst, da er durch die Verluste durch Gewehr- und Artilleriefeuer der Preußen viele Soldaten verloren hatte.

Die österreichischen Gegenangriffe, bei denen neben Infanterie auch Kavallerie eingesetzt wurde, hatten in der Regel an anderen Stellen noch weniger Erfolg, außer dass die Verluste immer höher wurden. Dazu kam noch, dass viele dieser nun eingesetzten Einheiten bereits seit Stunden im Swiepwald gekämpft und dort schon schwerer Verluste erlitten hatten. Es erscheint dabei fast unglaublich, dass die vielen tausend Infanteristen, die in das tödliche feindliche Feuer geführt wurden, in der Regel nicht revoltierten, sondern in den Tod oder in die Verwundung marschierten. Kurz nach 15 Uhr fiel auch der Ort Rosberitz in preußische Hände und andere Dörfer folgten, darunter das später oft erwähnte Sadowa, das in erster Linie deshalb zur Berühmtheit gelangen sollte, weil die Franzosen und die Engländer »Königgrätz« nicht richtig aussprechen konnten. Nach und nach wurde das österreichische Zentrum auseinander gerissen und nun setzte das große Zurückfluten von zigtausenden kaiserlichen Infanteristen ein, während die Artillerie und die Kavallerie erbittert und bisweilen noch sehr offensiv kämpften. Immerhin musste die Elbe, die sich im Rücken der Österreicher befand, überquert werden, ohne dass es zu einer völligen Katastrophe kam.

Die Lage spitzte sich am späteren Nachmittag immer mehr zu. Die Preußen drängten nun von allen Seiten nach und konnten endlich ihre Artillerie in guter Position einsetzen. Auf der Linie Stresetitz-Langenhof-Rosberitz entwickelten viele preußische Batterien ein heftiges Feuer, das bei den zurückweichenden Österreichern für hohe Verluste sorgte. Moltkes geplanter Einschließungsring schien sich auch fast zu schließen, denn der rechte Flügel der Elbarmee und der linke Flügel der 2. Armee drangen immer weiter vor und lagen letztlich nur 2 Kilometer auseinander. Dazwischen mussten die restlichen österreichischen Truppen durchschlüpfen.

Nun schien auch die große Stunde der preußischen Kavallerie gekommen zu sein. Die Reiter der 1. Armee sollten die fliehenden Truppen niederreiten und so das Ende der Nordarmee beschleunigen. Doch die Preußen hatten enorme Probleme mit der österreichischen Reservekavallerie, die bewies, dass das Kaiserreich die damals wohl besten Reitertruppen Europas hatte. Und so brachten sie in wilden Gefechten den Preußen schwere Verluste bei. Währenddessen konnte die Reserveartillerie der Österreicher zudem noch eine letzte und recht starke Feuerlinie aufbauen. Es kam nun doch noch zu einem groß angelegten Artillerieduell, bei dem 188 preußische gegen 170 österreichische Geschütze kämpften. Das gab der österreichischen Infanterie Gelegenheit, einen geordneten Rückzug durchzuführen und sich in Sicherheit zu bringen.

Eine der bekanntesten Heldenmythen aus der Schlacht von Königgrätz ist jene um den Hauptmann von der Groeben und der »Batterie der Toten«. Es gibt mehrere Versionen davon, aber im Wesentlichen zeigt sie die Disziplin der österreichischen Artillerie. Als die 2. Preußische Armee über den rechten österreichischen Flügel herfiel und die Lage bedrohlich wurde, soll von der Groeben, der zuvor schon in weiser Voraussicht genügend Granaten zurückgehalten hatte, erkannt haben, dass die österreichische Front in seinem Abschnitt völlig von Infanterie entblößt und er auf sich allein gestellt war. Ohne zu zögern, soll sich von der Groeben entschlossen haben, den Kampf alleine aufzunehmen und sich zu opfern, um die Armee zu retten. Er galoppierte mit seiner Batterie trotz des feindlichen Feuers nahe an den Gegner heran, ließ hastig abprotzen und das Feuer eröffnen. Nach dem zehnten Schuss soll der Hauptmann durch einen Kopfschuss gefallen sein. Am Schluss feuerte nur noch das Geschütz von Leutnant Merkel, während der Zugführer Schunk mit der Protze heranfuhr. Heftig keuchend hoben die beiden letzten Überlebenden der Batterie die Lafette an die Protze, um doch noch den Rückzug anzutreten. Die traditionell braun uniformierten österreichischen Kanoniere sollen Mann für Mann stumm neben ihren Kanonen gelegen sein und keiner sei während des Gefechts geflohen.

Es ist nicht ganz klar, wer den Begriff »Batterie der Toten« geprägt hat. Angeblich gebrauchte der preußische Kronprinz den Ausdruck, als er nach der Schlacht an der Stelle vorbeiritt, wo sich die Überreste der Batterie befanden. Dabei soll er in Ehrerbietung seinen Helm gelüftet haben. Dann gibt es die Behauptung, ein hoher österreichischer Offizier hätte den Begriff geprägt, als die Reste der Batterie am 3. August 1866 in Wien vor Feldmarschall Erzherzog Albrecht vorbei defilierten. Doch wer soll defiliert sein, wenn angeblich alle tot waren?

Der preußische General Schlichting nahm später sogar einen Vergleich mit der Schlacht am Thermopylenpass zur

Hand, als er emphatisch über Groebens Opfergang schrieb: *»Nur die Toten des Leonidas kommen solcher Aufopferung gleich.«* (http://www.bundesheer.at/truppendienst/ausgaben/artikel.php?id=223)

Die Geschichte rund um Hauptmann von der Groeben und seiner 7. Kavalleriebatterie vom Feldartillerieregiment Nr. 8 symbolisiert eine Vielzahl von opferbereiten Offizieren und Soldaten, die alles taten, um ihren Kameraden einen einigermaßen sicheren Rückzug zu ermöglichen. So auch der Kampf von 4740 österreichischen Reitern der 1. und 3. Kavalleriedivision, die gegen 16 Uhr äußerst erfolgreich mit 5100 preußischen Kavalleristen kämpften. Dieses halbstündige Kavalleriegefecht bei Stresetitz-Langenhof wurde auch später immer wieder in monumentalen Gemälden verewigt und gilt als eines der großen Kavalleriegefechte des 19. Jahrhunderts. Wenn man im Wiener Arsenal das Heeresgeschichtliche Museum besucht, kann man eines dieser Riesengemälde betrachten.

Der spätere Generalfeldmarschall und Reichspräsident Paul von Hindenburg nahm als sehr junger Leutnant an der Schlacht teil. In seinen viele Jahrzehnte später geschriebenen Lebenserinnerungen schilderte er den blutigen Kampf mit der österreichischen Infanterie um den Besitz eines Dorfes: *»Jedenfalls drängen die zusammengeballten feindlichen Massen von drei Seiten auf uns, um das Dorf wieder ganz in Besitz zu nehmen. So fürchterlich unser Zündnadelgewehr auch wirkt, über die stürzenden ersten Reihen kommen immer wieder neue auf uns zu. So entsteht in den Dorfgassen zwischen den brennenden, strohbedeckten Häusern ein mörderisches Handgemenge. Von Kampf in geordneten Verbänden ist keine Rede mehr. Jeder schießt und sticht um sich, so viel er kann. Prinz Anton von Hohenzollern vom 1. Garderegiment bricht schwerverwundet zusammen. Fähnrich von Woyrsch […] bleibt mit einigen Leuten im hin und herwogenden Kampf bei dem Prinzen. Dessen goldene Uhr wird mir überbracht, damit diese nicht etwa feindlichen Plünderern in die Hände fällt. Bald laufen wir Gefahr, abgeschnitten zu werden. Aus einer in un-*

*seren Rücken führenden Seitengasse tönen österreichische Hornsignale, hört man die dumpfer als die unserigen klingenden Trommeln des Feindes. Wir müssten, auch in der Front hart bedrängt, zurück. Ein brennendes Strohdach, das auf die Straße herabstürzt und sie mit Flammen und dichtem Qualm absperrt, rettet uns. Wir entkommen unter diesem Schutz auf eine Höhe dicht nordöstlich des Dorfes.«* Hier werden die Fahnen in die Erde gesteckt und die Verbände geordnet. Man wartet auf den Feind. Doch der kommt nicht, denn die Österreicher, die das Dorf so verlustreich in blutigem Kampf erobert haben, erhalten den Befehl zum allgemeinen Rückzug. Hindenburg beschreibt dann noch, dass zur allgemeinen Überraschung die von den Österreichern beim Kampf um das Dorf gefangen genommenen Preußen nach einiger Zeit wieder zur Truppe kommen. Der Kommandant von Königgrätz hat sie zu den Preußen zurückgeschickt, um sie nicht versorgen zu müssen. (Hindenburg 1929, S. 24 f.) In späteren Kriegen sollte man mit Kriegsgefangenen anders verfahren.

Es tauchen über die Verluste beider Armeen und insbesondere der Österreicher immer wieder sehr unterschiedliche Zahlen auf. Das österreichische Generalstabswerk verzeichnete folgende Verluste: Insgesamt 1313 Offiziere und 41 499 Mann sowie 6010 Pferde. Davon waren 330 Offiziere und 5328 Mann gefallen, 431 Offiziere und 7143 Mann verwundet, 43 Offiziere und 7367 Mann vermisst (und viele davon wohl ebenfalls tot). Zudem waren 509 Offiziere und 21 661 Mann in Gefangenschaft geraten. Die Verluste der kleinen sächsischen Armee betrugen 55 Offiziere und 1446 Mann, von denen 15 Offiziere und 120 Mann tot, 40 Offiziere und 900 Mann verwundet und 426 Mann vermisst (und wahrscheinlich zu einer hohen Prozentzahl auch tot) waren. Generell gesehen, verlor die österreichische Nordarmee etwa ein Fünftel ihrer Effektivstärke, worunter natürlich der Verlust vieler erfahrener Offiziere und Unteroffiziere besonders schwer wog. Dazu kam noch der Verlust vieler Geschütze, Transportfahrzeuge und Vorräte, die entweder vernichtet oder in den Händen der Preußen waren. Bei den Preußen waren die Verluste deutlich niedriger, sie betrugen 359 Offiziere, 8794 Mann und 909 Pferde. Davon waren 99 Offiziere und 1830 Mann gefallen, 260 Offiziere und 6688 Mann verwundet sowie 276 vermisst. (Gundolf 1995, S. 267 f.)

Was trotz seiner Niederlage für Benedek und die geschlagene österreichische Armee spricht: Die Österreicher konnten sich trotz der von Moltke intendierten Zangen-Vernichtungsschlacht à la Cannae weitgehend geschlossen vom Feind lösen und trotz vereinzelter Panikreaktionen einen überraschend geordneten Rückzug antreten. Einen völligen militärischen Untergang in einer Schlacht erlebten die Österreicher auch bei Königgrätz nicht, so wie kaum jemals in ihrer Geschichte. Ganz im Gegensatz zu preußischen Niederlagen wie jener von Kunersdorf oder Jena/Auerstedt. Den österreichischen Pionieren gelang es auch, nachdem sich die Nordarmee über die Elbe zurückgezogen hatte, alle 13 Brücken entweder abzutragen oder zu vernichten. Dabei kamen ihnen das allgemeine Durcheinander und die Erschöpfung der preußischen Sieger sicher gelegen. Moltkes Vernichtungs-Plan war damit eigentlich gescheitert. Benedek war es irgendwie gelungen, den größten Teil seiner Armee als militärischen Faktor kampfkräftig zu erhalten. Die Preußen stellten etwa um 17.30 alle Kampfhandlungen ein, da die Truppen zu erschöpft waren und die Situation vorerst unklar war. Dass sie einen großen Sieg errungen hatten, sollten die Preußen erst später realisieren. Vorerst kämpften sie mit einer ziemlichen Desorganisation und Versorgungsengpässen. Moltke sah ein, dass man von einem weiteren Vorrücken Abstand nehmen musste. Er ordnete an, dass zumindest die Elbarmee auf Pardubitz vorstoßen solle, was aber schließlich auch nicht geschah. Die Männer hatten sich zu sehr erschöpft und auch genügend gelitten.

Ein weniger bekannter Faktor ist, dass einige der österreichischen Verluste »hausgemacht« waren. Da sich etwa die

Hälfte der österreichischen Truppenmassen nach Überquerung der Elbe auf die Festung Königgrätz zubewegte, hatte deren Kommandant ohne höhere Order einfach die Tore schließen lassen. Nun stauten sich zehntausende Männer, Pferde, Kanonen und diverse Fahrzeuge vor dem Überschwemmungsgebiet der Festung und alles war sehr chaotisch. Mit Hereinbrechen der Nacht wollten tausende verzweifelte Männer auf den Dämmen und Brücken das sumpfige Gebiet um die Festungsstadt überqueren. Dabei kam es zu einer Panik und hunderte Soldaten wurden zu Tode getrampelt oder ertranken im sumpfigen Wasser. Benedek war mit anderen Dingen beschäftigt und scheint sich um diese Ereignisse wenig gekümmert zu haben und dem Kommandanten der Festung dürfte alles egal gewesen sein, so lange seine Anlage intakt blieb. Ein Augenzeuge ging so weit, dieses tödliche Chaos mit dem berüchtigten »Übergang über die Beresina« Napoleons nach dessen gescheitertem Russlandfeldzug zu vergleichen. (Gundolf 1995, S. 268) Was aber wohl doch etwas zu übertrieben erscheint. Ein Vorteil der Österreicher war bei all ihrem Unglück sicher ein Umstand, den schon Friedrich Engels anführte: *»[Es] neigt doch die österreichische Armee im allgemeinen weniger zur Panik als die meisten europäischen Armeen.«*

Der österreichische Militärhistoriker Peter Aumüller hat die seiner Meinung nach wichtigsten Faktoren für die österreichische Niederlage zusammengestellt: Österreich hatte im Vorfeld des Krieges massiv bei der Artillerie und Kavallerie abgerüstet. Dies wurde vor allem vom damaligen Finanzminister Ignaz von Plener durchgesetzt. Im Gegenzug erhielten die zivilen Ministerien mehr Mittel. So wurden am Vorabend von Königgrätz 93 Eskadronen Kavallerie und 51 Batterien der Artillerie aufgelöst. Auch bei den militärischen Stäben kam es zu Einsparungen, was personelle Überlastungen nach sich zog. Die Depotvorräte wurden längere Zeit nicht mehr ergänzt, und viele erfahrene Offiziere aus Kostengründen außer Dienst gestellt. Zudem verschob man die Einführung von Hinterladegewehren. Die Ablösung der sowieso nicht sehr fähigen operativen Berater Benedeks, Alfred von Henikstein und Gideon von Krismanic kurz vor der Entscheidungsschlacht führte zu einem führungstechnischen Chaos, das von Benedek schwer in den Griff zu bekommen war. Dazu kam die Missachtung von Benedeks Befehlen durch einige Generäle, die ihre Positionen aufgaben, um nutzlose Gefechte zu führen, was besonders bei jenem im Swiepwald wesentlich zum militärischen Untergang beitrug. Benedek seinerseits hatte bereits 1862 auf viele dieser Missstände hingewiesen, wurde aber nicht erhört. Seine Warnungen klingen nach wie vor aktuell: *»Einsparungen haben ihre Grenzen, welche ungestraft nicht überschritten werden dürfen!« »Die ewigen Änderungen im Gefüge der Truppen machen aus der Armee ein Stück- und Flickwerk!« »Unter dem legalen Vorwand von Sparmaßnahmen könnten Angriffe gegen den Bestand und die volle Brauchbarkeit der Armee selbst verborgen sein!«*

(www.bundesheer.at/truppendienst/ausgaben/artikel.php?id=223)

Am Abend des 4. Juli erfuhr in Rom der Kardinalstaatssekretär Antonelli, sozusagen der Ministerpräsident des Kirchenstaates, vom Sieg der Preußen. Entsetzen malte sich auf seinem Gesicht. Schließlich rief er: *»Casca il mondo!« (»Die Welt stürzt ein!«)* (Franzel 1968, S. 15)

# Blitzkrieg in Deutschland – der Mainfeldzug

*»Der Westen Deutschlands war nur in militärischer Hinsicht ein Nebenschauplatz. Politisch gesehen lag dort das Zentrum des Bürgerkrieges.«* (Zimmer 1996, S. 129)

Während sich auf dem böhmischen Kriegsschauplatz die beiden Großmächte Preußen und Österreich militärisch auseinandersetzten, begann sich im Westen Deutschlands eine ganz andere Art von Krieg zu entwickeln. Hier kämpften eigentlich die »Regierungstruppen« des Deutschen Bundes gegen einen aggressiven Rebellen, der in fremdes Territorium eindrang. Für die Preußen war der von ihnen so genannte Mainfeldzug dazu gedacht, die altertümlich-umständlichen »Bundesarmee«, die aus den Aufgeboten einer größeren Anzahl unterschiedlicher staatlicher Gebilde bestand, möglichst schnell niederzuwerfen bzw. ihren endgültigen Aufmarsch und die Vereinigung der verschiedenen Kontingente gar nicht zuzulassen. All das sollte im Wesentlichen auch gelingen.

Wie schon bei anderen militärischen Konflikten erwies sich das Aufgebot der kleinen und kleinsten »Armeen« der deutschen Klein- und Zwergstaaten als ineffizient im Kampf mit einem großen und überlegenen Gegner. Es mangelte an einer übergeordneten Befehlsstruktur und auch die kleinsten Einzelstaaten hatten die faktische Befehlsgewalt über ihre Kontingente. Darüber hinaus konnte man sich auch auf keine einheitliche Strategie und Vorgehensweise einigen, bzw. wurde das zumeist sogar kaum versucht. Auch die »mittleren« Staaten wie Bayern, Baden und Württemberg, verfolgten recht unterschiedliche Strategien. Im VIII. Bundeskorps, in dem württembergische, badische, österreichische, hessische und nassauische Truppen vereint waren, bildeten sich zunächst zwei »Lager«. Die Badener und Württemberger waren lediglich an der Absicherung ihrer Landesgrenzen interessiert und kaum zu offensiven Vorgehensweisen zu überreden. Der Großteil der kurhessischen Truppen hatte sich zu Kriegsbeginn in der Bundesfestung Mainz verschanzt und war somit operativ auch nicht einsatzfähig. Es war diese Uneinheitlichkeit die es dem preußischen Gegner so leicht machte, einen schwächeren Gegner nach dem anderen zu schlagen.

## Vorspiel: Langensalza und der Untergang des Königreichs Hannover

*»Was wir brauchen, ist Norddeutschland, und da wollen wir uns breit machen.«* (Bismarck an seinen Sohn Wilhelm)

Das erste »Opfer« der Preußen wurde das Königreich Hannover. Preußen hatte Hannover bereits am 15. Juni den Krieg erklärt, obwohl das kleine Königreich sich aus dem Konflikt weitgehend heraushalten wollte und noch am 14. Juni den Preußen einen Marsch durch sein Territorium gestattet hatte. General Eduard Vogel von Falckenstein drang mit seiner so genannten »Westarmee«, einen Tag nach der Kriegserklärung von Hamburg und Minden aus in Hannover ein. Das wichtigste Ziel dabei war die Landeshauptstadt Hannover. Das Königreich war für einen militärischen Konflikt nur unzureichend gerüstet, hatte aber gerade seine Kernarmee von 19 000 Soldaten und immerhin 42 Kanonen für ein Sommermanöver aufgeboten. Nun wurde aus diesem Manöver blutiger Ernst. Der Vorstoß der Preußen ging vorerst ins Leere, da es den Hannoveranern gelang, sich dem überlegenen Gegner zu entziehen und sich nach Göttingen zurückfallen zu lassen. Sie konnten auch die Bahnlinie zwischen Hannover und Kassel zerstören und so das preußische Vordringen wesentlich verzögern. Die schnelle Absetzbewegung der kleinen hannoverischen Armee hatte allerdings den negativen Effekt, dass ein Großteil ihrer Vorräte und der überwiegende Teil der gelagerten Munition den Preußen in die Hände fielen. Als nun auch noch eine 18 000 Mann zählende preußische Truppe unter dem Kommando von General Bayer als dritte Division der Westarmee von Wetzlar aus in Hannover eindrang, entschlossen die hannoverischen Generäle, in Richtung Süden zu marschieren, um sich der bayerischen Armee anzuschließen. Auch wenn das VIII. Korps des Bundesheeres nicht bereit war, den Hannoveranern entgegen zu marschieren, um diese Absetzbewegung zu unterstützen, so schien der Plan doch Erfolg versprechend.

Vogel von Falckenstein hatte inzwischen die Hauptstadt Hannover kampflos besetzt und ließ seine Armee einen Tag ausruhen, ehe er die Verfolgung der Hannoveraner wieder aufnehmen wollte. Preußische Truppen unter General Goeben setzten den Hannoveranern zwar nach, kamen aber nur langsam voran. Als Helmuth von Moltke von der zögerlichen Verfolgung Nachricht erhielt, befahl er eine rasche Aktion, was aber nicht umgesetzt wurde. Immerhin war Vogel von Falckenstein der Meinung, dass die Truppen Hannovers durch den Verlust ihrer Vorräte und der Munition sowieso keine besonders große Gefahr mehr darstellten. Moltke insistierte weiter und wandte sich, nachdem der Kommandeur der Westarmee weiter inaktiv blieb, direkt an den preußischen König, der schließlich Vogel von Falckenstein den persönlichen Befehl zum weiteren Vormarsch gab. Dieser machte sich am 24. Juni wieder an die Verfolgung. Doch die Hannoveraner hatten ihren Vorsprung wenig ausgenützt, da sie mit der Beschaffung von Vorräten beschäftigt waren. Als aber Falckenstein mit seiner Armee in Göttingen eintraf, waren seine Gegner schon weiter am Marsch in südöstlicher Richtung. Die Vereinigung mit den Bayern schien unmittelbar bevorzustehen. Dieses Ereignis hätte dem einseitigen Kriegsgeschehen im Westfeldzug eine neue Wende geben können, da damit die Bundesarmee eine zahlenmäßige Überlegenheit erlangt hätte. Auch ein Vorstoß nach Böhmen wäre damit möglich gewesen.

König Georg V. von Hannover, der sich bei seinen Truppen aufhielt, ließ jedoch plötzlich den weiteren Marsch der Armee bei Langensalza stoppen und begann Verhandlungen mit den Preußen. Es gelang den Preußen nun, die Hannoveraner geschickt unter Ausnutzung der inzwischen reparierten Bahnlinie und eines rasch zusammengestellten Verbandes unter General Flies von drei Seiten einzuschließen. Da ihm Flies den Weg nach Süden versperrte, musste sich König Georg mit seinen Truppen bei Langensalza dem Feind ohne Unterstützung von anderen Bundestruppen stellen. Moltke hatte alles in Bewegung gesetzt, um das Scheitern seines großen Planes zu verhindern. General Flies, der den Hannoveranern zahlenmäßig weit unterlegen war, sollte unter allen Umständen deren weiteren Marsch nach Süden aufhalten. Der ging allerdings trotz seiner zahlenmäßigen Unterlegenheit selbst am 27. Juni 1866 zum Angriff über. Die Schlacht bei Langensalza nahm damit ihren Anfang. In gewisser Weise war Langensalza ein kleiner Vorgeschmack auf Königgrätz, was die hohen Verluste durch das preußische Zündnadelgewehr betraf. Der hannoverische Oberbefehlshaber Alexander von Arentschildt hatte eine recht starke Defensivstellung bezogen, die durch die beiden Flüsse Unstrut und Salza noch verstärkt wurde. Die Hannoveraner fürchteten das preußische Zündnadelgewehr und wollten möglichst wenig riskieren. Auf dem Kirchberg bei Merxleben in der Nähe von Langensalza erhoffte sich Generalmajor Arentschildt die besten Chancen, einer preußischen Attacke zu widerstehen. Auch wenn sich anfangs einige Bataillone der Hannoveraner vor dem Feuer der Zündnadelgewehre hinter die Unstrut zurückzogen, konnte General Flies die Hauptstellung der Hannoveraner niemals wirklich erschüttern. Während des Gefechts erlitt der preußische Kommandeur auch noch einen Schwächeanfall und war nicht mehr in der Lage, sinnvolle Befehle zu erteilen. Dadurch lief das für die

Preußen recht sinn- und erfolglose Gefecht weiter. Nachdem die Hannoveraner schließlich erkannten, dass ihnen die angreifenden Preußen zahlenmäßig unterlegen waren, gingen sie zum Gegenangriff über. Nun konnten die Preußen aber wieder ihr Zündnadelgewehr nutzen und den angreifenden Hannoveranern, denen zudem noch das ungünstige Gelände zu schaffen machte, an der Unstrut heftige Verluste beifügen. Am rechten Flügel griffen die Hannoveraner viel erfolgreicher an und konnten die Preußen aus ihren Positionen werfen und schließlich auch aus Langensalza vertreiben. Der nun folgende preußische Rückzug verlief sehr unkoordiniert, da einige Einheiten wegen der schlechten Nachrichtenlage einfach weiterkämpften. Letztlich behaupteten die Hannoveraner aber das gesamte Schlachtfeld.

Spätere Militärhistoriker meinten, dass sich bei Langensalza folgendes gezeigt habe. So *»verlor die Kavallerie an Bedeutung, da die Hannoveraner Reiter gegen die im Karree aufgestellten […] preußischen Infanteristen weitgehend chancenlos waren. Zum zweiten riefen die durch den gezogenen Lauf drallstabilisierten Geschosse der preußischen Zündnadelbüchse weniger unregelmäßige Schusskanäle auf. Dies begünstigte bei der Versorgung der Verwundeten eine schnellere Wundheilung, als bei den bis dahin üblichen, stark zerfetzten und zerrissenen Wunden.«* (Schulze-Wegener 2010, S. 119)

Die Hannoveraner konnten sich eines allerdings mit hohen Verlusten erkauften Sieges erfreuen, ihre weiteren Aussichten blieben dennoch wenig erfolgversprechend. Es war Hochsommer und heiß, was zu einer gewissen allgemeinen Erschöpfung führte. Da die Versorgungslage schlecht war und der Mangel an Munition ein gravierendes Problem darstellte, konnte der König auch nicht durchsetzen, dass die Verfolgung der Preußen aufgenommen wurde. Dabei wäre eine solche Aktion wohl die einzige Möglichkeit gewesen, die Armee aus der feindlichen Umklammerung zu befreien. Doch dazu fehlte es den Verantwortlichen der hannoverschen Armee an Mut. Die Folgen machten sich schnell bemerkbar, denn Moltke setzte nun alles daran, dem Gegner den Garaus zu machen. Er ordnete einen Angriff von allen Seiten an und schon bald waren die Truppen Hannovers eingekesselt und hatten keine Fluchtmöglichkeit mehr.

König Georg V. beriet sich mit seinen militärischen Führern und allen schien klar, dass es keinen Ausweg aus dem Dilemma mehr gab. Man begann also Kapitulationsverhandlungen mit dem preußischen General von Manteuffel zu führen. Das Ergebnis war eine am 29. Juni 1866 beschlossene Kapitulationsvereinbarung, nach der die Preußen das komplette Kriegsmaterial der Hannoveraner erhielten, die Unteroffiziere und Mannschaften entwaffnet und nach Hause geschickt wurden, während die Offiziere ihr Ehrenwort gaben, nicht mehr gegen Preußen in den Krieg zu ziehen. Der unglückliche König Georg V. musste mit seinem Anhang ins Exil gehen und verlor letztlich sein Königreich für immer.

## König Georg V. von Hannover

*»In dem reizenden Dorfe Hietzing, mit seinen rosenbekränzten Sommerpalästen, eine halbe Stunde von Wien, in der Nähe des kaiserlichen Lustschlosses Schönbrunn, zieht sich durch die Auhofgasse eine langgestreckte Mauer, hinter welcher sich, mitten in einem bezaubernd schönen Park, mit üppigen Gewächshäusern und bunt wechselnden Partieen, aus duftendem Blumenteppich, die Villa Braunschweig erhebt, wo gegenwärtig Georg der Fünfte, ein Fürst ohne Krone, ein Herrscher ohne Volk, ein Regent ohne Land – ein heimathloser König residirt.«* (Die Gartenlaube, Heft 28, 1867)

Der »blinde König« (1819–1878) war eine besonders tragische Gestalt während der Ereignisse von 1866. Lange Zeit durch die dynastischen Verhältnisse auch Zweiter in der britischen Thronfolge, verlor er bereits durch eine unglückliche Kette von Ereignissen in sehr jungen Jahren sein Augenlicht. Sein Vater setzte dennoch auf ihn als Thronfolger und Georg bestieg 1851 den Thron Hannovers. Als König gab er sich als Feind der Liberalen und war ein Gegner Preußens und eindeutiger Freund der Österreicher. Georg V. bezog stets Partei gegen das von ihm gefürchtete Preußen und so war es auch nicht verwunderlich, dass er 1866 gegen den Beschluss seines eigenen Landtages auf Seiten Österreichs in den Krieg eintrat. Schon bald danach fand er sich als politischer Flüchtling in Wien-Hietzing, wo er in einer Villa den Schein eines weiterhin bestehenden hannoverischen Staates aufrecht erhielt. Den Rest seines Lebens verbrachte Georg V. damit, gegen den Untergang seines Königreiches zu kämpfen, wobei er besonders auf die Franzosen setzte. Er organisierte die sogenannte »Welfenlegion«, die aus hannoverischen Flüchtlingen bestand, und sein Königreich zurückerobern sollte. Georg V. starb 1878, ohne sich mit der neuen Situation versöhnt zu haben.

Langensalza war der Beginn dessen, was mit den Verbündeten Österreichs geschehen würde und ließ dem aufmerksamen Beobachter wohl wenig Hoffnung, dass der preußische Vormarsch leicht zu stoppen wäre. Die hannoversche Führung erhoffte sich durch ihren militärischen Widerstand einige Vorteile bei künftigen Friedensverhandlungen, doch letztlich waren diese Hoffnungen vergeblich, da Bismarck es auf eine Annexion abgesehen hatte. Die Preußen hatten einige taktische und strategische Defizite gezeigt, vor allem was die Aufklärung, die Kommunikation und die Abstimmung der verschiedenen Heeresabteilungen und ihrer Führer betraf. Allerdings hatten das Zündnadelgewehr und die damit verbundene preußische Feuerdisziplin bereits verdeutlicht, dass es schwierig werden würde, gegen diesen Gegner zu bestehen.

In seinen Erinnerungen beschrieb der hannoversche Soldat Friedrich Freudenthal seine Kriegerlebnisse und besonders die Schlacht bei Langensalza. Dabei berichtete er auch vom Schicksal eines Hannoveraners: *»Lieutnant Willy von*

*Marschalck von der Garde du Corps war mit seinem Zug zum Fouragieren ausgeschickt und beim Beginn des Kampfes weit vom Schlachtfeld entfernt. Mit dem Ruf: ›Vorwärts, seit Waterloo hat die Garde du Corps nicht mehr gefochten‹ stürmte er den Seinen voran und dem Schlachtfeld zu; er traf in dem Augenblick mit seinem Zuge bei der 2. Schwadron der Garde du Corps ein, als letztere sich zur Attacke in Bewegung setzte. Marschalck fiel bei dem Angriff; von sieben Kugeln durchbohrt, sank er ohne einen Laut vom Pferde; mit einem heiteren kühnen Ausdruck im Gesicht lag er da, in der rechten Hand den Pallasch, in der linken den Zügel seines gleichfalls getöteten und neben ihm liegenden Pferdes. Letzteres war eine edle, hellbraune Stute, Siegerin in manchem Rennen.«* (Freudenthal 2013, S. 121) Auf einem anderen Gebiet bot die Schlacht auch eine Premiere, denn hier kam zum ersten Mal in der Geschichte das Rote Kreuz wirklich zum Einsatz. 30 Freiwillige aus Gotha, die von Konsul Hugo von Bülow motiviert worden waren, halfen nach einer Grundausbildung in Erster Hilfe ganz unparteiisch den Verwundeten beider Armeen. So *»bewies das Rote Kreuz bei Langensalza, wozu es fähig war: Bereits während der Schlacht erschienen freiwillige Helfer mit Tragbahren und Leitern und besorgten den Abtransport von Verwundeten aus beiden Lagern, die in eilig eingerichteten, ortsnahen Lazaretten nicht nur von Ärzten, sondern von den ersten Rot-Kreuz-Schwestern fachmännische Hilfe erfuhren.«* (Schulze-Wegener 2010, S. 119) Das Internationale Komitee vom Roten Kreuz war erst zwei Jahre zuvor gegründet worden und hatte nun das erste Mal Gelegenheit, sich zu bewähren. Die Armbinden mit dem roten Kreuz sollten sich durchsetzen und aus dem Kriegsgeschehen nicht mehr wegzudenken zu sein.

## Vogel von Falckenstein

Der Sieger gegen Hannover und im Mainfeldzug, General Eduard Vogel von Falckenstein (1797–1885), war wie so viele seiner preußischen Kollegen bereits ein Veteran der Befreiungskriege und hatte dabei schon in jungen Jahren das Eiserne Kreuz II. Klasse erhalten. Danach blieb er der Armee erhalten. 1841 zum Major befördert, bekämpfte er die Revolutionäre von 1848, wobei er verwundet wurde. 1850 war er Generalstabschef der III. Armee. 1858 erreichte er den Rang eines Generalleutnants und wurde Divisionskommandeur. Beim Krieg Österreichs und Preußens gegen Dänemark fungierte Vogel von Falckenstein als Generalstabschef der verbündeten Armeen und als Führer eines eigenen Armeekorps. Für seine Verdienste erhielt er den Orden Pour le Mérite und die Stelle eines Gouverneurs von Jütland. 1865 als General der Infanterie hatte er bereits seit November 1864 das Generalkommando des VII. Armee-Korps inne. Vogel von Falckenstein war prototypisch preußisch, hatte aber einen ausgeprägten eigenen Willen und scheute vor Konflikten nicht zurück. Manchmal schien er auch mehr auf Bismarck als auf Moltke hören zu wollen. Als Befehlshaber bewies er immer wieder seine militärischen Fähigkeiten. Ein Zeitgenosse charakterisierte ihn so: *»[…] einen geistreichen, kräftigen und angriffslustigen Veteranen, der in seiner langen Dienstzeit alle Zweige des Heerwesens kennen gelernt hatte.«* (Allgemeine Deutsche Biographie, Bd. 40)

Es gab einige Kritik an der Kriegsführung Vogel von Falckensteins, insbesondere was sein Zögern beim Vorgehen in Hannover anging und auch an seinen weiteren Entscheidung. So wurde kritisiert, dass er sich während des Mainfeldzugs zu wenig um die Verfolgung seines geschlagenen Gegners gekümmert habe, und sich stattdessen für den Marsch auf Frankfurt entschieden hätte. Auch an der Niederlage von Langensalza gab man ihm eine Teilschuld. Dabei zeigte der altgediente General stets, dass er hart zuschlagen konnte, wenn er es für richtig hielt. Er musste jedoch auch nie gegen einen gegnerischen Befehlshaber bedeutenderen Zuschnitts antreten. Jedenfalls erschien es vielen als eine Art von Bestrafung für seine eigenwilligen Entscheidungen, dass König Wilhelm nicht Vogel von Falckenstein mit dem Abschluss der Kapitulation der Hannoveraner beauftragte, sondern seinen Unterführer Manteuffel.

Friedrich Engels schrieb über den Mainfeldzug Vogel von Falckensteins: »*Sein Zug von Hessen aus zwischen die Armeen Baierns und des Bundes hinein, deren jede der seinigen überlegen war, und nach blutigen Gefechten bei Lohr und Aschaffenburg nach Frankfurt gehört zu den kühnsten Unternehmungen, die je gelungen sind, und wird einst eines der interessantesten Blätter dieses an sich so traurigen Kriegs füllen.*« So groß sollte der Nachruhm dieses preußischen Generals dann doch nicht werden.

Nachdem Vogel von Falckenstein am 16. Juli in Frankfurt am Main eingezogen war, kam es zu erneuten Differenzen mit Moltke, und Vogel von Falckenstein musste sein Kommando an seinen vormals untergebenen und ihm alles andere als wohlgesonnenen General Edwin von Manteuffel abgeben. Danach wurde er als Generalgouverneur nach Böhmen versetzt, erhielt aber auch für seinen siegreichen Feldzug eine hohe Dotation. Der gut unterrichtete Heinrich von Sybel schrieb darüber: »*So ehrenvoll an sich der neue Auftrag war, so rief doch Falckensteins Versetzung einen großen Sturm der öffentlichen Meinung hervor. Die überraschenden und glänzenden Erfolge der Mainarmee hatten dem Führer derselben eine mächtige Popularität verschafft, wie denn überhaupt seine frische Persönlichkeit, sein offenes und unbefängliches Auftreten, seine Fürsorge für die Soldaten, seine Milde gegen die Bevölkerung in Feindesland, überall den besten Eindruck machten.*« (Allgemeine Deutsche Biographie, Bd. 40)

Vogel von Falckenstein hatte auch nach 1866 noch einige militärische und politische Funktionen inne. Als Generalgouverneur der deutschen Küstenlande erwarb er sich große Verdienste um die Küstenverteidigung. Interessanterweise hatte Vogel von Falckenstein auch großes Interesse und eine gewisse Begabung bezüglich der darstellenden Künste, insbesondere der Glasmalerei, und er kam schon in jungen Jahren deswegen in Kontakt mit dem Kronprinzen und späteren König Friedrich Wilhelm IV., der Wert auf das Urteil des begabten Offiziers legte. Sogar bei den Kirchenbauten des Königs wurde Vogel von Falckenstein herangezogen. Somit war Moltke nicht der einzige preußische Militär, der sich zur Kunst und schöngeistigen Beschäftigungen hingezogen fühlte. Vogel von Falckenstein starb wie so viele altgediente Soldaten hochbetagt im Bett.

Nach der Ausschaltung Hannovers konnten sich die Preußen eingehend dem Rest des »Deutschen Bundesheeres« annehmen. Das sollte rasch zum Ende dieser Institution führen. So mancher Beobachter erwartete sich wenig vom Heer des Deutschen Bundes: *»Die große Mobilmachung im Verlaufe des Österreichisch-Französischen Krieges 1859 brachte dann erschreckende Erfahrungen im Bereich des Bundesheeres. Preußen allein zog daraus mit seiner Heeresorganisation von 1859/60 die Konsequenzen.«* Bei den mittleren und kleineren Kontingenten des Bundesheeres wurde wenig reformiert, was zwar durchaus finanzielle Ursachen hatte, aber auch Desinteresse und banaler Ignoranz zuzuschreiben ist. Zudem: *»Viele Kontingente der kleinen, aber auch der Mittelstaaten waren allein kaum lebensfähig.«* (Eckert/Monten 1990, S. 23 f.)

Die Gegner der Preußen im Mainfeldzug waren nun das VII. und VIII. Korps der Bundesarmee, die zusammen ihren Gegnern unter Vogel von Falckenstein zumindest zahlenmäßig weit überlegen gewesen wären. Es bestand auch der Plan, die beiden Korps gemeinsam gegen die Mainarmee in eine Schlacht zu führen, was aber niemals gelingen sollte. Der Oberbefehlshaber der Bundestruppen in Süddeutschland war Prinz Karl von Bayern, der zugleich auch das VII. Armee-Korps führte, das nur aus Angehörigen der Bayerischen Armee bestand. Dagegen war das VIII. Korps, das unter dem Befehl von Alexander von Hessen-Darmstadt stand, aus sehr unterschiedlichen Truppen zusammengestellt. Es waren dies eine württembergische Division unter Generalleutnant Oskar von Hardegg, eine badische Division unter Generalleutnant Prinz Wilhelm von Baden, eine großherzoglich-hessische Division unter Generalleutnant Carl Pergler von Perglas und eine gemischte österreichisch-nassauische Division unter Feldmarschall-Leutnant Erwin von Neipperg. Dieses stark gemischte Korps war schwierig zu führen und Alexander von Hessen-Darmstadt, der eine etwas kuriose Karriere hinter sich hatte und zuvor General in österreichischen Diensten gewesen war, scheint auch nicht der militärische Führer gewesen zu sein, den man gebraucht hätte. Schon die Ernennung des Hessen-Darmstädters hatte zu großen Reiberein zwischen den Bundesfürsten geführt, da sowohl die Prinzen Wilhelm von Baden, als auch Friedrich von Württemberg das Kommando für sich beansprucht hatten. Die Österreicher warfen jedoch ihren überlegenen Einfluss in die Waagschale und besetzten den Posten einfach mit einem sicheren Parteigänger, worüber man bei den Verbündeten verärgert war. Genauso wie Benedek war auch Prinz Alexander alles andere als begeistert von seiner neuen Position und hatte nach eigener Aussage »geringe Hoffnungen« den Sieg davonzutragen. Ihm zur Seite stellte man einen Württemberger General als Generalstabschef. Die Aufstellung und der Aufmarsch der verschiedenen Verbände nahm einige Zeit in Anspruch, so dass das Armeekorps erst am 9. Juli, als der Krieg schon längst entschieden war, vollzählig aufgestellt war. Bei diesem seltsamen Verband, welcher ein Spiegelbild des uneinheitlichen Deutschen Bundes und letztlich auch von dessen Vorgänger, des Heiligen Römischen Reiches Deutscher Nation, war, zeigte sich die ganze Zersplitterung recht drastisch. Das Korps umfasste Verbände aus sechs souveränen Staaten unterschiedlicher Größe. Es gab keine einheitlichen Reglements, Dienstgrade, Beförderungsregeln, Besoldungssysteme, Dienstzeiten, Normen für den Dienstbetrieb, eine unterschiedliche Militärjustiz etc. Bis kurz vor dem Krieg gab es sogar noch ein völliges Chaos bei den militärischen Signalen. So waren das Rückzugssignal der badischen Truppen mit dem Angriffssignal der Württemberger identisch. Als zwei der wenigen Errungenschaften hatte man sich im VIII. Korps zumindest geraume Zeit vor dem Krieg auf gemeinsame Manöver und ein einheitliches Gewehrkaliber geeinigt.

## Der Bundes – »Feldherr« – Alexander von Hessen-Darmstadt:

Dieser Prinz »von Hessen und bei Rhein« (1823–1888) war offiziell ein Spross des Großherzogs Ludwig II., obwohl es massive Zweifel an dessen biologischer Vaterschaft gab. Während sein Bruder Ludwig III. nach dem Tod des Vaters die Regierung in Darmstadt antrat, verlegte Alexander seine Karriere auf den militärischen Bereich. Diese machte er vorerst beim russischen Militär, da seine Schwester Marie den späteren Zaren Alexander II. heiratete. Bereits mit 20 Jahren russischer Generalmajor und Kommandant eines Husarenregiments kämpfte Alexander als General der Kavallerie 1845 im Kaukasus, wurde aber Opfer einer Intrige, als er eine Beziehung zu einer Hofdame einging. Degradiert und mehr oder weniger aus Russland vertrieben, trat Prinz Alexander 1852 in österreichische Dienste, kämpfte 1859 in Italien als Feldmarschall-Leutnant und wirkte in Hessen für eine pro-österreichische Orientierung der Politik.

Alexander von Hessen-Darmstadt brachte die Hofdame Gräfin Julia Hauke, mit der er in Russland ein Verhältnis gehabt hatte, nach Deutschland, wo er sie heiratete. Das führte wiederum dazu, dass sein Bruder Großherzog Ludwig III. diese 1858 zur »Fürstin von Battenberg« ernannte. Alexander trug danach ebenfalls den Titel »Fürst von Battenberg«, seine Kinder blieben aber von der hessischen Erbfolge ausgeschlossen. Aus dem Haus Battenberg ging schließlich eine kurzfristig regierende bulgarische Dynastie hervor; nachhaltiger war aber der Umstand, dass die Battenbergs in England Fuß fassten, wo sie schließlich zu einem Bestandteil der königlichen Familie wurden, wobei der Name 1917 aus politischen Rücksichten auf Mountbatten geändert wurde. Bekanntester Nachkomme dieser Linie ist Prinz Philip, der Gemahl der britischen Königin Elisabeth II.

Alexander von Hessen-Darmstadt war ein durchaus fähiger General. Doch aufgrund der allgemeinen Situation und der Verfassung des ihm unterstellten Bundeskorps musste er zwangsläufig scheitern. Er beschrieb diese Situation dann auch in seinem *Feldzugs-Journal des Oberbefehlshabers des 8. deutschen Bundescorps im Feldzuge des Jahres 1866 in Westdeutschland.*

Die Misserfolge während des sehr unglücklichen Feldzugs wurden dennoch zu einem großen Teil Alexander von Hessen-Darmstadt angelastet, der von seiner Aufgabe völlig überfordert war. Doch welcher »Feldherr« hätte mit einer derartig heterogenen und chaotischen Truppe schon wirklich Erfolge erzielen können? Der gescheiterte General veröffentlichte nach Niederlegung seines Kommandos am 9. August 1866 sein Feldzugsjournal, um sich damit gegen die vielen Unterstellungen zu verteidigen, die ihm das Leben schwer machten. Er blieb aber am österreichischen Kaiserhof sehr beliebt und war oft im habsburgischen Umkreis anzutreffen. *»Am 5. März 1874 verlieh Kaiser Franz Joseph dem Prinzen, der ein stets gerne gesehener Gast in der kaiserlichen Burg blieb, das Großkreuz des Stephansordens.«* (Oscar Criste in ADB, Band 45)

Dem VIII. Korps sollte das VII. Armeekorps zur Seite stehen, das nur aus Truppen des Königreichs Bayern bestand. Dieses kommandierte seit dem 28. Juni 1866 der Wittelsbacher Prinz Karl von Bayern, der immerhin schon 71 Jahre alt war. Ihm zur Seite stand ein Generalstabschef mit dem klingenden Namen Ludwig von der Tann-Rathsamhausen, der ein eindeutiger Gegner dieses gesamten Krieges war. Inwieweit es sich bei der Besetzung beider Herren um eine geglückte Personalentscheidung handelte, muss man dahingestellt lassen. Prinz Karl (1895–1875) war ein jüngerer Sohn des ersten bayerischen Königs Maximilian I. Joseph und schon in jungen Jahren nach einer sehr aufs Militärische ausgerichteten Erziehung in den Befreiungskriegen im Einsatz. Der Wittelsbacher hatte seit dem 21. Mai 1866 auch das nominelle Kommando über die so genannte Westdeutsche Bundesarmee. Die Armee des Königreichs Bayern war durch Haushaltskürzungen des Parlaments in Mitleidenschaft gezogen worden und wies schwere Defizite auf. Wegen des chronischen Geldmangels konnte das Kriegsministerium keine Manöver über der Brigadeebene in die Wege leiten. Kaum ein bayerischer Infanterist hatte wegen der skurrilen Sparprogramme mehr als drei Schuss mit seinem Gewehr abgegeben. Damit war die bayerische Schießausbildung der Infanterie noch weitaus schlechter als jene der Österreicher, bei denen bekanntlich auch eine rigorose Sparpolitik jede effiziente Schießausbildung verhinderte. Zudem herrschte ein Mangel an erfahrenen militärischen Führern, denn außer dem Fürsten von Thurn und Taxis und eben Prinz Karl hatte kein bayerischer General bis dahin eine Division kommandiert. In der Zeitungslandschaft Bayerns wurden diese Mängel schon länger diskutiert und das sollte sich durch das unglückliche Abschneiden der Bayern im Deutschen Krieg dann noch steigern.

*»Bayern ist bekanntlich immer langsam und im Rückstand mit seinen militärischen Vorkehrungen, doch wenn es sie abgeschlossen hat, kann es 60 000 bis 80 000 gute Soldaten ins Feld führen.«* (Friedrich Engels) Das war ein wenig zu optimistisch gedacht.

Die Bayern konnten wegen all ihrer Probleme die am 10. Mai 1866 befohlene Mobilmachung erst am 22. Juni abschließen, was sehr spät war, denn zu dieser Zeit waren die Preußen schon im Begriff, in Böhmen einzumarschieren. Noch ehe er den Hannoveranern Hilfe bringen konnte, erfuhr Prinz Karl schon der Kapitulation dieser Verbündeten.

Auch der Anschluss an das VIII. Bundeskorps scheiterte, denn dieses sah schon bald seine Daseinsberechtigung primär darin, die Mainlinie bei Frankfurt zu verteidigen. Die Preußen taten natürlich auch alles, um eine Vereinigung der beiden süddeutschen Korps zu verhindern, aber ohne die Konfusion ihrer Gegner wäre ihnen das wohl kaum so gut gelungen.

Die Nachricht von der österreichischen Niederlage von Königgrätz war ein Schock für die Führer der süddeutschen Staaten, denen nun klar wurde, dass damit der Krieg bereits militärisch entschieden war, ehe die meisten ihrer Truppen überhaupt Feindkontakt gehabt hatten. Die Armeen dieser Staaten operierten von nun an sehr zurückhaltend, da es nur noch um die militärische Ehre, die Verlustzahlen und einen hinhaltenden Widerstand gehen konnte. Vor allem versuchten die militärischen Führer der süddeutschen Verbände eine große Schlacht zu vermeiden, welche zu hohen Verlusten oder gar dem Totalverlust ihrer Streitkräfte hätte führen können. Ein ständiges Problem stellten die uneinheitliche Führungsstruktur und die mangelnde Kommunikation unter den verschiedenen süddeutschen Kontingenten dar, die letztlich jedem militärischen Erfolg im Wege stehen mussten.

Vogel von Falckenstein hatte in seiner Mainarmee nun immerhin 54 000 Soldaten zu Verfügung, die siegesbewusst im Tal der Saale vorrückten und dabei von ihren überlegenen Hinterladern immer wieder Gebrauch machten. Es gab eine Reihe von Gefechten, die in der Regel alle zu Gunsten der Preußen ausgingen. Die Situation erinnerte fatal an die Situation der Österreicher knapp zwei Wochen zuvor.

Der preußische Befehlshaber machte jetzt viele Fehler wett, die er sich im Kampf mit den Hannoveranern geleistet hatte. Denn nun *»wuchs er über sich selbst hinaus. Seine Schläge kamen so schnell und unerwartet, dass man ihn bald mit dem Springer auf dem Schachbrett verglich.«* (Zimmer 1996, S. 132)

Er wandte sich nach der Kapitulation der Hannoveraner rasch gegen die Bayern, denen er regelrecht den Weg abschnitt. In Thüringen gab es bei der kleinen Ortschaft Dermbach am 4. Juli 1866 das erste Gefecht, nach dem die Bayern sofort den Rückzug antraten. Das war auch der Grund, warum Alexander von Hessen mit seinem Korps den Vormarsch abbrach und sich an den Main zurückzog. Vogel von Falckenstein versuchte vorerst, dem VIII. Korps nachzusetzen, was ihm Moltke eigentlich untersagt hatte, wandte sich dann aber wieder den Bayern zu. Das Ziel war nun ein angesehener Kurort.

In der Schlacht bei Kissingen am 10. Juli 1866 zeigten sich die Bayern unerwartet forsch und mutig, wobei besonders die 3. Bayerische Infanteriedivision unter Generalleutnant Oskar von Zoller hervorstach. Der preußische General von Manteuffel griff die Stadt Kissingen und die dortigen Brücken, die stark besetzt und eigentlich verbarrikadiert waren, an und konnte schließlich mit seinen Truppen in die Stadt eindringen. Es entwickelte sich ein heftiger Häuserkampf. Die Bayern konnten einen beschränkt erfolgreichen Gegenstoß unternehmen, ehe sie wieder weichen mussten. Generalleutnant von Zoller wurde Opfer einer Artilleriegranate und erlag schon bald seinen Wunden. Die Bayern mussten schließlich das Feld räumen und die Preußen blieben auch im Gefecht bei Hammelburg siegreich. General von Falckenstein wollte dem Gegner wenig Luft lassen und befahl eine weitere Verfolgung der Bayern in Richtung Schweinfurt. Was die Verluste betraf, so waren jene der Preußen überraschend hoch, da die Bayern gelernt hatten, ihre Vorderlader effektiver einzusetzen und auf die österreichische Stoßtaktik zu verzichten.

Eine gewisse Skurrilität weisen die Ereignisse in Kissingen dadurch auf, dass das Kurbad während der Kämpfe weiter in Betrieb blieb und die Kurgäste damit zu unfreiwilligen Schlachtenbummlern wurden. Und obwohl keiner der in- und ausländischen Kurgäste durch die Kämpfe ernsthaft zu Schaden kam, waren diese Ereignisse wohl für viele denkbar aufregend. Einer dieser Gäste berichtete über die Stunden nach der Schlacht: »*Um zwei Uhr entschlossen wir uns, unsere Schlupfwinkel zu verlassen, und wagten uns auf die Straße hinaus. O Gott, welch' furchtbaren Anblick die Stadt darbot! Die Häuser von oben bis unten mit Kartätschen besäet, durchlöchert von Kugeln und Granaten, die hier und da selbst steinerne Wände gesprengt hatten. Auf den Straßen und im Garten eine Menge Todter und Verwundeter, Lachen von Blut, umhergeworfene Waffen, Patronen, Munition. Der Cursaal im Garten und die Galerien verwandelten sich in ein Lazareth und füllten sich im Verlauf weniger Minuten mit einigen hundert Verwundeten; unaufhörlich trug man sie von allen Seiten auf den Händen und auf Tragbahren herbei. Ein trübes, trauriges Bild!*« (Die Gartenlaube, Heft 34, S. 529–531)

Während sich das geschlagene bayerische Korps unter Prinz Karl zurückzog, wandte der preußische Feldherr sein Hauptaugenmerk wieder dem VIII. Korps zu, das sich im Spessart zum Widerstand formierte. Hier siegte aber erneut das preußische Zündnadelgewehr und stürzte die Bundestruppen in eine schwere Krise. Die Hessen-Darmstädtische Division schlitterte am 13. Juli bei Laufach in eine schlimme Niederlage. Erfolgte der Angriff der Hessen zunächst mit vollem Elan und aufgrund der bisherigen Erfahrungen mit dem Zündnadelgewehr wohl auch mit einer gewissen Todesverachtung, so war der Boden bald mit einer Vielzahl von Gefallenen bedeckt, die fast ausschließlich eine nichtpreußische Uniform trugen. Angeblich sollen bei diesem Treffen auf einen gefallenen Preußen 35 tote Hessen gekommen sein (Zimmer 1996, S. 132). Das würde natürlich alles in den Schatten stellen, was am böhmischen Kriegsschauplatz geschehen war. Gleich darauf waren die Preußen auch schon am Main und wollten dort dem VIII. Korps den Rest geben.

Beim Gefecht von Aschaffenburg am 13. und 14. Juli ging es den Preußen auch darum, die Vereinigung der schwer angeschlagenen Bundestruppen zu verhindern. Die preußische Truppen unter General August von Goeben, die bei Laufach gesiegt hatten, griffen nun in Aschaffenburg die dort befindlichen Divisionen von Österreichern und Nassauern sowie einige Reste der Hessen an.

Das Gefecht konzentrierte sich nebst heftigen Straßenkämpfen in der Stadt auf die östliche Stadtgrenze. Die von Feldmarschall-Leutnant Erwin von Neipperg geführten Verbände mussten schließlich nach heftigen Kämpfen weichen und sich über den Main absetzen. Letztlich war Neipperg der einzige General der Bundestruppen, auf den sich der glücklose Prinz Alexander noch verlassen konnte, während bei allen anderen Kontingenten und deren Führern bereits die allerschlimmsten Auflösungs- und Abfallstendenzen eingesetzt hatten. Die Badener tendierten bereits zu einem Wechsel ins Lager der preußischen Partei und befolgten Befehle kaum noch, während die Württemberger keinerlei nennenswerten militärischen Ehrgeiz zeigten und nach Bismarck *»nicht wie Soldaten, sondern wie Bauernjungen fochten.«* Die Hessen waren durch das Blutbad von Laufach schwer traumatisiert und letztlich nicht mehr einsatzfähig. Deshalb sah Prinz Alexander keine andere Möglichkeit, als alles was er noch an Truppen hatte, nach Süden abzuziehen und auf Frankfurt zu verzichten.

Im Palais des deutschen Bundes in Frankfurt befanden sich inzwischen fast nur noch Vertreter aus süddeutschen Staaten. Es hatte im Laufe des sich abzeichnenden preußischen Sieges eine immer größere Absetzbewegung von kleineren Mitgliedstaaten gegeben. Angefangen von Oldenburg, Anhalt, Schwarzburg-Sondershausen und Waldeck folgten Ende Juni Schwarzburg-Rudolstadt und Schaumburg-Lippe, während die drei Hansestädte Hamburg, Bremen und Lübeck ihre Aktivitäten im Bund »bis auf Weiteres« einstellten. Einen Tag vor Königgrätz hatten sich Sachsen-Coburg und Gotha, Reuß jüngere Linie, sowie Mecklenburg-Schwerin und Mecklenburg-Strelitz verabschiedet. Nach Königgrätz hielt es auch die Gesandtschaft von Sachsen-Weimar-Eisenach für angeraten, sich zu empfehlen. Beim Großherzogtum Baden waren alle der Meinung, dass es sich nur noch pro forma beteiligte, was auch mit dem Verhalten seiner Soldaten korrespondierte. Die Situation am Sitz des Deutschen Bundes schien also genauso düster und hoffnungslos wie die militärische Lage.

Mit dem drohenden Einmarsch der Preußen in Frankfurt musste zudem der Bundestag verlegt werden und fand einen vorläufigen Sitz in Augsburg. Auch der Herzog von Nassau und der hessische Großherzog mussten ihre Höfe verlassen und sich absetzen. Die Bürgerschaft der altehrwürdigen Stadt Frankfurt bewies Größe. Nach der Verlegung des Bundestags erklärte sie am 15. Juli: »*Der Senat wird treu zu dem Bunde stehen, der als unauflöslicher Verein gegründet ist und die Erhaltung der Unabhängigkeit und Unverletzbarkeit der einzelnen deutschen Staaten zum Zwecke hat. Derselbe hält aber eine Umgestaltung der Bundesverfassung, die Schaffung einer starken Zentralgewalt und die Einsetzung einer wirksamen Vertretung des gesamten deutschen Volkes für dringend geboten und wird sich freudig allen hierauf gerichteten Bestrebungen anschließen. Es ist der feste Entschluß des Senates, bis zur glücklich erreichten Umgestaltung der Bundesverfassung die durch völkerrechtliche und Bundesverträge begründete und gewährleistete Unabhängigkeit und Unverletzlichkeit hiesiger Freier Stadt zu wahren …*« Des Weiteren wurde noch ausgeführt, die Bürgerschaft und der Senat würden alle »*Prüfungen standhaft ertragen*«. Dieses mutige und entschlossene Bekenntnis führte jedoch bei Vogel von Falckenstein nicht zu Mitgefühl oder irgendeiner Form der Mäßigung. Nachdem er am 16. Juli in die Stadt einmarschiert war, stellte er mit einer gewissen Brutalität fest: »*Frankfurt ist eine uns feindliche Stadt und soll büßen für das, was sie gegen uns gesündigt hat.*« (Zimmer 1996, S. 133 ff.)

Die Stadt wurde gezwungen, den Preußen sechs Millionen Gulden zu zahlen, was immerhin die doppelten Steuereinnahmen eines Jahres waren. Außerdem gab es Verhaftungen von Senatoren und Journalisten, die Auflösung der Stadtregierung, das Verbot von Zeitungen, sowie Beschlagnahmungen und Einquartierungen aller Art. Die Frankfurter waren zunächst schockiert, schöpften aber wieder Hoffnung, als Falckenstein abberufen wurde. Doch Edwin von Manteuffel, der seine Nachfolge antrat, erwies sich als weitaus schlimmer als sein Vorgänger. So wurden plötzlich 25 Millionen Gulden gefordert und Manteuffel drohte ganz offen mit Plünderungen. Der Frankfurter Bürgermeister Fellner wollte die Demütigungen und Repressionen unter dem neuen preußischen »Herzog Alba« nicht mehr ertragen und griff zum Strick.

Dieser Selbstmord eines Mannes, der nicht nur Bürgermeister, sondern auch eine Art von Staatsoberhaupt war, führte in ganz Europa zu wütenden Reaktionen und Bismarck entschloss sich dazu, alle Anordnungen seiner Generäle zurückzunehmen. Denn er hatte eine bessere Idee – die Stadt Frankfurt sollte ganz einfach von Preußen annektiert werden. Damit endete dann auch die freie Geschichte einer Stadt, die jahrhundertelang für das Heilige Römische Reich von größter Bedeutung und für mehrere Jahrzehnte das Herz des Deutschen Bundes war.

## Edwin von Manteuffel

Manteuffel (1809–1885) war eigentlich gebürtiger Sachse, machte aber dann in der Preußischen Armee Karriere. Dabei war er bildungsbeflissen und studierte auch an der Berliner Universität, wo er Schüler Leopolds von Ranke wurde. Bereits mit 30 Jahren stieg er zum Adjutant des Gouverneurs von Berlin, danach zum Adjutant beim Prinzen Albrecht von Preußen auf. Diesen begleitete er auch an den Hof nach St. Petersburg, wo er das Wohlgefallen des Zaren Nikolaus fand. Seine weitere Karriere sah ihn als Flügeladjutanten des preußischen Königs und schließlich 1856 als Kommandanten einer Kavallerie-Brigade. Durch die Übernahme der Regierung durch König Wilhelm wurde Manteuffel Abteilungschef im Kriegsministerium und im Januar 1861 Generaladjutant des Königs. Er betrieb die Ernennung Roons zum Kriegsminister und die Berufung Moltkes zum Chef des Generalstabs. Von einem liberalen Kritiker als »unheilvoller Mann in unheilvoller Stellung« beschrieben, verwundete er diesen kurzerhand in einem Duell.

Nach dem Krieg gegen Dänemark wurde Manteuffel Gouverneur von Schleswig, besetzte 1866 Holstein und beteiligte sich dann am Krieg gegen Hannover. Dabei war es eine Enttäuschung für ihn, dass der König Vogel von Falckenstein zum Oberbefehlshaber der Mainarmee ernannte. Doch erst nachdem sich sein Konkurrent unbeliebt gemacht hatte, konnte Manteuffel am 20. Juli 1866 den Befehl über die Mainarmee übernehmen. Die endgültigen Siege über die Bayern gingen dann auf sein Konto, genauso wie seine große Härte im Vorgehen besonders in Frankfurt, die seiner Reputation großen Schaden zufügte.

Später sollte Manteuffel im Deutsch-Französischen Krieg als Korpskommandant und Kommandant der 1. Armee bzw. der Südarmee einige bedeutende Erfolge erzielen und eine Vielzahl von Auszeichnungen erwerben, die noch jene aus dem Deutschen Krieg übertrafen. Nach Kriegsende wurde er Befehlshaber der Okkupationsarmee in Frankreich und 1873 Generalfeldmarschall, sowie 1879 Statthalter von Elsass-Lothringen. Den erfolgreichen preußischen General ereilte der Tod im ehemaligen Feindesland Österreich, als er 1885 in Karlsbad zur Kur weilte. Kaiser Franz Joseph schickte den Sarg Manteuffels mit allen militärischen Ehren nach Hause, wo man ihn schließlich seltsamerweise gerade am Frankfurter Hauptfriedhof beisetzte. Sein Biograph bezeichnete ihn als *»einen überzeugungstreuen, ritterlichen Mann von conservativer, strenggläubiger Gesinnung, ehrgeizig und nicht ohne Eitelkeit, mit viel natürlichem Verstande, großem diplomatischem Geschick und gewinnenden Formen, einer nicht gewöhnlichen Bildung, die er sich meist durch Selbststudium angeeignet hatte, von bedeutender Rednergabe, als einen unbedingten Anhänger des preußischen*

*Königthums und eifrigen, strebsamen Soldaten.«* (von Poten in ADB, Band 52, 1906)

Während der beschriebenen Entwicklung in der gepeinigten Stadt Frankfurt ging der Krieg natürlich weiter, wobei der Zusammenhalt der schwer bedrängten Bundeskontingente immer loser wurde und die Truppen eigentlich nur noch für ihre eigenen Regierungen kämpften. Es war nicht ganz klar, was sich schneller auflöste – der Bund oder seine Streitkräfte.

Die Preußen wurden auf 60 000 Mann verstärkt und rückten in der Folge in das Taubertal ein, wo es am 23. und 24. Juli zu Kämpfen bei Hundheim, Werbach und Tauberbischofsheim kam. Das Gefecht bei Hundheim zwischen den Preußen und badischen Truppen forderte nur wenige Opfer, da die badischen Truppen wenig Widerstand zeigten. Beim Gefecht von Werbach waren wieder primär badische Truppen im Kampf mit den Preußen. Hier leisteten sie aber recht heftig Gegenwehr und es trat der für diesen Krieg seltsame Umstand ein, dass die preußischen Verluste dieses Mal die gleich Höhe erreichten wie die ihrer Gegner. Letztlich war die Situation für die Truppen des VIII. Korps unberechenbar, da ihr Befehlshaber Prinz Alexander zu spät erkannte, dass er die gesamte preußische Mainarmee vor sich hatte. Den demoralisierten inhomogenen Resten des VIII. Bundeskorps stand also eine auch zahlenmäßig weit überlegene Armee gegenüber. Während es auf Seiten der Bundestruppen in erster Linie ums weitere Durchhalten ging, wollten die Preußen einen möglichst schnellen und gründlichen Sieg.

Als das Gefecht bei Tauberbischofsheim stattfand, standen Manteuffels Truppen, bzw. dessen 13. Preußischer Division unter General von Goeben in erster Linie Württemberger unter Generalleutnant Oskar von Hardegg gegenüber. Obwohl die Württemberger dieses Mal mehr Tapferkeit und Opferbereitschaft als in anderen Gefechten an den Tag legten, siegte wie üblich die preußische Feuerkraft. Letztlich verloren die

Preußen 126 Soldaten, während die Württemberger 684 verloren und das Feld räumen mussten.

Die Niederlage bei Tauberbischofsheim war auch der Todesstoß für das VIII. Bundekorps, denn der Großherzog von Baden zog nun seine Truppen ab, stellte fest, dass der Bund für ihn erloschen wäre und er die auf badischem Gebiet liegende Bundesfestung Rastatt für sich in Anspruch nehmen wolle. Der traurige Rest des VIII. Korps, das noch aus Württembergern, Nassauern, Hessen und Österreichern bestand, tat alles um auf weitere Kämpfe zu verzichten, blieb aber bis zum allgemeinen Waffenstillstand vom 2. August 1866 im Feld.

In der Zwischenzeit tauchten Einheiten verschiedener Kleinstaaten aus Norddeutschland auf, deren Herrscher sich gegen Kriegsende versuchten auf die Siegerseite zu flüchten. So hatte sich der Großherzog von Mecklenburg-Schwerin das Kommando über ein neu geschaffenes Korps geben lassen, in dem neben preußischen, mecklenburgische, braunschweigische, anhaltische auch sachsen-altenburgische Einheiten zusammengefasst waren. Dieses griff von Leipzig aus Nordostbayern an, brachte Hof und Bayreuth unter seine Kontrolle und marschierte in Richtung Nürnberg, ohne dass die Bayern sich zu größeren Widerstandsoperationen aufraffen konnten. Nur ein frisch aufgestelltes bayerisches Infanteriebataillon stellte sich in der Oberpfalz in den Weg der Preußen und wurde vernichtet. Die Truppen des Großherzogs erreichten schließlich Nürnberg wo ab dem 1. August 1866 die preußische Fahne wehte. Der militärische Untergang Bayerns war nun komplett.

Am Hauptkriegsschauplatz sah sich das Bayerische Korps zum permanenten Rückzug gezwungen und marschierte Richtung Würzburg. Es nutzte wenig, dass sie die Höhen bei Neubrunn, Helmstadt und Mädelhofen besetzte, denn schließlich gingen alle Gefechte mit den sie stetig bedrängenden Preußen verloren. Dabei wurde sogar der spätere bayerische König Ludwig III. verwundet. Ab dem 25. Juli verschlechterte sich die innere Lage bei der Truppe drastisch. Der Krieg hatte für sie nur Niederlagen und Verluste gebracht, die Männer waren demoralisiert.

Die letzte Schlacht des Krieges von 1866 fand schließlich am 26. Juli bei Uettingen und Roßbrunn statt. Die Bayern hatten eine gut gewählte Stellung bei Roßbrunn bezogen und konnten sich hier gegen die heftig vordrängenden Preußen behaupten, auch wenn sie sich in einigen Abschnitten zurückziehen mussten. Sogar ein Gegenangriff wurde geplant. Doch das links der Bayern stehende VIII. Bundeskorps verweigerte seine Unterstützung und war bereits dabei, sich über den Main zurückzuziehen. Deshalb musste sich auch das VII. Korps letztlich zurückziehen, was relativ störungsfrei gelang. Man hatte ferner kämpfen müssen, um Zeit zu gewinnen, bis die nötigen Brücken über dem Main errichtet waren und sich der Tross in Bewegung gesetzt hatte.

Die Kämpfe gipfelten im Kavalleriekampf bei den Hettstädter Höfen um die Mittagszeit dieses Tages, bei denen sich die bayerischen Reiter auszeichneten. Kurz vor dem Ende des Krieges konnten die schon längst besiegten Bayern zeigen, wie schlagkräftig ihre Kavallerie war und den Preußen einige Verluste beibringen.

*»Aus diesem Gesichtspunkte will das Reitergefecht bei den Hettstädter Höfen beurteilt sein. Den unsrigen (Preußen) wiewohl sie unterlagen, brachte es nicht Unehre; die Bayern aber waren glücklich über die gelungene Attacke.«* (Theodor Fontane: »Der deutsche Krieg 1866«)

Als die Preußen die königlich bayerische Festung Marienberg unter heftiges Artilleriefeuer nahmen, brach dort ein Brand aus. Doch die auf der Festung befindlich Artillerie feuerte zurück und konnte einige empfindliche Treffer landen. Der Brand wurde schließlich gelöscht und die Festung konnte bis zum Waffenstillstand mit den Preußen gehalten werden. Nach diesen Ereignissen kam es zu einer örtlichen Waffenruhe, die schließlich in dem allgemeinen Waffenstillstand vom 2. August aufging. Der Krieg war damit zu Ende.

Prinz Karl hatte sich vorsorglich mit seinen Truppen nach Ingolstadt zurückgezogen, das schon so oft Bayerns letzte Bastion gewesen war, dann aber aus Enttäuschung über die Ereignisse sein Kommando niedergelegt. Bald wurde er mit heftigen Anklagen bezüglich seiner Truppenführung konfrontiert. Der Wittelsbacher zog sich daraufhin völlig vom Militär und aus der Politik zurück und verschanzte sich am weltabgewandten Tegernsee.

Gewisse Ereignisse während des Bundeskrieges hatten noch später eindeutige emotionale Nachspiele, da sich zum Beispiel noch einige Jahrzehnte später Offiziere aus Bayern und Württemberg an den »Badischen Verrat« erinnern sollten. Dieser bezeichnete die mangelnde Unterstützung durch badische Truppen, was schon im Jahre 1866 heftig kritisiert worden war. So ersuchte die 3. Bayerische Infanterie-Division, die unter dem Befehl des späteren Prinzregenten Luitpold stand und alle ihre Munition verschossen hatte, die Badener um Unterstützung. Doch der badische Kommandeur war dazu nicht bereit, und auch die Artillerie der Badener gab keinen Schuss ab, um die Bayern bei Helmstadt zu unterstützen.

Prinz Alexander von Hessen-Darmstadt schrieb später zu seiner Rechtfertigung: *»Die Mängel der deutschen Bundeskriegsverfassung waren mir bekannt; ich mußte aber voraussetzen, daß die Staaten, welche sich entschlossen hatten, ihr gutes Recht mit den Waffen der Hand zu vertheidigen, auch bereit wären, die nothwendigen Opfer zu bringen. Und darin hatte ich mich getäuscht; keiner der bundestreuen Staaten, mit alleiniger Ausnahme des Großherzogthums Hessen, stand gerüstet da. Als Preußen bereits seine Kriegszwecke erreicht hatte, und es mithin zu spät war, gelangte endlich die westdeutsche Bundes-Armee zur nothdürftigen Aufstellung. […] Seit 26 Jahren war das 8. Korps nicht mehr vereinigt worden; die Generale kannten sich kaum gegenseitig, und keiner von ihnen, mit Ausnahme der österreichischen, hatte einen ernsten Feldzug mitgemacht.«*

Auch andere Generäle und viele sonstige Offiziere sahen sich bemüßigt, in ihren Erinnerungen ihre Rolle zu rechtfertigen bzw. sie belastende Behauptungen »richtigzustellen«. Generell war es so, dass die Generalität der Bundestruppen gegenüber den Preußen keine allzu gute Figur gemacht hatte. Für den einfachen Mann blieb das Gefühl einer quälenden Niederlage und der Überlegenheit der Preußen, die neben dem gefürchteten Zündnadelgewehr auch die besseren militärischen Führer sowie eine überlegene Strategie und Taktik ins Feld führen konnten. Unter diesem Aspekt könnte man vielleicht auch das bereitwillige Aufgehen der süddeutschen Staaten in das von Preußen initiierte Deutsche Kaiserreich und die damit erfolgende de facto Unterwerfung des »Dritten Deutschlands« unter die preußische Oberherrschaft sehen.

Es wurde auch später immer wieder darüber spekuliert, welche Bedeutung der Mainfeldzug der Preußen überhaupt für den Ausgang des Deutschen Krieges hatte. Selbst mehrere Niederlagen der Mainarmee hätten wohl kaum etwas am preußischen Sieg geändert, denn das Gewicht der deutschen Mittel- und Kleinstaaten war – teilweise durch eigene Schuld – offensichtlich nicht wirklich so bedeutend im Verhältnis zu jenem der beiden deutschen Großmächte. Die Entscheidung fiel eben nur zwischen Preußen und Österreich. Alles Andere hatte eigentlich den Stellenwert von Nebenkriegsschauplätzen, was letztlich sogar auch auf den Krieg in Italien zutrifft.

Die deutschen Mittelstaaten hätten nur dann eine wichtigere Rolle spielen können, wenn sie Seite an Seite mit den Österreichern in Böhmen und Königgrätz gefochten hätten. Dies trifft insbesondere auf die Bayern zu, die sich eigentlich in diesem Krieg weit unter ihrem Wert verkauften. Dazu: *»Das völlige Versagen der deutschen Mittelstaaten – bis auf die rühmliche Teilnahme Sachsens und seiner tapferen Truppen an dem Entscheidungskampf – lag nicht so sehr an den taktischen Niederlagen und dem Verlust des Mainfeldzuges überhaupt als in der Verkennung der politischen und militärischen Größenordnung. […] Wenn die Mittelstaaten also nicht mit mindestens vier bis fünf Ar-*

*meekorps rechtzeitig und am entscheidenden Ort in den Kampf um die Vorherrschaft in Deutschland eingriffen, dann waren sie von vornherein von dieser Entscheidung ausgeschlossen. Insofern wird der Feldzug zwischen Weser und Main von der Geschichtsschreibung mit Recht meist nur am Rande behandelt […] Man darf ruhig feststellen, dass sich an dem Ausgang des Krieges nicht das Geringste geändert hätte, wenn Preußen gegen die süddeutschen Staaten überhaupt keine Truppen ins Feld gestellt, sondern die dafür aufgebotenen Kräfte ebenfalls nach Böhmen herangezogen hätte. […] Dabei wären 50 000 Bayern in Böhmen unter dem Kommando von Benedek wahrscheinlich ein kriegsentscheidender Faktor geworden […]*« (Franzel 1985, S. 632 f.) Auch wenn die Österreicher dann wahrscheinlich auch nicht Seite an Seite mit den Bayern und Sachsen unter dem triumphierenden Klang ihrer Musikkapellen in Berlin einmarschiert wären, so hätte Benedek wohl bei Königgrätz standhalten können … und die kleindeutsche Lösung unter Preußens Führung wäre möglicherweise ad acta gelegt worden.

# Krieg in Italien – Custozza und Lissa

*»Das Besondere an dem Feldzuge von 1866 sind die glänzenden Siege, welche dem im ganzen überwundenen Teile im einzelnen zugefallen sind. Ähnliches ist in keinem der Kriege zu verzeichnen, die nach dem Falle des Schlachtenmeisters Napoleon geführt worden sind.«* (Friedjung 1915, S. 3)

Die Bedingungen des Krieges in Italien unterschieden sich von jenen auf dem Gebiet des Deutschen Bundes im Norden. Schon die Italiener betrachteten diesen Waffengang unter anderen Vorzeichen. Für sie war es der »Dritte Italienische Unabhängigkeitskrieg« gegen die Österreicher. Die beiden vorangegangenen »Unabhängigkeitskriege« (Guerre d'indipendenza italiane), deren Ziel stets ein vereinigter italienischer Nationalstaat war, wie ihn die »Risorgimento«-Bewegung forderte, waren sehr unterschiedlich verlaufen. Der Krieg des Königreichs Sardinien gemeinsam mit den Aufständischen in den von Österreich beherrschten norditalienischen Provinzen in den Jahren 1848/49 scheiterte nach Anfangserfolgen am militärischen Genie des österreichischen Feldmarschalls Radetzky und seines Generalstabschefs Heß in einer Reihe von für die Italiener traumatisierenden Niederlagen. Auf diesen gescheiterten »Ersten Unabhängigkeitskrieg« folgte 1859 ein weiterer, bei dem sich die Italiener des französischen Kaisers Napoleon III. versichern konnten. Dieses vom sardinischen Ministerpräsidenten Camillo Benso von Cavour geplante Bündnis war dann auch ausschlaggebend dafür, dass Sardinien trotz seiner eigenen Schwäche gemeinsam mit den französischen Truppen unter der Führung Napoleons III. die Österreicher bei Solferino schwer in Bedrängnis bringen konnte, was Kaiser Franz Joseph, der hier als militärischer Befehlshaber völlig versagt hatte, dazu brachte, um Frieden zu ersuchen und die Lombardei abzutreten. Nachdem auch die ungeschickt agierende habsburgische Dynastie aus der Toskana vertrieben und das Königreich Neapel durch den italienischen Nationalhelden Garibaldi und die Sardinische Armee von der Landkarte gefegt worden war, machte die Vereinigung dessen, was man als italienische Nation betrachtete, rasche Fortschritte. Das Haus Savoyen stellte nun den neuen König Viktor Emanuel von Italien. Österreich behielt weiterhin das wichtige Venedig mit Venetien, Julisch-Venetien und dem Trentino. Die Verfechter der völligen nationalen Einigung Italiens sahen also noch einigen Handlungsbedarf um ihren Traum zu verwirklichen. Letztlich musste es erneut zu einem Krieg kommen. Die Gelegenheit bot Otto von Bismarck, der sich nicht für die nationalen Befindlichkeiten der Italiener interessierte, aber erkannte, dass er damit einen nützlichen Verbündeten gefunden hatte, um große Teile der österreichischen Armee im Süden zu binden.

Am 8. April 1866 schloss Bismarck mit dem italienischen General Govone ein geheimes Angriffsbündnis gegen die Österreicher, das vorerst auf drei Monate befristet wurde. Danach begann Italien, sich auf den Krieg vorzubereiten. Dieser wurde dann am 20. Juni erklärt, was terminlich sehr gut zum Kriegsausbruch im Norden passen sollte.

Vor Ausbruch der Kampfhandlungen in Italien gab es hektische Verhandlungen mit Frankreich und Kaiser Franz Joseph fiel wiederum auf Napoleon den III. herein. Bei einer Verständigung am 12. Juni 1866 erklärte Frankreich, es würde sich neutral verhalten, wenn es dafür im Falle eines Sieges der Österreicher Venetien erhalten würde, um es dann an Italien abzutreten. Damit war der Waffengang in Italien für die Österreicher eigentlich sinnlos und nur ein reines Prestigeprojekt geworden. Dabei wäre Italien im März noch bereit gewesen, Venetien zu kaufen. Außerdem sollte Frankreich Belgien erhalten und am Rhein war die Errichtung eines neuen Pufferstaats auf Kosten von Mitgliedern des Deutschen Bundes geplant. In dieser haarsträubenden Vereinbarung war Franz Joseph also bereit, Territorien zu verschenken, über die er gar nicht verfügen konnte. Andererseits erklärte sich Napoleon großzügigerweise bereit, Österreichs Wunsch nach der Rückerstattung Schlesiens im Falle eines Sieges über Preußen zu unterstützen, falls das europäische Gleichgewicht das zulassen würde. Durch diese »Meisterleistung« der Diplomatie des Habsburger-Kaisers war Österreich bei allen national gesonnenen Menschen Europas eigentlich völlig diskreditiert. Und unter diesen Vorzeichen begann der letztlich überflüssige Feldzug in Italien, der habsburgischen Eitelkeiten diente und der österreichischen Nordarmee jene Korps entzog, die sie zum Sieg benötigt hätte. Wenigstens sollte er Stoff für eine Vielzahl österreichischer Heldenlegenden liefern.

Friedrich Engels war bei seinen Prognosen über den Waffengang in Italien auf jeden Fall viel glücklicher, als mit seinen Ansichten über den Krieg im Norden: »*Die Italiener sollten mittlerweile erkannt haben, daß ihnen ein äußerst hartnäckiger Gegner gegenübersteht. Bei Solferino hielt Benedek mit 26 000 Österreichern die gesamte, doppelt so starke piemontesische Armee einen ganzen Tag lang in Schach, bis er infolge der Niederlage, welche das andere Korps gegen die Franzosen erlitten hatte, den Befehl zum Rückzug erhielt. Die damalige piemontesische Armee war bedeutend besser als die jetzige italienische Armee; sie war besser ausgebildet, war homogener und verfügte über bessere Offiziere. Die jetzige Armee wurde erst vor kurzem aufgestellt und leidet natürlich an all den Mängeln, mit denen eine solche Armee behaftet ist. Die jetzige österreichische Armee hingegen übertrifft bei weitem die Armee von 1859. Nationale Begeisterung ist eine vortreffliche und fördernde Sache, doch wenn sie nicht mit Disziplin und Organisiertheit gepaart ist, kann niemand eine Schlacht damit gewinnen. […] Es bleibt zu hoffen, daß der Stab der italienischen Armee in seinem eigenen Interesse sich unüberlegter Operationen enthalten wird gegen eine Armee, die, wenn auch zahlenmäßig unterlegen, der italienischen Armee im wesentlichen überlegen ist und au-*

*ßerdem eine der stärksten Positionen in Europa behauptet.«* (Friedrich Engels: Betrachtungen über den Krieg in Deutschland)

Die Österreicher hatten am italienischen Kriegsschauplatz die gleiche waffentechnische Ausrüstung wie im Norden, doch hier war ihr Gegner nicht besser, sondern teilweise sogar schlechter ausgerüstet. Abgesehen von den Preußen waren alle europäischen Armeen jener Zeit ähnlich bewaffnet: Österreichische Infanteristen hatten das gezogene Vorderlader-Kapselgewehr Modell Lorenz mit Stichbajonett, wozu jeder Mann 60 Patronen mit sich führte. Dazu kamen noch 20 Patronen pro Gewehr in den Munitionswägen und in der Reserve nochmals 130 Schuss pro Mann. Die Jäger-Bataillone hatten einen kürzeren Lorenz-Stutzen mit Haubajonett. Man rechnete mit einer wirksamen Reichweite der Gewehre zwischen 600 und 1000 Metern, was ein riesiger Fortschritt gegenüber den glatten Vorderladern war, die noch einige Jahrzehnte zuvor die Waffen der Infanterie waren. Diese konnte man lediglich auf 100 Meter erfolgreich einsetzen. Die Kavallerie war mit Blankwaffen und Pistolen und nur teilweise mit Karabinern ausgestattet. Die Artillerie bestand aus 4- und 8-Pfündern, die Granaten bis zu 5000 Metern feuern konnten, Schrapnelle und Kartätschen nur auf kürzere Distanzen. Wie im Norden setzte man auch bei der Südarmee auf die von Freund und Feind gefürchtete Stoßtaktik, die fast immer hohe Verluste garantierte. Nur die Jäger-Bataillone hatten die Erlaubnis zur »zerstreuten Fechtart«, bei der es vor allem auch auf gezieltes Feuern ankam. Der Rest der Infanterie sollte in Divisionsmassen-Linie nach kurzem Feuerkampf zum Bajonettangriff vorgehen. Bei misslungenen Angriffen fielen rückwärtige Divisionen dem nachrückenden Feind in die Flanke, dies natürlich auch in erster Linie mit gefälltem Bajonett. (Strobl 1897, S. 2 f.) Es sollte sich zeigen, dass diese Taktik gegen die italienischen Truppen wirkungsvoll sein würde, auch wenn sie zu hohen Verlusten führen musste, während sie im Norden gegen die Preußen aufgrund ihrer moderneren, aufgelockerten und auf das Feuern konzentrierten Fechtart völlig anachronistisch erschien.

Die italienische Armee stellte im Wesentlichen eine Vergrößerung der vormals sardinischen Armee dar. Nun waren es zwanzig Divisionen im Gegensatz zu den sechs zuvor, über die der neue italienische König gebot. Die Ausbildung vieler Soldaten war noch nicht abgeschlossen und es herrschte große Uneinigkeit über die mögliche Kriegführung gegen die Österreicher. Im Gegensatz zu einer Minderheit, die auf einen Vorstoß entlang der Adria auf Venedig mit Hilfe der Flotte setzte, war die Mehrheit der Generäle dafür, das gefürchtete österreichische Festungsviereck anzugreifen und auszuschalten. Dazu kam noch das Problem Garibaldis und seiner Freischaren, die mehr paramilitärischen Charakter hatten. Diese wollte man ungern mit der regulären Armee vermengen und gab ihnen einen Vorstoß entlang des Gardasees in Richtung Tirol als Auftrag. Im Juni 1866 verfügte Italien nach allen Rüstungsanstrengungen über 210 000 Mann regulärer Truppen mit 450 Kanonen, wozu noch Garibaldis Freischaren mit 36 000 Mann und 40 Geschützen und 70 000 Mann Festungsbesatzungen kamen. Dem gegenüber nahm sich die österreichische Feldarmee – die Südarmee – mit 78 000 Mann recht klein aus. Doch es sollte sich erweisen, dass die Angst vieler italienischer Kommandeure vor der besseren Ausbildung und Disziplin der Österreicher berechtigt war. Nominell hatte zwar König Victor Emanuel das Oberkommando über die Hauptarmee von etwa 120 000 Mann, doch letztlich lag die militärische Führung bei General Alfonso La Marmora. Das Kommando über die so genannten Po-Armee mit 90 000 Mann besaß General Cialdini, während Garibaldi seine Truppen selbst kommandierte. Diese drei italienischen Armeen operierten von Anfang an sehr unabhängig und gaben damit den Österreichern Gelegenheit, sie isoliert zu schlagen.

Erzherzog Albrecht und sein Generalstabschef John waren sich bewusst, dass ihre italienischen Gegner auf jeden

Fall in der Überzahl sein würden. Der Habsburger hatte bei Feldmarschall Radetzky gelernt, dass man den eigenen Soldaten gegenüber weitgehend ehrlich sein musste, wenn man Erfolg haben wollte. Deshalb machte Albrecht auch seinen Truppen gegenüber kein Geheimnis aus der Tatsache, dass ihnen ein schwerer Kampf bevorstand und forderte die Soldaten auf, *»durch größere Tapferkeit die Übermacht zu brechen.«* (Franzel 1968, S. 470)

Aber die Österreicher konnten auch auf das starke oberitalienische Festungsviereck von Peschiera, Verona, Legnano und Mantua zurückgreifen, das schon Radetzky gute Dienste erwiesen hatte. Hier war es möglich in Deckung das Heranrücken des Gegners abzuwarten und dann bei passender Gelegenheit zuschlagen. Der im Gegensatz zu seinen Kollegen bei der Nordarmee fähige Generalstabschef der österreichischen Südarmee, Franz von John hatte genaue Pläne ausgearbeitet, die darauf basierten, den Übergang der getrennt vorrückenden italienischen Streitkräfte über den Fluss Mincio dazu zu nutzen, diese getrennt zu schlagen. Deshalb war auch das Gros der Österreicher nach Süden gerichtet, um die rechte Flanke der auf Villafranca heranrückenden Italiener abzufangen.

Der italienische Befehlshaber Alfonso La Marmora hatte bereits beim Aufmarsch einige gravierende Fehler begangen und auch zugelassen, dass sich seine den Österreichern zahlenmäßig weit überlegenen Verbände aufsplitterten, was der Schlagkraft seiner Armee nicht zum Vorteil gereichte. Theoretisch hätte er mit der Po-Armee insgesamt 17 Divisionen mit 174 000 Mann zur Verfügung gehabt und somit mehr als doppelt so viele Soldaten wie Erzherzog Albrecht ins Feld führen können. Doch es sollten durch La Marmoras Planungsfehler dann den Österreichern letztlich nur 84 000 Mann bei Custozza gegenüberstehen, was zwar einen numerischen Vorteil, aber keine erdrückende Übermacht mit sich brachte.

Die Planungen des Erzherzogs und seines Generalstabschefs John beruhten auf der Annahme, dass die Italiener der

## Absender

Name, Vorname

Straße, Nr.

Plz, Ort

Telefonnummer *

Faxnummer *

E-Mail *

Unterschrift

* freiwillige Angabe

**Für Ihre schnelle Anfrage:**

Bitte ausreichend frankieren

**Rückantwort**

**Verlagshaus Römerweg** GmbH
Römerweg 10
D-65187 Wiesbaden

Breite ihres Aufmarsches am Mincio entsprechend in einer allgemeinen West-Ost-Richtung mit ihrem Nordflügel auf der Straße Volta-Vaelggio-Villafranca-Verona und mit ihrem Zentrum und ihrem rechten Flügel auf weiter südlich in das österreichische Festungsviereck führende Straßen vorrücken würden. Um sie in der Flanke angreifen zu können, mussten die Österreicher warten, bis die Spitzen der italienischen Kolonnen auf der Höhe von Villafranca waren. Diese und weitere Annahmen, auch bezüglich der Absicherung zu erwartender Seitenangriffe, führten schließlich dazu, dass sich die Österreicher nördlich der Linie Salionze-Sommacampagna zu postieren gedachten. Dabei wurde aber sträflich vernachlässigt, den anschließenden Höhenrand, zu dem der Monte Croce, der Monte Torre, die Höhe von Custozza und andere Erhebungen gehörten, zu besetzen. Das sollte später im Laufe der Schlacht bei der Erstürmung zu großen Verlusten auf österreichischer Seite führen. Einer der Gründe dafür war, dass man annahm, dass die Italiener in der Ebene kämpfen würden. Man wollte letztlich die zahlenmäßig überlegenen Italiener umfassen, obwohl Gefahr bestand, dass diese auch eine solche Umfassung anstrebten. Der Cannae-Begeisterte Moltke hätte seine Freude daran gehabt.

Letztlich kam alles anders, denn die Italiener rückten nicht so vor, wie die österreichische Führung angenommen hatte. Sie marschierten in Richtung auf das Gelände zwischen Etsch, Mincio und Gardasee zu, wo sich die Österreicher für den Angriff auf die linke Flanke ihrer Armee positioniert hatten. Trotz guter Aufklärung hatten sich Albrecht und John also getäuscht. General La Marmora war über die Absprachen Napoleons III. mit Kaiser Franz Joseph viel besser informiert als Erzherzog Albrecht, bei dem gar nicht sicher ist, ob er zu diesem Zeitpunkt bereits wusste, dass man den Italienern Venetien versprochen hatte. Seine Generale hatten jedenfalls keine Ahnung davon.

Einige italienische Täuschungsmanöver sollten die Österreicher über ihre weitere Vorgehensweise im Unklaren lassen und man vermutete, dass sich die beiden getrennten italienischen Armeen vereinigen und mit aller Macht die Südarmee zurückwerfen würden. Da die Italiener letztlich nicht nach Osten sondern nach Nordosten und in das von den Österreichern als Ausgangspunkt für ihren Angriff vorgesehene Hügelland marschierten, kam es am frühen Morgen des 24. Juni 1866 unerwartet zum Zusammenstoß von den jeweils einander zugekehrten Flanken der beiden Armeen. Es entwickelte sich eine Schlacht, die alle bisherigen Planungen obsolet machte.

Albrecht und seine Generäle reagierten recht schnell und passten sich an die geänderte Situation an. Sie konnten nach und nach einen Großteil ihrer Streitmacht ins Gefecht bringen, während die Italiener daran scheiterten, alle ihre potentiell vorhandenen Einheiten an den Feind zu bringen. Die erste Phase der Schlacht, die sich als Begegnungsschlacht von zwei vorrückenden Heeren entwickelte, stand zunächst völlig unter dem Zeichen der Überraschung der Italiener, während sich die Österreicher nur im Unklaren darüber waren, ob die Italiener bereits Positionen auf den umliegenden Höhen besetzt hatten. La Marmora erklärte später, diese Überraschung wäre die Schuld seiner Unterführer gewesen, die allzu sorglos vorgerückt seien. Die österreichische Kavallerie unter Oberst Ludwig von Pulz war den Italienern bei der Fernaufklärung weit überlegen. Sowieso sollte der ganze Krieg in Italien und jener im Norden zeigen, dass die österreichische Kavallerie sowohl den Italienern als auch den Preußen in vielen Bereichen eindeutig überlegen war.

Die Österreicher setzten zur Verstärkung ihrer Truppen sogar Teile der Festungsbesatzung Peschieras ein und wollten keine Waffe ungenutzt lassen. Es ging nun auch darum, die vorher vernachlässigten Höhenstellungen möglichst rasch zu besetzen, um von hier aus die Artillerie entfalten zu können. Währenddessen herrschten bei den Italienern weiterhin chaotische Zustände, da beispielsweise die Vorhut der Division Sirtori die falsche Richtung nahm und sich plötzlich mit der Division Cerale vermengt sah. Oberst Pulz leistete sich mit seiner Kavallerie ein besonderes Husarenstück, als er in Richtung Villafranca feindliche Massen entdeckte, die er für Kavallerie hielt. Kurz entschlossen befahl er eine Attacke. Während des Angriffs bemerkten die österreichischen Reiter, dass sie es eigentlich mit einer großen Menge an Infanterie zu tun hatten, was aber ihren Elan nicht stoppen konnte. Die Italiener bildeten hastig, wie in solchen Fällen üblich, Karrees und feuerten heftig. Die Division Kronprinz Humbert geriet jedoch aus der Ordnung und es kam teilweise sogar zu einer panikartigen Flucht vieler italienischer Soldaten. Andere italienische Karrees hielten allerdings stand und die Österreicher hatten einiges an Verlusten zu beklagen. Weitere Wellen von österreichischen Kavallerieangriffen brachten Chaos über die italienische Infanterie, erlitten jedoch auch hohe Verluste. Seltsamerweise griff die italienische Kavallerie in den Kampf überhaupt nicht ein. Das Ergebnis der österreichischen Kavallerieangriffe war trotz aller erlittenen Verluste möglicherweise schlachtentscheidend. Denn die beiden betroffenen italienischen Divisionen mitsamt sechs Batterien waren davon so geschockt, dass sie sich während des ganzen Tages nicht mehr rührten, während die Schlacht ganz in der Nähe heftig weiter ging. Ihre Führer verfolgten scheinbar teilnahmslos die Katastrophe, die über ihre Kameraden hereinbrach, ohne den Versuch zu unternehmen, irgendwie einzugreifen. 3000 österreichische Reiter hatten durch ihren Furor 20 000 italienische Infanteristen und 36 Geschütze mitsamt großer Teile der italienischen Kavallerie paralysiert.

Dennoch hätte La Marmora beim konsequenten Einsatz seiner ganzen nicht gelähmten Angriffsmasse gegen Sommacampagna den Sieg erringen können. Immerhin standen weitere 60 000 Mann zur Verfügung. Das war zumindest theoretisch der Fall, doch einige seiner Einheiten waren noch immer mit dem Anmarsch beschäftigt. Albrecht erwartete ohnehin einen Massenangriff der Italiener, um ihnen vernichtend in die Flanke zu fallen, wie General John das ursprünglich vorgesehen hatte. Am linken Flügel, an dem die Österreicher nun die Entscheidung herbeiführen wollten, lief es vorerst schlecht, denn die Italiener konnten den Monte Cricol erobern. Doch dann bewährte sich wieder die österreichische Kavallerie, als Rittmeister Anton von Bechtolsheim mit seinen Ulanen die italienischen Marschkolonnen zersprengen konnte. Die Ulanen verloren dabei zwar zwei Offiziere, 84 Mann und 79 Pferde, vernichteten aber eine komplette italienische Brigade. Die Reste der Brigade fluteten zurück und brachten weitere Verwirrung in die italienischen Reihen. In der Folge konnten allerdings neu herbeigeführte italienische Verbände den Monte Cricol wieder erobern und gegen das strategisch wichtig Oliosi vorgehen. Hier kam es zu erbitterten Infanterie-Gefechten, bei denen die Italiener so lange standhielten, bis ihre Kameraden den wichtigen Monte Vento besetzt hatten.

Österreichische Verbände am rechten Flügel unter General Rupprecht sollten den Italienern den Übergang über den Mincio bei Monzambano versperren, doch es erwies sich, dass die Truppen nach mehrstündigem Kampf völlig erschöpft waren. Der rechte Flügel der Österreicher blieb also für einige Zeit inaktiv, während sich die Artilleristen heftig duellierten. Es war ein sehr heißer Tag und die Mittagsglut dämpfte schließlich den kämpferischen Elan auf beiden Seiten. Die Italiener hatten inzwischen einige von den Österreichern vernachlässigte Höhen zwischen Custozza und Staffalo besetzt. Der Kommandant des IX. österreichischen Korps, Feldmarschall-Leutnant Hartung, befürchtete einen Angriff auf das wichtige Sommacampagna und entschloss sich selbst zum Angriff auf den steilen Monte Croce, auf den weitere folgten. Diese Angriffe erwiesen sich als äußerst verlustreich und wurden mehrere Male abgewiesen. Auch andere Höhenstellungen der Italiener griffen die Österreichern an. Eine Belvedere genannte Höhenstellung konnte in einem gewagten Angriff unter Führung von Major Pielsticker, der dafür den Maria-Theresien-Orden erhielt, genommen werden. Der Tag verlief besonders für die Brigade des Generals Hugo von Weckbecker sehr verlustreich, da sie insgesamt 1265 Mann verlor. Angeblich sagte der gefangene Flügeladjutant des italienischen Königs, der schwer verwundet in einem Lazarett lag, zu Weckbecker, als dieser ihn besuchte: »*Es war keine Schlacht, es war eine Schlächterei.*« (Franzel 1968, S. 479)

Während die österreichischen Kommandanten ihre Einheiten in verlustreiche Angriffe auf die von den Italienern besetzten Höhen trieben und dabei hohe Verlust in Kauf nahmen, wagten ihre Gegner keine weiteren Vorstöße. Die Österreicher setzten hier ebenfalls wieder ihre berüchtigte Stoßtaktik ein, die in Böhmen noch viel mehr Opfer fordern sollte. Zum Glück für die Streiter von Erzherzog Albrecht hatten die Italiener noch Vorderlader. Teilweise wurden in dieser Schlacht allerdings italienische Stellungen erst mit Hilfe der Stoßtaktik angegriffen, nachdem sie von der österreichischen Artillerie sturmreif geschossen worden waren, was bei vielen Kämpfen im Norden unterblieb.

Um die Ortschaft Custozza selbst wurde erbittert gekämpft, und hier konnten sich die Italiener lange Zeit recht erfolgreich behaupten. Merkwürdig erscheint das Verhalten des italienischen Befehlshabers La Marmora, der während des Vormittags aus Sorge das Schlachtfeld verlassen hatte, um sich persönlich um das Heranführen von Verstärkungen zu kümmern. Während Erzherzog Albrecht sein Hauptquartier mehrmals so verlegte, dass er von seiner Stellung aus einen guten Überblick über das Schlachtfeld hatte und immer wieder mit Befehlen eingreifend zu steuern versuchte, verlor La Marmora weitgehend den Kontakt zum unmittelbaren Geschehen am sich über mehrere Kilometer Durchmesser erstreckenden Schlachtfeld. Ohne einheitliche Leitung konnten die italienischen Kommandeure auch einige erzielte Erfolge nicht ausnutzen. Für viele Beobachter schien es so, als hätte der italienische Befehlshaber die Schlacht bereits verloren gegeben, ehe sie so richtig in Gang gekommen war. (Franzel: 1866, 2. Band, S. 481)

Nach 14 Uhr erlitten die Truppen General Rupprechts bei Monzambano am rechten österreichischen Flügel einen schweren Rückschlag, den die Italiener aber ebenfalls nicht ausnutzten. Der österreichische rechte Flügel verblieb generell relativ ineffektiv, was Erzherzog Albrecht dazu motivierte, die endgültige Entscheidung im Zentrum zu suchen. Er wollte Santa Lucia und Custozza in Besitz nehmen und die Italiener durch einen heftigen Angriff aus ihren verbliebenen Höhenstellungen vertreiben und in die Ebene werfen. Damit änderte er mutig während der Schlacht seine ursprüngliche Konzeption. Es dauerte dann noch zwei lange Stunden, bis Santa Lucia den Österreichern in die Hände fiel, nachdem der Monte Veneto nach heftigem Artilleriebeschuss ebenfalls genommen worden war. Dann erfolgte der Angriff mehrerer Brigaden des VII. Korps auf Custozza. Währenddessen wurde auch die Belvedere-Höhe, die mehrmals den Besitzer gewechselt hatte, endgültig von den Österreichern besetzt. Von hier aus konnte auch Custozza unter Artilleriefeuer genommen werden. Um 16.30 kam es zum endgültigen Sturm der Österreicher auf Custozza, und nach heftigen Kämpfen drangen sie als Sieger in die brennende Stadt ein. Zuletzt gelang auch noch die Eroberung des heftig umkämpften Monte Croce.

Der Tag war für die Armee La Marmoras gelaufen und nur die Erschöpfung der österreichischen Infanterie und der akute Wassermangel für die Pferde der Kavallerie hinderten diese daran, dem Feind erfolgreich nachzusetzen. Viele italienische Verbände hatten das Schlachtfeld bereits zuvor eigenmächtig verlassen, doch nun zog sich das Gros der geschlagenen Armee zurück. Vor allem durch die Stoßtaktik waren die österreichischen Verluste höher als die der Verlierer, obschon mehrere tausend italienische Soldaten gefangen genommen wurden. Interessant erscheint, dass nach der Schlacht 2666 österreichische Soldaten vermisst wurden. Es waren dies unter anderen auch viele Italiener, die in der kaiserlichen Armee gekämpft hatten und desertiert waren.

Erzherzog Albrecht, der mit dem Erfolg weitgehend zufrieden war, sandte ein Telegramm nach Wien, um seinen Sieg anzuzeigen. Danach schickte er ein weiteres an Feldmarschall Heinrich von Heß: *»Der dankbare Schüler meldet seinem Meister, dass er heute bei Custozza gesiegt hat.«* (Franzl 1968, S. 485) Heß war noch unter Feldmarschall Radetzky Albrechts Lehrmeister gewesen und gilt als einer der bedeutendsten Generalstabschefs der österreichischen Militärgeschichte.

Als besonders schlachtentscheidend wurde später eine brillante Reiterattacke des 13. Ulanenregiments unter Oberstleutnant Max Ritter von Rodakowski hervorgehoben, wobei man behauptete, diese hätte die italienischen Stellungen so schwer erschütterte, dass sich jene endgültig hinter den Mincio zurückzogen. In seiner kurzen und sachlichen Art berichtete Erzherzog Albrecht am Abend des 24. Juni seinem Monarchen, der auch sein Neffe war: *»Heute im Vorrücken gegen den Mincio vom König mit einem Teil seines Heeres angegriffen, beendete die Armee während des Kampfes die begonnene Frontveränderung gegen Süden, stürmte den Monte Vento und schließlich nach 5 Uhr Custozza – mehrere Kanonen erobert, viele Gefangene. Unsererseits namhafter Verlust. Die Armee focht außerordentlich tapfer und ausdauernd trotz drückender Hitze. Von 3 Uhr morgens an war die Truppe auf den Beinen; sie ist vom besten Geiste beseelt […]«* (Patera 1960, S. 98)

## Erzherzog Albrecht

Albrecht Friedrich Rudolf von Österreich-Teschen (1817–1895) war der älteste Sohn von Erzherzog Karl, dem ersten Heerführer, der Napoleon Bonaparte in einer Schlacht bezwang. Diesem Erbe versuchte er zeitlebens gerecht zu werden. Noch unter den Fittichen seines Vater machte er militärische »Karrieresprünge« und erhielt bereits als Dreizehnjähriger (!) den Titel eines Obersts. Ordentlich militärisch im Einsatz war er aber erst ab 1837, als er ein eigenes Regiment bekam. 1840 im Alter von 23 Jahren war Albrecht bereits Generalmajor und 1843 schon Feldmarschall-Leutnant. Er erhielt höchste Kommandofunktionen, musste sich bis zum Tod seines von vielen verehrten Vaters im Jahre 1847 aber nicht bewähren. Das Revolutionsjahr 1848 brachte Albrecht dann in einer unglücklichen Position, als er aufgrund seiner Funktion als kommandierender General in Wien auf Aufständische schießen ließ. Obwohl er an der Eskalation fast schuldlos war, fiel er in Ungnade und wurde zum greisen Feldmarschall Radetzky nach Italien geschickt, der ihn mit offenen Armen aufnahm. Albrecht konnte nun zeigen, dass er militärisch begabt war und zeichnete sich in mehreren Schlachten und Gefechten aus. Besonders erwähnenswert ist seine Rolle in der Schlacht bei Novara, bei der er mit zahlenmäßig weit unterlegenen Kräften den Gegner so lange aufhielt, bis die Hauptarmee zur Stelle war und einen großen Sieg errang. Nach der Kampagne in Italien wurde Albrecht Kommandeur eines Armeekorps in Böhmen und Gouverneur der Bundesfestung Mainz. Weitere hohe Funktionen folgten, wobei sich zeigte, dass er für diplomatische Missionen nicht geeignet war. Seine Karriere brachte ihn wieder nach Italien, wo er erneut ein Armeekorps kommandierte. Seit 1863 hatte Albrecht den Rang eines Feldmarschalls inne, musste aber bei der Erteilung des Kommandos über die Nordarmee zu Gunsten seines Freundes Benedek zurückstehen, da man dem Sohn Erzherzog Karls keine militärische Niederlage im Interesse der Dynastie zumuten wollte. Albrecht bewährte sich mit der Hilfe seines Generalstabschefs von John 1866 in Italien, das in militärischer Hinsicht sowieso sein Heimatland war. Custozza war der Höhepunkt seiner militärischen Karriere. Als er danach als Retter nach Wien eilte, wollte man ihn nicht als letzte Hoffnung an die Front schicken und machte lieber Frieden, was Albrecht nicht goutierte. Er hätte den Kampf mit den Preußen liebend gerne fortgesetzt.

Nach dem Krieg wollte Albrecht die österreichische Armee von Grund auf reorganisieren, er wurde deren Generalinspektor und bestimmte im Wesentlichen die Entwicklung der nunmehr k. u. k. Armee bis zu seinem Tod im Jahre 1895. Nebenbei war er als Militärschriftsteller und erfolgreicher Volkswirt tätig. Albrecht war auch einer der größten Großindustriellen und Großgrundbesitzer der Monarchie und hinterließ ein bedeutendes Erbe. Als Mensch sehr schwierig, intolerant und reaktionär, standen seine militärischen Fähigkeiten wohl über jenen Benedeks und es mag ein reizvolles »Was-wäre-wenn-Szenario« sein, zu spekulieren, wie der böhmische Feldzug verlaufen wäre, wenn der Kommandeur der Nordarmee Albrecht von Österreich-Teschen geheißen hätte.

Als General Enrico Cialdini die Nachricht von der Niederlage General La Marmoras erhielt, war er geschockt, setzte mit seinem IV. Korps allerdings sofort über den Po und marschierte der Hauptarmee entgegen. Seine Avantgarde konnten dann auch den Rückzug des III. Korps über den Mincino absichern. Da die Österreicher einige Zeit lang nicht sicher waren, ob sich die geschlagene Armee mit jener Cialdinis vereinigt hatte und wo dies geschehen war, verzichteten sie vorerst auf ein weiteres Vordringen. Auch die inzwischen von der Front in Böhmen kommenden Nachrichten schienen es eher zu gebieten, die Südarmee möglichst kampfkräftig zu erhalten und nicht allzu viele Risiken einzugehen. Dennoch überschritt Albrecht am 1. Juli den Mincio, war jedoch bemüht, eine weitere große Schlacht zu vermeiden. Es kam dann auch nur zu kleineren Gefechten, bei denen vor allem die Kavallerie eingesetzt wurde.

Schon am Abend des 1. Juli erreichte ihn ein Telegramm Kaiser Franz Josephs, der ebenfalls wünschte, keine weiteren gewagten Aktionen mehr zu unternehmen. Am Tag von Königgrätz zogen sich die Österreicher anschließend wieder über den Mincio zurück. Am 4. Juli wurde dann die Niederlage bei Königgrätz in der Südarmee bekannt und der Kaiser befahl Albrecht, vier Brigaden und zwei Regimenter Kavallerie mit der Eisenbahn nach Wien zu überführen. Albrecht schlug daraufhin vor, dass alle Korps der Südarmee nach Wien gehen sollten und die Befestigungen in Italien vorerst verstärkt sich selbst überlassen blieben. Letztlich ging dann das Gros der Südarmee nach Wien und nur wenige Kräfte sollten den Italienern weiterhin Widerstand leisten, was diese auch mit großem Erfolg bewerkstelligten.

Es wurde später viel darüber spekuliert, welche Bedeutung der österreichische Sieg bei Custozza tatsächlich hatte und ob es nicht ein »sinnloses Opfer« für eine bereits verlorene Sache gewesen war. Für Österreich in seiner bedrängten Situation war dieser Sieg auf jeden Fall psychologisch eminent wichtig und konnte wohl auch die Befriedigung weiterer Gebietsforderungen der Italiener für einige Zeit verhindern. Manche betonten auch das militärische Genie von Erzherzog Albrecht: *»Dem strategischen Mut des Erzherzogs, in der Defensive mit Minderheit eine Vernichtungsschlacht zu wagen, verdankte die Monarchie den schönen Sieg von Custozza.«* (Franzel 1968, S. 489)

Für die italienische Öffentlichkeit war die Niederlage von Custozza ein genauso großer Schock wie für die Armee. So mancher Patriot sah das neu vereinte Italien wieder in Gefahr. So weit kam es dann aber nicht. Auch im Hauptquartier General Cialdinis dachte man nun nicht mehr an einen Übergang über den Po und ein Vordringen nach Norden, sondern einen raschen Rückzug nach Süden, um die damalige italienische Hauptstadt Florenz zu schützen. Und das, obwohl die vereinte italienische Armee doppelt so stark war wie die österreichische Südarmee! Als General La Marmora sich von seiner Schockstarre erholt hatte und über weitere Aktionen gegen die Österreicher nachdachte, war sein Kollege Cialdini bereits nach Süden gezogen.

Nachdem das italienische Heer die demütigende Niederlage bei Custozza erlitten hatte, war nun die italienische Flotte gefordert, die Ehre der jungen Nation wieder herzustellen. Die Verantwortlichen waren zuversichtlich, hatte doch Italien im Gegensatz zu Österreich entsprechende Mittel in die Seestreitkräfte investiert und verfügte jetzt über eine respektable Anzahl moderner Panzerschiffe. Auch der italienische Flottenbefehlshaber Admiral Graf Persano (1806–1883) war sowohl sehr von seiner Flotte als auch von sich selbst überzeugt. Persano war zuvor Marineminister gewesen und hielt nicht viel von den Österreichern mit ihren wenigen Panzerschiffen und den vielen alten Holzschiffen, von denen einige – etwa das Linienschiff »Kaiser« – noch wie Relikte aus der Zeit Admiral Nelsons erscheinen mochten. Persano und die italienische Öffentlichkeit waren also siegesgewiss und steigerten sich in eine Art von Taumel hinein, noch bevor der erste Schuss zur See gefallen war.

Auf der anderen Seite stand der verhältnismäßig junge österreichische Flottenkommandant Wilhelm von Tegetthoff (1827–1871), der nur zu gut um die Schwächen der österreichischen Flotte wusste. Kaiser Franz Joseph war im Gegensatz zu seinem Bruder Maximilian ein Flottengegner und betrachtete sie als überflüssig. Aber Tegetthoff war ein Meister der Improvisation und versuchte, aus den geringen Mitteln das Beste zu machen. Wozu er fähig war, hatte er bereits 1864 während des Krieges gegen Dänemark bewiesen, als er mit seinem Geschwader vom Mittelmeer aus um ganz Westeuropa herum fuhr, um die Dänen in ihren Gewässern anzugreifen. Diese tollkühne Aktion und sein mutiges Verhalten im Seegefecht vor Helgoland brachten ihm den Rang eines Konteradmirals. Als der Krieg gegen Italien ausbrach, wurde er dann endlich auch Flottenkommandant. Der Marinehistoriker Helmut Pemsel schrieb über ihn: *»Tegetthoff war persönlich tapfer und von eiserner Selbstdisziplin. Er war ein hervorragender Organisator, schwieriger Untergebener, aber begeisternder Führer. Mit geringen Mitteln konnte er Großes erreichen.«* (Pemsel 1985, S. 275)

Als der am liebsten in die Offensive gehende Tegetthoff am 27. Juni 1866 mit großen Teilen seiner Flotte vor dem italienischen Marinestützpunkt Ancona auftauchte, war Persano völlig überrascht und ließ seine Einheiten vorsichtshalber im sicheren Hafen. Nach diesem ersten »Sieg« der Österreicher, beeilte sich Persano, diese Schlappe wettzumachen und die österreichische Insel Lissa anzugreifen. Es war eine Landeoperation geplant, bei der die Flotte die Küste zuerst massiv unter Feuer nehmen sollte. Am 16. Juli lief die gesamte italienische Schlachtflotte also aus und begann zwei Tage später mit dem Beschuss Lissas. Von nun an lief es nicht mehr nach Plan, denn die Panzerschiffe konnten die österreichischen Küstenbatterien nicht zum Schweigen bringen. Als Persano am 19. Juli zwei italienische Panzerschiffe in den Hafen von San Giorgio eindringen ließ, gerieten diese unter heftiges Feuer. Die »Formidabile« wurde schwer getroffen und musste sich zurückziehen.

Inzwischen hatte Tegetthoff vom Angriff auf Lissa erfahren und lief mit allen zur Verfügung stehenden Einheiten aus seinem Stützpunkt Pola aus. Er teilte seine Flotte in eine gepanzerte und eine ungepanzerte Division, die er beide keilförmig angreifen ließ. Als sich am 20. Juli gegen 10 Uhr morgens die Österreicher der Insel näherten, soll Admiral Persano die Angreifer verächtlich als »Fischer« bezeichnet haben. Er musste jedenfalls die gerade begonnene Landeoperation auf der Insel abbrechen und sich zur Schlacht stellen. Um die Überlegenheit der nach dem Ausfall der »Formidabile« noch vorhandenen elf italienischen Panzerschiffe ausgleichen zu können, war Tegetthoff gezwungen, zusätzlich zu seinen sieben gepanzerten Einheiten die Holzschiffe voll einzusetzen. Die Österreicher durchbrachen mit ihrem ersten Angriffskeil die Kiellinie der Italiener und es entwickelte sich ein heftiger Kampf Schiff gegen Schiff. Nachdem die Kanonen jener Zeit gegen die Schiffspanzer wenig ausrichten konnten, rammte das österreichische Flaggschiff »Erzherzog Ferdinand Max« die »Re d'Italia«, die innerhalb kurzer Zeit sank und fast ihre ganze Besatzung mit in ihr nasses Grab nahm. Die Österreicher setzten in der Folge allgemein auf die

Rammtaktik und sogar das anachronistische hölzerne Linienschiff »Kaiser« rammte eine italienische Panzerfregatte. Nun wurde auch noch das große italienische Panzerschiff »Palestro« in Brand geschossen und explodierte um 14.30. Wieder waren viele Opfer zu beklagen.

Persano gab sich geschlagen und suchte mit seiner demoralisierten Flotte das Weite. Tegetthoff hatte einen großen Sieg errungen, während Persano seiner öffentlichen Demütigung und einem Prozess entgegenfuhr. Es war dies die erste Seeschlacht der Geschichte, die mit einer größeren Anzahl von Panzerschiffen ausgefochten wurde und die erste große Seeschlacht seit Trafalgar. In der Folge erhielten alle neu gebauten Kriegsschiffe einen Rammsporn – wie schon jene in der Antike.

Der Sieg bei Lissa war vielleicht noch mehr als jener von Custozza ein Labsal für die gekränkten Seelen der Österreicher. Die militärischen Niederlagen im Norden konnten damit aber nicht wettgemacht werden. Denn dieser Krieg wurde eindeutig in Böhmen und Mähren entschieden.

*»Die Niederlage Österreichs war nicht zuletzt dadurch bedingt, dass es einen Zweifrontenkrieg führen musste und den Sieg gegen Italien damit bezahlte, dass es auf dem entscheidenden nördlichen Kriegsschauplatz zu schwach war.«* (Franzel 1968, Umschlagtext)

Als Anekdote erscheint die Nachricht über einen weiteren österreichischen »Seesieg«, den das Jahr 1866 brachte. In diesem Falle handelte es sich wirklich um einen Sieg auf einem See. Am Tag von Tegetthoffs Sieg bei Lissa konnte die kleine österreichische Flottille am Gardasee auch einen Erfolg erringen. Die Gardaseeflottille unter dem Kommando von Moritz Monfrone von Montfort hatte schon seit Tagen sehr geschickt und mit viel Initiative operiert. So griff sie vom See aus immer wieder in die Kämpfe an den Ufern ein, bei denen die Italiener nach Norden vorrücken wollten. Am 20. Juli konnten die Österreicher schließlich auch einen durch Beschuss beschädigten italienischen Kriegsdampfer, die »Benaco«, entern und als Beute zu ihrem Stützpunkt bringen.

Da das Gros der Südarmee Venetien mit Ausnahme aller Festungen und der Stadt Venedig geräumt hatte, um zur Unterstützung nach Wien zu eilen, versuchten die Italiener, noch schnell Raum zu gewinnen, ehe der Frieden unterzeichnet wurde. Im Trentino griff der Revolutionsveteran Garibaldi mit seinen Freiwilligen österreichische Einheiten an, während die reguläre italienische Armee vorsichtig vorrückte. Garibaldi konnte bei Bezzecca (21. Juli) sogar einen kleinen Erfolg erringen, der von der italienischen Öffentlichkeit, die bisher nur Niederlagen hatte hinnehmen müssen, natürlich entsprechend übertrieben gefeiert wurde. Doch im Wesentlichen gelang es dem österreichischen General Franz Kuhn von Kuhnenfeld (1817–1896), der später Reichskriegsminister wurde, mit seinen zahlenmäßig unterlegenen Truppen sehr erfolgreich Widerstand zu leisten und den Italienern auch immer wieder einige Verluste beizubringen. So blieb er in den Gefechten von Monte Suello (3. Juli), Vezza (4. Juli), Spondalunga (11. Juli), Cimego (16. Juli) und Monte Notta (18. Juli) sowie bei Borgo (23. Juli) und Vigolo (25. Juli) erfolgreich. Damit wurde der italienische Feldzug der Österreicher militärisch äußerst erfolgreich abgeschlossen. Allen Beteiligten war jedoch klar, dass Venetien politisch bereits verspielt war und die wirklich entscheidenden Ereignisse im Norden stattfanden. Der erwähnte General Kuhn war übrigens auch später als österreichischer Kriegsminister und bis zu seinem Tode ein erbitterter Feind der Preußen und stets dafür, einen Revanchekrieg gegen Preußen zu führen und keine Bündnisse mit dem neuen Deutschen Reich einzugehen. Das war auch der Hauptgrund, warum er schließlich als Minister abgesetzt wurde. Kuhn war dabei nur einer von vielen Österreichern, welche die Niederlage gegen die Preußen nicht verwinden wollten oder konnten und niemals wirklich freundschaftliche Gefühle für den späteren engen Bundesgenossen empfanden. Zu dieser Gruppe sollte später auch der so tragisch-problematische österreichische Kronprinz Rudolf gehören.

# Nach Nikolsburg und Prag

*»Österreich hat das gleiche Recht, für seine Interessen zu kämpfen wie Preußen.«* (Otto von Bismarck nach Königgrätz)

*»Der außergewöhnliche Erfolg Bismarcks bestand nicht zuletzt in der Begrenzung des Duells, das geführt wurde, ohne dass andere europäische Mächte Partei ergreifen mussten. Moltkes Operationsplanung und die technische Überlegenheit der Preußen hatte den raschen Durchbruch ermöglicht […]«* (Schlie 2013, S. 159)

Im siegreichen Lager der Preußen bei Königgrätz trafen sich die Kommandeure der drei Armeen, sprachen einander das größere Verdienst für den Sieg zu – und nebenbei gezwungenermaßen auch ihren Stabschefs. Moltke als eigentlicher Sieger schwieg dabei. Der Flügeladjutant des Königs, Eduard von Steinäcker, ließ es sich nicht nehmen, zu Bismarck zu bemerken: *»Exzellenz, jetzt sind Sie ein großer Mann; wenn der Kronprinz zu spät gekommen wäre, wären Sie jetzt der größte Bösewicht.«* Bismarck sagte später, er hätte sich bei einer Niederlage attackierender Kavallerie angeschlossen und den Tod gesucht. Es war dies nicht das einzige Mal, dass der große deutsche Reichsgründer an Selbstmord dachte oder damit drohte. Schon vor Kriegsbeginn hatte er gesagt: *»Wenn wir geschlagen werden, kehre ich nicht zurück. Man kann nur einmal sterben, und dem Besiegten geziemt es zu sterben.«* (Pötzl 2015, S. 127)

König Wilhelm traf emotional bewegt auf den Kronprinzen und verlieh ihm den Orden »Pour le mérite«. Nach der Ordensverleihung hatten alle allerdings große Mühe, einen bequemen Schlafplatz und noch etwas zu Essen zu finden. Der preußische König besuchte ein Lazarett und versuchte, den Verwundeten Mut zuzusprechen. Dann setzte er ein Telegramm an seine Gattin ab: *»Vollständiger Sieg über die österreichische Armee nahe der Festung Königgrätz […] Ich preise Gott* *für Seine Gnade; wir sind alle wohl. Wilhelm.«* Dann begab sich der König zur Nachtruhe auf ein Lager, dass aus einem Sofa, zwei Stühlen und einem Tisch zusammengefügt worden war. Bismarck fühlte sich weniger erlöst als niedergeschlagen und fiel bei der Suche nach einem Schlafplatz auch noch in eine Jauchepfütze. Als er sich auf dem Polster einer der Kutschen unter den Kolonaden des Hauptplatzes des Städtchens Horitz zur Ruhe begeben wollte, fand ihn der Großherzog von Mecklenburg, der ihn in sein bequemeres Quartier mitnahm. Die »gemeinen« Soldaten mussten am Schlachtfeld kampieren und sich irgendwie verpflegen. Es wurde in der Nacht nicht ganz dunkel, denn überall brannten noch in den umliegenden Dörfern viele Häuser.

Helmuth von Moltke hatte Fieber, als er ins Bett ging. Vielleicht hat er vor dem Einschlafen an Benedek gedacht. Später sagte er zu einem Journalisten: *»Ein besiegter Feldherr! Oh, wenn der Laie nur eine entfernte Vorstellung hätte, was das bedeuten will! Der Abend von Königgrätz im österreichischen Hauptquartier – wenn ich mir den vorstelle – solch ein verdienter, tapferer und fähiger General wie Benedek!«* (Craig 1966, S. 272)

Man darf das, was sich am späten Abend nach der Schlacht am Wiener Nordbahnhof abspielte, wohl mit gutem Recht als gespenstisch bezeichnen. Ein Staatsbesuch war angesagt und der Bahnhof entsprechend hergerichtet. Eigentlich ein festlicher Rahmen. Kaiser Franz Joseph hatte vor wenigen Stunden schlimme Nachricht von den Ereignissen von Königgrätz erhalten, doch er musste nun den ebenfalls geschlagenen sächsischen König, der immerhin sein engster Verbündeter war, mit allen Ehren als Staatsgast empfangen. Dazu kam noch, dass König Johann von Sachsen noch gar nichts von der Niederlage wusste. Der König und sein erster Minister, Friedrich von Beust, entstiegen dem Zug und sahen sich einem Kaiser gegenüber, dessen angespannter Gesichtsausdruck ihnen vermutlich viel verriet. Graf Beust schrieb später, dass das Gesicht des Kaisers genauso weiß wie sein

Uniformrock gewesen wäre. Das kann aber nicht stimmen, da Franz Joseph bei Staatsempfängen immer die Uniform seines Gastes – also in diesem Fall die grüne sächsische – trug. (Zimmer 1996, S. 138) Aber vielleicht entsprach seine Gesichtsfarbe in diesem Falle auch dieser Uniform. Die beiden Monarchen werden wohl einige betretene Gespräche miteinander geführt haben. Während der sächsische König immerhin die meiste Zeit bei seinen Truppen gewesen war, sah Franz Joseph 1866 niemals die Front und besuchte erst nach dem Krieg die Schlachtfelder.

Am Nachmittag des 4. Juli fuhr der preußische König mit seinem Gefolge von seinem Quartier in Horitz nach Sadowa, denn er wollte das Schlachtfeld besichtigen und einigen Gefallenen die letzte Ehre erweisen. Auf der Fahrt begegnete ihm ein anderer Wagen, in dem ein österreichischer General mit verbundenem Kopf saß, der einen sehr niedergeschlagenen Eindruck machte. Der König erkannte Feldmarschall-Leutnant Ludwig von Gablenz, der nicht als Gefangener, sondern als österreichischer Unterhändler kutschiert wurde. Man war freundlich miteinander und Wilhelm wies Gablenz den Weg zum Hauptquartier des Prinzen Friedrich Karl. Dieser schien betroffen, als er Gablenz, den er eigentlich nicht leiden konnte, in einer solch schlimmen Verfassung sah. Gablenz sprach von einer Einstellung der Feindseligkeiten. Wobei ihm wahrscheinlich bewusst war, dass die siegreichen Preußen gerade jetzt kaum darauf eingehen würden. Der Preuße fragte ihn: *»Braucht Ihre Armee einen Waffenstillstand?«* Die Antwort darauf war für alle Anwesenden dann wohl doch sehr überraschend. Gablenz sagte resignierend: *»Mein Kaiser hat keine Armee mehr, sie ist so gut wie vernichtet.«* (Craig 1966, S. 273 f.) Und obwohl Gablenz oft zu gewissen Übertreibungen neigte, dürfte die Aussage zu jenem Zeitpunkt der Stimmung auf österreichischer Seite entsprochen haben.

In der Wiener Hofburg wurden in den folgenden Tagen die Koffer gepackt, denn Kaiserin Elisabeth begab sich mit ihren Kindern mit der Eisenbahn nach Budapest in Sicherheit. Auch die wertvollsten Kleinodien der Schatzkammer und die kostbarsten Handschriften der Hofbibliothek wurden in Kisten verladen und mit dem Schiff nach Ungarn gebracht. Allen war klar, dass die Preußen innerhalb weniger Tage in Wien sein konnten und Elisabeth, die sich in Wien ohnehin nie heimisch gefühlt hatte, war froh bei den von ihr so geliebten Ungarn zu sein.

Moltke war indes weniger siegestrunken und schrieb am 12. Juli in einem Brief an seine Gattin, dass die österreichischen Truppen nur vierzehn Tage brauchen würden, um sich bezüglich ihrer Kampfmoral wieder zu erholen. Später sollte ihm das Gefecht bei Blumenau Recht geben. Der preußische Generalstabschef sah auch in der Heranziehung der Südarmee unter Erzherzog Albrecht, die nach dem Sieg in Italien von einem Gefühl der Überlegenheit besessen war, eine große Gefahr für den endgültigen preußischen Sieg. Noch war nicht alles gewonnen und noch konnte alles verspielt werden. Moltke wusste auch, dass die österreichische Donauverteidigung von Krems bis Pressburg technisch gut ausgebaut war und ein Übergang über den Fluss für die Preußen ein kaum zu lösendes Problem mit sich bringen würde. Zudem waren die Preußen nun sehr weit von ihren Versorgungsbasen entfernt, und die nicht eroberten österreichischen Festungen im Rücken ihrer Armee bedeuteten Gefahr für den Nachschub.

Wenn der Historiker Friedjung später über Königgrätz schrieb: *»Im Verlaufe dieser Schlacht war eine dramatische Gewalt, wie nur in den größten Trauerspielen […]«* so setzte sein Kollege Franzel später hinzu: *»In gewissem Sinne kulminierte am 3. Juli 1866 die deutsche Geschichte überhaupt. Nicht nur das Ringen um die Vorherrschaft fand seinen Abschluss, sondern ein Jahrhundert, das bis in die Mittagsstunden der Schlacht von Königgrätz erfüllt war vom Geiste des alten Reiches, wurde begraben und eine neue Epoche brach an.«* (Franzel 1985, S. 631) Eine nüchterne Figur wie Bismarck hätte wohl prinzipiell und schon gar zu diesem Zeitpunkt mit derartigen Formulierungen seine Probleme gehabt. Für ihn war die große Schlacht auch eine Lehre gewesen und es hatte ihn bewegt, was er nach der Formulierung des Historikers Emil Daniels erlebt hatte: Er habe das *»nervenzerrüttende Harren der kugeldurchfurchten Ersten Armee auf die Zweite mitgemacht, die wogende Reiterschlacht gesehen, in der die österreichischen Standarten höher flatterten als die preußischen [...] Vor ihm spielte sich das blutige Drama des Korps Gondrecourt ab, opferte die österreichische Artillerie ihre Batterien der Toten und errichtete dann den feuerspeienden Damm der 700 Geschütze, hinter dem das auf drei Seiten eingekreiste Heer schließlich doch noch den Fluss und die Brücken erreichte. Und als die Sonne sank, war Bismarck Zeuge von der furchtbaren Abspannung der Sieger, die schlechterdings nicht mehr konnten.« Dieser kurze Feldzug sei für Preußen gefährlicher gewesen als der vielmonatige Krieg gegen Frankreich 1870.* (Franzel 1985, S. 633)

Bismarcks Anspannung scheint sich somit auch nach dem Sieg von Königgrätz nicht wirklich gelöst zu haben, denn er dachte darüber nach, wie man Österreich auch auf anderen Gebieten schaden könnte, um garantiert den Sieg für Preußen zu erringen. Er war auch bereit, auf die nationale Karte zu setzen und nahm dabei als Reaktionär sogar eine Revolution in Kauf. Die einzelnen Nationalitäten des inhomogenen Kaiserreichs schienen ein guter Angriffspunkt zu sein. So ließ er schließlich eine Proklamation an die »Einwohner des glorreichen Königreichs Böhmen« nach der Besetzung Prags durch die Preußen anschlagen. Darin sollte eine »Los von Habsburg«-Bewegung eingeleitet werden. Außerdem setzte er auf die »Legion Klapka«, die unter der Führung eines habsburgerfeindlichen ungarischen Generals der Revolution von 1848/49 aus Kriegsgefangenen, Überläufern und Emigranten gebildet wurde. Diese Truppe sollte einen Einfall nach Ungarn unternehmen und eine antihabsburgische Revolution anzetteln. Außerdem gab es Pläne, dass Verbände von Garibaldis Freiwilligen gemeinsam mit anderen Truppen im österreichischen Dalmatien landen und von dort aus eine antihabsburgische Erhebung vornahmen. Dass dies letztlich nicht stattfand, ist wohl in erster Linie auf die Kürze des Krieges zurückzuführen.

Benedek konnte seine Truppen nach Königgrätz wieder so weit formieren, dass die Nordarmee ihren Rückzug in drei Kolonnen durchführen konnte. Ziele waren Landskron, Mährisch Trübau und Zwittau. Alle Einheiten sollten bis zum 7. Juli diese Positionen erreichen und sich dann in Richtung Olmütz weiter zurückziehen. Benedek sah einen direkten Rückzug in Richtung Wien als unmöglich an, da sich seiner Meinung nach die Armee dabei völlig aufgelöst hätte. Dagegen bot ihm die befestigte Stadt Olmütz einen sicheren Sammelpunkt, der ohne größere Feindberührungen erreicht werden konnte. Hier wollte er versuchen, die Armee wieder kampfbereit zu machen und eine starke Flankenstellung einrichten, um den Vormarsch der Preußen auf Wien zu stoppen. Damit Wien nicht ganz von Truppen entblößt blieb, wurde das X. Korps per Bahntransport in die Hauptstadt gebracht. Das Gros der österreichischen Kavallerie sollte sich auch, dem Druck der Preußen langsam nachgebend, dorthin zurückziehen. Benedeks Planung kam entgegen, dass die preußische Führung zunächst damit beschäftigt war, ihre Truppen neu zu ordnen und deren Versorgung sicherzustellen. Dadurch verloren die Preußen wieder einmal den Kontakt zu ihren Gegnern und konnten erst am 6. Juli durch intensive Aufklärung feststellen, dass sich die Österreicher zum Großteil nach Olmütz und nur zu einem kleinen Teil in Richtung Wien absetzten. Moltke handelte entschlossen und bestimmte, dass nur die 2. Preußische Armee auf Olmütz, die 1. Armee und die Elbarmee aber direkt nach Wien marschieren sollten. Das VI. Armeekorps erhielt die Order, die österreichischen Festungen Königgrätz und Josefstadt zu belagern. Dann begann am 7. Juli der erneute Vormarsch der Preußen weit in das österreichische Territorium hinein. Die

1. Preußische Armee nahm den Weg über Brünn, während die Elbarmee, nachdem sie am 8. Juli Prag in Besitz genommen hatte, über Iglau und Znaim nach Niederösterreich vorrückte. Es gab nur kleinere Gefechte, die vor allem von der Kavallerie ausgetragen wurden. Schon bald sollten die Preußen die Linie von Stockerau bis Gänserndorf im unmittelbaren nördlichen Vorfeld der kaiserlichen Hauptstadt erreichen.

Kaiser Franz Joseph ernannte am 10. Juli Erzherzog Albrecht zum Oberkommandierenden aller österreichischen Streitkräfte und Feldmarschall-Leutnant von John zum Chef des Generalstabs. Alle verfügbaren Armeeeinheiten sollten an der Donau in Niederösterreich konzentriert werden. Das beinhaltete auch den Befehl an Benedek, der damit als Oberkommandierender praktisch abgesetzt war, sich mit dem Rest seiner Armee unter allen Umständen dorthin durchzuschlagen. Manche Beobachter sprachen bereits dramatisch von einem Kampf um Leben und Tod der Monarchie vor den Toren Wiens. (Franzel 2. Band, S. 691 ff.)

Am gleichen Tag erließ der Kaiser eine Proklamation *»An meine Völker«*, in der es hieß, er wäre zum Frieden *»unter ehrenvollen Bedingungen bereit, um dem Blutvergießen und den Verheerungen des Krieges ein Ziel zu setzen«*. Doch er fügte hinzu: *»Nie werde Ich in den Abschluss willigen, durch welchen die Grundbedingungen der Machtstellung des Reiches erschüttert würden.«* (Zimmer 1996, S. 146)

Am 13. Juli erreichte die Elbarmee die strategisch bedeutende Stadt Znaim und stand somit kurz vor dem Einmarsch in niederösterreichisches Gebiet. Zur selben Zeit erreichte die 1. Armee die mährische Landeshauptstadt Brünn. Die 2. Armee marschierte gegen Proßnitz, ihre Aufgabe war, Benedek in Olmütz festzuhalten bzw. ihn nach Norden abzudrängen. Doch als sie ihr Marschziel am 15. Juli erreichte, waren Benedeks Korps bereits längst abmarschiert. Moltke reagierte rasch und ordnete an, den Österreichern beim wichtigen Verkehrsknotenpunkt Lundenburg den Weitermarsch nach Wien oder auch nach Pressburg zu blockieren. Damit wurde der direkte preußische Vormarsch auf Wien vorerst eingestellt, da Lundenburg etwas östlich der vorgesehenen Marschroute lag. Zudem befahl Moltke die Unterstellung der Elbarmee unter das Kommando der 1. Armee, da er erneut mit heftigen Kämpfen rechnete.

Erzherzog Albrechts siegreiche Italienarmee wurde inzwischen zu einem großen Teil in Sonderzügen aus Oberitalien in den Wiener Raum gebracht. Die Ankunft dieser unverbraucht wirkenden Soldaten, deren Uniformen auch einige exotisch wirkende Modifikationen hatten, gab vielen Beobachtern neuen Mut. Gleichzeitig wurde am linken Donauufer an Verteidigungsanlagen zur Sicherung Wiens gearbeitet, da man den Angriff der Preußen vom Marchfeld aus erwartete. Es wurden insgesamt 31 Schanzen gebaut und der Bereich der Verteidigung erstreckte sich von Langenzersdorf an der Donau, über den Bisamberg, der besonders befestigt wurde, die Wiener Vororte Leopoldau, Kagran, Hirschstetten, Aspern bis in die aus den Kriegen gegen Napoleon I. bekannte Lobau und die Freudenau. Man nummerierte die Befestigungen durch und es gibt heute noch in diesen Gebieten Wiens Adressen, die sich »Schanze soundso« nennen. Zur raschen Errichtung der Schanzen wurden alle verfügbaren Arbeitskräfte mobilisiert, Kinder und alte Leute inklusive. Es wurden auch mehrere hundert Kanonen in Position gebracht und Soldaten für die jeweiligen Bereiche eingewiesen. Zu Kämpfen an diesen Schanzen sollte es jedoch nie kommen, da die Preußen schon am, um einiges entfernten Rußbach zum Stehen kamen.

Ein zeitgenössischer Beobachter beschrieb die Situation in Wien folgendermaßen: »*In wenig Tagen wird in Wiens nächster Nähe eine Entscheidungsschlacht erwartet, die nach den Truppenmassen, die sich entgegenstehen, größere Dimensionen annehmen kann, als einst die Völkerschlacht bei Leipzig. Rücksichten höherer*

*Art verbieten, über die Aufstellungen und die Truppenmassen sich näher zu äußern, aber die Wahrheit liegt in den wenigen Worten: Die ganze nahe und weitere Umgebung Wiens ist ein riesiges Lager. Auf dem Stefansthurme wird ein militärisches Observatorium errichtet. Der Prater gibt, sonst ein Bild des Friedens, heute ein naturwahres Abbild des Kriegslebens. Dort brennen Bivakfeuer, Ochsen werden massenhaft an Ort und Stelle geschlachtet, das Fleisch abgekocht und verzehrt. Aus dem Publikum wandern fortwährend Tausende nach diesem und anderen Lagern und bringen den Truppen Erfrischungen. Regimenter aller Gattungen passieren mit lautem Sang Tag und Nacht die Ringstraße. Dabei geht das Kriegsleben immer mehr und mehr auch ins Volk über. Obwohl die Polizeimannschaft in Wien bleibt, wird doch auch eine Stadtwache und eine Art Bürgerwehr errichtet. Die Freiwilligen-Bataillone mehren sich und exerzieren. Daneben werden jeden Tag Spione in Wien eingebracht und obwohl Viele wieder als unverdächtig entlassen werden, fehlt es doch nicht an Solchen, die wirklich dieses elendste aller Gewerbe treiben. Die Volksmassen waren mehrmals nahe daran, an Spionen selbst das Strafamt zu üben. Blumengeschmückt ziehen die Soldaten der Südarmee heran, kenntlich an weißen Leinenlappen, welche sie zum Schutze gegen die Sonne an den Kopf gebunden tragen. Alle Ärzte Wiens fast sind mit Verwundeten beschäftigt und die Zahl der Spitäler wird täglich vermehrt. Bei alledem ist die Stimmung der Massen kriegerisch, man will den Sieg und möge der Himmel ihn geben!«* (Böhm 1866, S. 15) Die Wiener bereiteten sich also darauf vor, Frontstadt zu werden. Und so manchem werden Gedanken an die Türkenbelagerungen und die Zeit der Napoleonischen Kriege gekommen sein. Doch es sollte zur großen »Schlacht um Wien«, zu einer Art von zweitem Aspern, nicht kommen.

Andere Beobachter in Wien beklagten, die Bevölkerung würde sich *»alles andere als würdig«* benehmen. (Franzel 1968, 2. Bd., S. 693) Fast jeder schimpfte über die militärische Führung ebenso, wenn auch unter vorgehaltener Hand, über die Regierung und damit auch letztlich über den Kaiser. Daneben ging das Leben in der Stadt überraschenderweise wie in

Friedenszeiten weiter. Die Kaffeehäuser, die Wirtshäuser und die Heurigen waren wie immer gut besucht. Selbst der Wiener Bürgermeister Zelinka schien mit zivilen Themen beschäftigt. Er erschien zur Audienz beim Kaiser und forderte die Entlassung des Kabinetts Belcredi, dem man die Mitschuld an der Misere gab. Natürlich wollten die Liberalen aus der Situation ihren Nutzen ziehen. Franz Joseph war nicht in bester Stimmung und versprach wenig, außer dass Wien im Falle von weiteren Kämpfen nicht selbst zum Schlachtfeld werden würde.

Immerhin rang man sich zu dem Aufruf durch, Freiwilligenbataillone zu bilden. Dabei hatte man wohl auch vergessen, welchen geringen Wert solche Truppen schon in der Zeit Napoleons hatten, als ebenfalls Wiener Freiwilligenbataillone geschaffen wurden. Die etwa 5000 jungen Männer, die sich meldeten, waren vielleicht am ehesten mit dem vergleichbar, was man seinerzeit dem Kaiserbruder Maximilian nach Mexiko mitgegeben hatte. Die meisten waren ungebildete junge Arbeitslose und Angehörige des Subproletariats, die eine sichere Versorgung wollten. Trotzdem bemühten sich einige erfahrene Ausbilder, aus ihnen eine kampfkräftige Truppe zu formen. Viele dieser Gelegenheitssoldaten hätten gerne moderne Hinterlader gehabt, aber die waren nicht verfügbar.

Was den doch noch relativ jungen Kaiser schwer traf, waren Zurufe aus der Masse, wenn er ausfuhr. »Es lebe Kaiser Maximilian!« rief so mancher aufgebrachte Zeitgenosse, so als wüsste er, an welcher Stelle man Franz Joseph am schwersten treffen konnte.

Aber nicht nur die breite Masse, auch viele Angehörige der militärischen und zivilen Elite sahen die Situation des Kaisers und seiner Politik sehr kritisch. Selbst Generalmajor Karl Moering, der von der siegreichen Südarmee nach Wien gekommen war, gab sich in seinen Tagebüchern kritisch: *»In Wien hört man die Leute es offen sagen: ›Wenn wir nur preußisch würden, damit wir von dieser dummen Regierung wegkommen.‹*

*Oder: ›Welch ein Glück, dass wir nicht bei Königgrätz siegten; sonst hätten wir den Absolutismus und die Pfaffenwirtschaft. […] In Italien allein war des österreichischen Soldaten Geist noch frei. Hier drückt ihn der Jesuiten-Hut […] Lüge und Schein nach Außen, innen Abwendung und Hass des spezifisch Österreichischen, denn dieses ist habsburgisch, und das Habsburgische ist ultramontan, papistisch und antigermanisch […]*« (Wandruszka 1966, S. 277 f.) So dachte immerhin einer der erfolgreichsten österreichischen Generale in Italien, der sich auch darüber beklagte, dass man nicht zumindest ein Korps der nun rund um Wien stehenden kaiserlichen Truppen dem VII. und VIII. Deutschen Bundeskorps zu Hilfe schickte. Denn dies wäre wohl im letzten Moment eine böse Überraschung für Falckenstein, Manteuffel und die anderen preußischen Befehlshaber gewesen.

Am 26. Juli verhängte der Kaiser über Wien den Belagerungszustand, was niemand besonders überraschte – den nun standen die Preußen wirklich »ante portas« – aber viel zu spät kam. General Moering schrieb erbost: »*Trotz des Waffenstillstandes und wahrscheinlichen Friedens mit Preußen in Wien Belagerungs-Zustand! Warum? Weil die Leute dem Kaiser, wenn er im Wagen von Schönbrunn in die Residenz fährt, laut nachschreien: ›Abdanken, Abdanken!‹*« (Wandruszka 1966, S. 279)

Etwa zeitgleich empfing Franz Joseph auch eine Delegation von Bürgern aus dem besetzten Prag und erklärte diesen seine Wertschätzung. Die Slawen würden sich seiner Sympathie erfreuen. Wobei er sie später beim »Ausgleich« dann eigentlich verraten sollte, da diese Reform des habsburgerischen Staatswesen nur für die Ungarn galt und die slawischen Völker der Monarchie dabei ignorierte. Größere Sorgen bereiteten allen Verantwortlichen die Ungarn, und deren erneute bewaffnete Erhebung. Der Keim des »Ausgleichs« wurde gelegt. Es schien kein Weg mehr darum herumzuführen. Die Monarchie würde vorerst gerettet werden, aber durch die Teilung in zwei Reichhälften ohne Berücksichtigung der anderen Nationalitäten dennoch ihrem Untergang entgegen gehen.

Währenddessen kam es hinter der preußischen Front seit einigen Tagen zu einer dramatischen und bedrohlichen Entwicklung, die später kaum thematisiert wurde und deshalb in Vergessenheit geraten ist. Der Abzug der österreichischen Verwaltungsbehörden in Böhmen, Mähren und Schlesien vor der Ankunft preußischer Truppen legte die gesamten administrativen Strukturen still und gefährdete vor allem die allgemeine Versorgung, insbesondere auch jene der preußischen Armeen. Diese versuchten nun, möglichst rasch einen eigenen Verwaltungsapparat aufzubauen. Das scheiterte aber vor allem am passiven Widerstand der Bevölkerung, was die Preußen dazu bewog, diesem mit einer Mischung aus »Zuckerbrot und Peitsche« zu begegnen. Bismarck versuchte, wie bereits erwähnt, auf die Propagierung eines eigenständigen tschechischen Staates zu setzen, was aber auf wenig Widerhall stieß. Dreißig Jahre später hätte er mit einer solchen Aktion sicher einen ganz anderen Erfolg gehabt. Bismarck berichtete später in seinen Memoiren über seine diesbezüglichen Aktivitäten. Er schrieb, er sei bereit gewesen, *»dass wir zu jeder Waffe, die uns die entfesselte nationale Bewegung nicht nur in Deutschland, sondern auch in Ungarn und Böhmen darbieten konnte«* zu greifen, *»um nicht zu unterliegen.«* (Gedanken und Erinnerungen, S. 364)

Eine weiteres Problem erwähnte er aber darin nicht: Die immer bedrohlicher werdende Situation für die preußische Etappe jenseits der Cholera. Die Österreicher hatten in ihren Auseinandersetzungen mit Preußen bereits in der Zeit Maria Theresias auf den so genannten »Kleinen Krieg« gesetzt. Erinnerungen an den berühmt-berüchtigten Pandurenoberst Trenck sind heute noch gegenwärtig und selbst der später so große Feldmarschall Laudon startete seine Karriere im »Kleinen Krieg«. Nun beschlossen einige österreichische Offiziere, an diese alte Tradition anzuknüpfen. Die österreichischen Festungen in Böhmen verfügten alle über recht zahlreiche Besatzungen, von denen viele Einheiten auch mobil waren. Zudem bedrohten sie wie die Festung Theresienstadt die preußischen Eisenbahn-Etappenlinien in Richtung Berlin. Der Kommandant der Festung schickte Truppen aus, welche diese wichtige Verbindungslinie zerstörten, ehe die Preußen reagieren konnten. Eine Bahnbrücke wurde gesprengt, alle erreichbaren Überfuhren und Boote über die Elbe vernichtet und die Telegrafenleitungen unterbrochen. Es fuhr kein Zug mehr bis zum Eintritt des Waffenstillstandes, was den preußischen Nachschub schwer belastete. Während sich die preußische Garnison in Aussig verschanzte, konnten die Österreicher zudem bei ihren Angriffen eine größere Anzahl preußischer Soldaten gefangen nehmen.

Die Festungen von Königgrätz und Josefstadt konnten andere preußische Versorgungswege unterbrechen. Josefstadt ist in diesem Zusammenhang besonders zu erwähnen. Hier waren auch Truppen stationiert, die bereits in verschiedenen Gefechten gegen die Preußen gekämpft hatten. Nun griffen sogar Trupps bewaffneter Bauern in den Kampf gegen die Besatzer ein. Die Preußen konnten weder die österreichischen Festungen völlig einschließen, noch die gegen sie stattfindenden Aktionen wirklich behindern. Im österreichischen Kleinkrieg tat sich besonders der Hauptmann Alfred von Vivenot (1836–1874) hervor, der auch eine geheime Postverbindung zu den österreichischen Truppen im Raum von Olmütz aufrechterhalten konnte. In Olmütz ersuchte er um die Erlaubnis zur Organisierung eines Volkskrieges gegen die Preußen, wobei er besonders das bewaffnete österreichische Forstpersonal einsetzen wollte. Benedek war skeptisch, aber andere hohe Offiziere, wie der Festungskommandant von Olmütz, der bereits den Kampf der Freischaren in Italien kennengelernt hatte, unterstützten Vivenots Pläne. Dieser begann in der Folge damit, ein »Fliegendes Korps« aufzustellen, um die preußischen Nachschubwege zu stören. Transporte aller Art wurden nun angegriffen, Gefangene gemacht und »feindliche Agenten« ausgeschaltet. Bei den preußischen Etappenbehörden kam langsam Panik auf, da Vivenots Truppe nicht zu greifen war und der Schaden immer mehr zunahm. Vermehrt schlossen sich jüngere Leute der österreichischen Kleinkriegstruppe an und Vivenot erhielt am 25. Juli seine Ernennung zum »Kommandanten des Landsturmes für Mähren und Schlesien«. Die Eisenbahnlinien konnten kaum mehr von den Preußen benutzt werden und Vivenot griff sogar die Stadt Troppau, die Landeshauptstadt von Österreichische-Schlesien an, wo er einige tausend Gewehre erbeuten konnte. Die preußische Führung musste immer mehr Truppen mobilisieren, um den österreichischen Kleinkriegern Herr zu werden und setzte ein Kopfgeld auf Vivenot aus. Letztlich brachte die Bekanntgabe des Waffenstillstandes am 28. Juli 1866 die Einstellung weiterer Aktivitäten des österreichischen Hauptmanns. Zu erwähnen sind auch noch die Aktivitäten der Festungsbesatzung von Krakau, welche die »Legion Klapka« in Schach hielt und ebenfalls einen Landsturm ins Leben rief. Dazu kamen noch überraschend viele andere Aktionen kleinerer österreichischer Einheiten und ziviler »Widerstandskämpfer«, was dazu führte, dass die Preußen viele tausend Mann, was mehr als einem Armeekorps entsprach, einsetzen mussten, um ihre Etappe zu schützen. Dabei war noch die permanente Bedrohung durch einen allgemeinen Volkskrieg zu vergegenwärtigen, den Männer wie Vivenot herbeiführen wollten, sowie die immer größeren preußischen Ausfälle durch die Cholera. Männer wie Moltke, der Kronprinz und natürlich auch Bismarck waren sich dieser Lage, wozu noch die zahlenmäßige Überlegenheit der Österreicher im Raum Wien kam, nur zu bewusst und es ist wohl deshalb auch kein Wunder, dass sie auf einen raschen Frieden hinarbeiteten. (Mast 2006, S. 136–144)

Am 18. Juli 1866 befand sich die Armee des Kronprinzen im Raum Groß-Seelowitz, wobei das I. Korps vor Olmütz stand. Die österreichischen Korps Benedeks zogen sich weiter zurück und vermieden größere Kampfhandlungen. Am 20. Juli trafen die Spitzen der Preußen im Marchfeld östlich von

Wien ein. Die Österreicher versuchten, den Rückzug entlang der Waag zu beschleunigen und Feldmarschall-Leutnant Thun von Hohenstein konnte mit seinem II. österreichischen Korps schließlich mit 24 Bataillonen Infanterie, 11 Eskadronen Kavallerie und 40 Geschützen die nördliche Peripherie von Pressburg erreichen. Es war inzwischen klar, dass diese wichtige Stadt an der Donau ein weiteres Ziel der preußischen Aggression werden würde. Der Übergang über die Donau an dieser Stelle und der daraufhin folgende Vormarsch in Richtung Wien schien sehr wahrscheinlich.

Die Preußen hatten nun auch große Teile des nördlichen und östlichen Niederösterreichs besetzt und die dortige Bevölkerung musste mit dieser unwillkommenen Besatzungsmacht zurechtkommen. Eine interessante Darstellung der diesbezüglichen sehr kleinräumigen Ereignisse bietet eine Chronik der Weinviertler Gemeinde Unter-Markersdorf, die nicht allzu weit vom mährischen Znaim entfernt liegt. Die Chronik berichtet: »*Dieses Jahr wird den Bewohnern der hiesigen Gegend und deren Nachkommen wohl sehr lange im Gedächtnis bleiben, denn es wurde von den drei größten Übel, von Krankheit, Krieg, und Hunger heimgesucht.*« Da die Ernten während der vergangenen Jahre sehr schlecht gewesen waren, hofften alle auf das Jahr 1866, doch gab es im Mai einen verheerenden Kälteeinbruch mit Schnee am 22. Mai und Minusgraden. Das ruinierte die Weintrauben und auch das Getreide litt sehr darunter, was zu Hunger bei den ärmeren Schichten der Bevölkerung führte. Auf diese wirtschaftliche Katastrophe folgte dann der Ausbruch des Krieges und bald danach das völlig unerwartete Heranrücken der Front. Schon im März 1866 hatte die österreichische Regierung den Bauern wieder ihre Waffen zurückgegeben, welche ihnen 1849 nach der Revolution abgenommen worden waren. Aus Untermarkersdorf rückten nach Kriegsausbruch 8 Männer zur Nordarmee ein. »*Nach dem Siege von Custozza und Trautenau wurde auch in hiesiger Kirche eine Danksagung gefeiert. In der Schule wurde von der Jugend Scharpie für die verwundeten Krieger fleißig gezupft und nach Wien geschickt. Nach der unglücklichen Schlacht bei Königgrätz wurde von Tag zu Tag wahrscheinlicher, dass auch die hiesige Gegend von den Preußen überschwemmt werde. Die Furcht vor ihnen aber wurde Allgemein, als sie bereits Iglau besetzt hatten, in dem vor ihnen der Ruf vorherging, dass sie die junge männliche Bevölkerung zum Militärdienst mitnehmen, dass sie Sengen und Brennen, welche Hiobs-Nachricht von Flüchtlingen aus Mähren noch bekräftigt wurde. Nun wurde auch im hiesigen Orte die Bestürzung sehr groß, das Hab und Gut wurde vergraben oder in die Keller eingemauert, viele flüchteten sich in die Wälder oder nahmen ihre Wohnungen mit ihrem Vieh in den Presshäusern oder in Höhlen der Weinberge, ja es gab Dörfer, wo keine 10 Personen zu finden waren. Als die Preußen von Iglau nach Znaim vorrückten, erreichte die Verwirrung von der Preußenfurcht am 10. Juli hier den höchsten Grad. […] Die Bewohner des Haugsdorfer sowie des Retzer Bezirks flüchteten sich mit ihren Habseligkeiten und dem Vieh in das Waldviertel, wo sie zu Tausenden in den Wäldern kampierten. Lange Reihen von Wagen bedeckten die Straße nach Fladnitz. Diese Fuhrwerke waren beladen mit Weiber, Kinder, Bettgewand, Viktualien, Hunde, Katzen, Schweine und Kälber, ja sogar mit kranken Personen. Viele kleine Kinder, in das Bettgewand eingewickelt, erstickten während der Fahrt, und in diesen Knäuel bewegten sich die Flüchtlinge zu Fuß, mit großen Bündeln auf den Rücken, welche Kühe, Ziegen und Schweine vor sich hertrieben. Sie Alle zogen fort in die Wälder und kehrten erst nach Hause, als sie der Hunger dazu nötigte. Den 14. Juli hörte man deutlich die Schüsse, von der Znaimer Brückenabbrechung, wobei einige Häuser in Brand geschossen, von den Preußen aber eine Notbrücke über die Thaya hergestellt wurde. Die Reichsstraße war an diesen Tage mit Fuhrwerken bedeckt. Auf den Wiesboden unterhalb Haugsdorf war ein Kavallerie-Lager von Dragoner und Ulanen, mit ihren Geschützen. Zwischen Jetzelsdorf und Baigarten kampierte die von Hardegg über Retz marschierende Husarenbrigade Fratriesevics, welche die Aufgabe hatte, nächst den Mühlbache bei Baigarten einen preußischen Spion zu erschießen. Am 15. Juli […] trafen die ersten Preußen in Jetzelsdorf ein, wo sie von den zurückziehenden östr. Nachtrapp […] mit Kanonenschüssen belästigt wurden und die inzwischen heimgekehrte Bevölkerung der Ortschaften, wo die Preußenfurcht, mit deren Erscheinen wieder verschwand, zusehen konnte. An dem nämlichen Tage, bald nach 12 Uhr Mitgs. erschienen die ersten Preußen in Markersdorf. Eine Patrouille, bestehend aus 7 Mann preuß. Husaren ritt durch Ort, wo sie bei den Kaufmann Joh. Schönhofer abstiegen und zirka um 12 Gld. verschiedene Waren plünderten, wo sie von vielen neugierigen Leuten umgeben wurden. Da sprengten 5 östr. Dragoner bei der Triftgasse herein und stürzten sich mit gezückten Säbel und mit einem Hollo, auf die unvorbereiteten Preußen, welche aber auch das Gefecht aufnahmen. Ein östr. Offizier trieb einen derselben zu dem Haustor jetzt Nro. 105, wo jener um Pardon bat, in dem er vorgab, dass er 5 Kinder zu Hause habe, statt diesen aber einen Säbelhieb über das Gesicht bekam, infolge dessen er in Haugsdorf gestorben sein soll. Die Preußen wurden in die Flucht geschlagen und bis Alberndorf verfolgt. […] Übrigens war das Benehmen der Preußen musterhaft, mit der Kost waren sie bald zufrieden. Sie sahen hierbei mehr auf die Quantität, als auf die Qualität. Vorzüglich liebten sie Milch, Butter und Eier, wo sie eine unglaubliche Menge verzehren konnten. Sie waren auch sehr religiös und am Betragen gegen die Frauenzimmer lobenswert, kein unehrbares Wort hörte man aus ihren Munde. Man sah es ihnen an, dass die meisten Familienväter waren. Auch hörte man kein grobes Wort gegen ihre Quartiergeber, sondern beschenkten diese oft und gerne mit Zucker, Tabak, und Reis. In ihrer Disziplin herrschte eine große Strenge. Ein Mann hatte hier einige Hemden genommen, wurde vom Quartiergeber angezeigt und zur Strafe nächst dem Friedhofe an einen Weidenbaum angebunden. […] Nach den Friedens-Präliminarien von Nikolsburg am 26. Juli erfolgte der Rückmarsch der Preußen und die großen bedeutenden Durchzüge durch unsre Ortschaften hatten auch im hiesigen Orte massenhafte Einquartierungen zur Folge, wo sie mit den Bewohnern auf traulichen Fuße standen und noch viel menschenfreundlicher waren.«* Dann traten die ersten Cholerafälle auf, wobei die Krankheit in Untermarkersdorf immerhin 45 Opfer forderte. (Vejchoda 2014, Daurach-Chronik 1866)

In der preußischen Armee trat während des Krieges ein Feind auf, gegen den das Zündnadelgewehr nichts ausrichten konnte: die Cholera. Sie sollte dem »modernen« Krieg von 1866 doch noch den Anstrich eines »alten« Krieges geben, in denen fast immer mehr Soldaten durch Seuchen und Infektionen ums Leben kam als durch Waffen. Die Cholera brach während des Krieges im preußischen Heer aus und wurde auf dessen Vormarsch mitgeschleppt. Sie war ein Teil der so genannten 4. Pandemie, die sich von 1863 bis 1876 über Nordeuropa, Belgien, Frankreich, Nordafrika und sogar nach Südamerika ausbreitete. Letztlich sollten mehrere tausend preußische Soldaten an der Seuche sterben und sie verbreitete sich beim Vormarsch auch in großen Teilen Niederösterreichs. Die Cholera erreichte schließlich auch Wien, wo der erste Fall am 27. Juli festgestellt wurde. Bis zum 23. November 1866 starben schließlich 1869 Menschen in der kaiserlichen Hauptstadt an der Seuche. Dazu starben noch im Umkreis der Stadt 4000 Menschen, darunter auch viele österreichische und sogar verbündete sächsische Soldaten. Im restlichen Niederösterreich verstarben von 23 000 Fällen letztlich 8000. So gesehen forderte die Seuche mehr Tote als die eigentlichen Kampfhandlungen.

Die steigende Zahl der Cholerafälle in der preußischen Armee, die man während des Feldzugs auch schwer behandeln konnte, genauso wie die Kunde, dass die Österreicher bei Wien starke Befestigungen mit vielen Kanonen errichteten und zudem noch große Teile der Südarmee aus Italien in Wien eingetroffen waren, schien für Bismarck und einige preußische Generäle ein Hinweis zu sein, dass der endgültige Sieg doch noch nicht ganz sicher war.

Es war stets von größter Bedeutung für Otto von Bismarck, den Krieg als Mittel zum Zweck unter Kontrolle zu halten. Dabei stand er 1866 von Anfang an im Gegensatz zu den Planungen Moltkes, der einen möglichst unbegrenzten Krieg wollte. Es war ein Segen für den »Eisernen Kanzler«, dass dieser Feldzug recht kurz war und die Gefahr, dass sich das

Militär unter Moltke der Politik entziehen und ungehemmt weitermachen würde, dadurch recht gering blieb.

Bismarck wurde zunehmend von Ängsten geplagt, es könne zu einem russischen oder französischen Eingreifen auf der Seite der Österreicher kommen und die glänzenden Erfolge womöglich noch in ihr Gegenteil verkehren. War doch die Geschichte Brandenburg-Preußens bekannt für solch unerwartete »Mirakel«. Deshalb drängte der Ministerpräsident seinen König, den großen Sieg nicht voll auszunutzen und damit wohl weiteren Widerstand zu provozieren. Stattdessen sollte man einen schnellen und kulanten Frieden schließen. Doch Wilhelm zeigte sich einmal wieder von seiner halsstarrigen Seite. Wenn er schon zu diesem von ihm völlig ungewollten Krieg mehr oder weniger gezwungen worden war, so wollte er nun doch den Österreichern möglichst harte Friedensbedingungen diktieren und auch in Wien als Triumphator einmarschieren. Bismarck hingegen wollte alles, nur das nicht. Der Konflikt musste so schnell wie möglich beendet und Österreich auf keinen Fall Grund für eine spätere Revanche geboten werden. Der König sah das anders und es soll sich zwischen den beiden so unterschiedlichen und doch auf Gedeih und Verderb aneinander gebundenen Männern sehr heftig abgespielt haben. Bismarck arbeitete mit allen Mitteln und setzte auch sehr auf Emotionen, wobei er sogar in Tränen ausgebrochen und mit Selbstmord gedroht haben soll.

Wie einige Male in seinem Leben schien der »Eiserne Kanzler« vor einem Problem zu stehen, an dem er zu zerbrechen drohte. Denn eigentlich hatte er es nicht nur mit dem König zu tun: *»Bismarck erstrebte einen schleunigen Frieden, um den Krieg nicht doch noch zu verlieren, stieß damit aber auf den wütenden Widerstand der gesamten Generalität. Die Herren des königlichen Hauptquartiers fühlten sich nahezu entehrt, wenn sie jetzt nicht triumphal in Wien einziehen sollten. Was Napoleon I. recht gewesen war, sollte Wilhelm I. nicht billig sein? Gerade weil niemand in Preußen einen so schnellen und radikalen Sieg erwartet* *hatte, so dass man jetzt fast zu träumen glaubte, war man auch träumerisch ausschweifend in seinen Forderungen. Von neuem erwachte etwas von dem fast rührenden altpreußischen Glauben, wonach das ununterbrochene Wachstum des Staates ein Teil der göttlichen Weltordnung sei. Das ganze Hauptquartier, je weiter es ostwärts drang, geriet in um so ungestümere Annektionspläne: Böhmen wollte man, ganz Sachsen, Franken und Friedrich Karl musste auf den Thron Ungarns. Nur leider, dass mit diesen Generalen auch Preußens oberster General, der König, durchaus eines Sinnes war, also gegen einen Österreich schonenden Frieden und für Fortsetzung des Krieges. Gegen sie alle stand Bismarck ganz allein, so allein, dass zuweilen auch seine Riesenkraft versagte; seine Nerven ließen nach, er warf unbeherrscht mit Türen und lag, wenn es niemand sah, von Weinkrämpfen geschüttelt, auf dem Bett.«* (Richter 1962, S. 178 f.)

In dem zermürbenden Kampf schien Bismarck von einer schweren Depression befallen worden zu sein. Er schrieb später: *»In mein Zimmer zurückgekehrt, war ich in der Stimmung, dass mir der Gedanke nahetrat, ob es nicht besser wäre, aus dem offen stehenden, vier Stock hohen Fenster zu fallen […]«* Doch mit einem Male erhielt er Unterstützung von einer Seite, mit der er nicht gerechnet hatte. Denn der Kronprinz trat in sein Gemach, legte ihm die Hand auf die Schulter und sagte: *»Sie wissen, dass ich gegen den Krieg gewesen bin, Sie haben ihn für notwendig gehalten und tragen die Verantwortung dafür. Wenn Sie nun überzeugt sind, dass der Zweck erreicht ist und jetzt Frieden geschlossen werden muss, so bin ich bereit, Ihnen beizustehen und Ihre Meinung bei meinem Vater zu vertreten.«* Danach konnte der Kronprinz in einem halbstündlichen Gespräch dem König wirklich dessen Einverständnis zu einem Frieden *»in vernünftigen Ausmaßen«* abringen. Dabei war bezeichnend für die Natur König Wilhelms I., dass er sich zu folgender Aussage verstieg: *»Nachdem mein Ministerpräsident mich vor dem Feinde im Stiche lässt und ich hier außerstande bin, ihn zu ersetzen, habe ich die Frage mit meinem Sohn erörtert, und da sich derselbe der Auffassung des Ministerpräsidenten angeschlossen hat, sehe ich* *mich zu meinem Schmerze gezwungen, nach so glänzenden Siegen der Armee in diesen sauren Apfel zu beißen und einen so schmachvollen Frieden anzunehmen.«* Dabei spann er das Leitmotiv eines Schmachfriedens, das schon auf Blücher zurückging und bei der »Schmach von Olmütz« weiter tradiert worden war, einfach ins Nikolsburg des denkwürdigen Sommers von 1866 weiter. Bismarck konnte die große Anspannung, unter der er gestanden hat, nur so abreagieren, dass er eine große kostbare Vase, die dem Hausherren von Schloss Nikolsburg Fürsten Dietrichstein gehörte, einfach zertrümmerte. (Franzel 1985, S. 636 f.) Er schwankte stets in seinen Emotionen und entlud sich manchmal in gewaltsamen Ausbrüchen. Aber letztlich war er wie üblich Sieger im Konflikt mit seinem König geblieben. Wilhelm gab nach und tat wie sonst auch letztlich genau das, was sein erster Minister von ihm wollte.

Ein denkwürdiges Ende der Kämpfe zwischen Preußen und Österreich brachte das Gefecht bei Blumenau. Am 22. Juli rückte das IV. preußische Korps auf Preßburg vor und wurde bei Blumenau, das heute Lamac heißt und ein Stadtteil des heutigen Bratislava ist, von den Österreichern erwartet. Der preußische Korpskommandeur General von Fransecky hatte 18,5 Bataillone, 24 Eskadronen Kavallerie und 78 Kanonen zur Verfügung und war damit den österreichischen Verteidigern unter Generalmajor Mondel, dessen Brigade über elf Bataillone, zwei Kavallerieregimenter und 36 Kanonen verfügte, eindeutig überlegen. Doch die Österreicher verteidigten sich verbissen und konnten sechs Stunden lang den Angriffen der Preußen standhalten und ihnen auch einige Verlusten zufüge. Es bestand für die Österreicher aber die Gefahr einer Umfassung durch eine preußische Brigade unter General von Bose, die damit beschäftigt war die feindlichen Stellungen zu umgehen. Es schien jetzt bei Blumenau so, als hätten die Österreicher – wie von Moltke erwartet – ihr Trauma von Königgrätz so weit verdrängt, dass sie wieder in der Lage waren, mit großer Energie und auch durchaus offensiv zu kämpfen.

Während das Gefecht noch nicht eindeutig entschieden war und die Österreicher sogar einen gewissen Optimismus entwickelten, ritten Parlamentäre mit weißen Fahnen auf das Schlachtfeld und verkündeten den Beginn einer fünftägigen Waffenruhe. Daraufhin wurden die Kampfhandlungen unverzüglich eingestellt und die Österreicher zogen sich nach Preßburg zurück.

Am gleichen Tag begannen auch die Verhandlungen zwischen Preußen und Österreichern über den Frieden im Schloss von Nikolsburg, einer südmährischen Stadt, die heute Mikulov heißt und an der Grenze zu Niederösterreich liegt. Während Otto von Bismarck in erster Linie für Preußen die Verhandlungen führte, war die österreichische Seite durch Graf Alajos Károlyi von Nagykároly, der bereits österreichischer Botschafter in Berlin gewesen war und es wieder werden sollte, und Adolph von Brenner-Felsach, seines Zeichens ebenfalls Diplomat und Orientalist, vertreten. Bismarck signalisierte, dass er Österreich jeden Gebietsverlust, außer jenem bereits unumkehrbaren Venetiens, ersparen wollte. Schon schien klar, dass Österreich der Bundesgenosse von morgen werden sollte. Die österreichischen Unterhändler erkannten auch, dass Bismarck offensichtlich Schwierigkeiten hatte, seine Position gegenüber dem preußischen König, der den Sieg viel mehr auskosten wollte, sowie auch einiger führender Militärs zu vertreten. Die österreichischen Gesandten merkten aber dann, dass Bismarck sich doch durchsetzen würde und eine gewisse Hoffnung breitete sich aus.

Inzwischen war auch Erzherzog Albrecht, der nach seiner Ankunft in Wien den Krieg unbedingt hatte weiterführen wollen, weniger zuversichtlich, was die erneute Aufnahme der Kämpfe betraf. Je mehr Informationen er über den Zustand der Nordarmee erhielt, desto mehr schloss er sich der Friedenspartei an. Auch die Hoffnung auf ein französisches militärisches Eingreifen hatte man inzwischen begraben. Da

Franz Joseph zudem kurzfristige Zugeständnisse an die rebellischen Ungarn ablehnte und ernsthaft um den Bestand der österreichischen Monarchie besorgt war, zeigten sich bald alle Verantwortlichen bereit, auf die preußischen Forderungen einzugehen. Während die Preußen jetzt militärisch auf alle Aktivitäten verzichteten, konnte Bismarck nach und nach alle seine Vorstellungen rund um die kleindeutsche Lösung, seine Absichten von Gebietsannexionen im besiegten Deutschen Bund und den Ausschluss Österreichs aus der weiteren innerdeutschen Politik durchbringen.

Am 26. Juli 1866 wurde dann im malerischen Ambiente der durch ein mächtiges Schloss, das bereits viele historische Ereignisse gesehen hatte, dominierten alten mährisch-österreichischen Grenzstadt Nikolsburg der Vorfriede unterzeichnet, dessen Vermittlung und Zustandekommen sich Kaiser Napoleon III. völlig ungerechtfertigt selbst als großes Verdienst anrechnete. Kaiser Franz Joseph hatte klein beigegeben und im Gegensatz zu einigen seiner habsburgischen Vorfahren auf einen Kampf um Wien verzichtet. Dafür musste er letztlich auch einen sehr hohen Preis zahlen: den Austritt Österreichs aus der gesamtdeutschen Politik und die Aufgabe einer jahrhundertelangen Vormachtsstellung. Damit kapitulierte das habsburgische Erzhaus auch im Wettstreit mit den hohenzollerschen »Emporkömmlingen«, die sich innerhalb von etwa 200 Jahren aus der Bedeutungslosigkeit ihres brandenburgischen Provinzfürstentums zur ersten Militärmacht Europas und auch zu einem führenden Industriestaat entwickelt hatten. Auf den Vorfrieden sollte später der Frieden von Prag mit Preußen und der Frieden von Wien mit Italien folgen.

*»Der Vorfriede von Nikolsburg brachte für Österreich maßvolle Bedingungen, wenn auch sein Ausscheiden aus dem Reichsverband den Todeskeim für seine staatliche Existenz bedeutete und letzten Endes auch Deutschlands Schicksal besiegelte.«* (Heydendorff 1947, S. 373)

Bismarck sah dies alles zu jener Zeit viel pragmatischer: *»Die Streitfrage ist entschieden: jetzt gilt es, die alte Freundschaft mit Österreich wiederzugewinnen.«* (Zimmer 1996, S. 148)

Ein skurriles Nachspiel hatte der Sieg Preußens und der Vorfriede von Nikolsburg in der denkwürdigen Parade preußischer Truppen, die am 31. Juli 1866 bei dem verschlafenen Städtchen Gänserndorf, das am Rande des Marchfelds liegt und heute schon irgendwie zur Wiener Peripherie gehört, stattfand. Eigentlich hatte ja König Wilhelm I. eine große preußische Siegesparade auf der damals neu errichteten Wiener Ringstraße haben wollen, was ihm Bismarck schließlich unter Aufbietung all seines Geschicks ausreden konnte. Aber eine Art von Siegesparade musste sein und so verfiel man auf die Idee, diese in Gänserndorf abzuhalten. So kam es dann auch, und viele Tausend »besiegte« Österreicher sahen bei diesem Spektakel begeistert zu. Dabei kam auch ein Begriff auf, der heute vielen Österreichern Teil ihrer Identität ist, obwohl er eigentlich als eine Art von Schimpfwort gebraucht wurde und noch wird.

Die Parade war dem Ereignis entsprechend recht groß angesetzt und es nahmen daran das III., IV. und Teile des II. preußischen Armeekorps Teil. Diese Truppen paradierten nun vor König Wilhelm und seinen Gästen die Straße entlang. Eine wichtige Rolle dabei spielte der preußische Militärmusiker und Kapellmeister Johann Gottfried Piefke (1815–1884), der zur Feier des Sieges auch den »Königgrätzer Marsch« komponiert hatte. Nun zog er an der Spitze eines großen Musikkorps, das natürlich unter anderem auch diesen Marsch spielte, am preußischen König vorbei. Dazu kam noch sein Bruder Rudolf Piefke, der ebenfalls ein Musikkorps dirigierte. Für die zahlreichen anwesenden Wiener, die teilweise in Sonderzügen nach Gänserndorf gefahren waren, um die insgesamt etwa 60 000 Preußen zackig paradieren zu sehen, mutierten diese nun alle zu »Piefkes«. In den Zeitungen der kaiserlichen Hauptstadt tauchten dazu auch entsprechende Artikel auf. Ein Begriff war geboren, der zumindest den gebürtigen Ostösterreicher bis heute begleitet. Die Preußen waren von nun an die »Piefkes« – starr, zackig, großkotzig und irgendwie unangenehm, aber dafür auch sehr konsequent und erfolgreich – und dieser Begriff wurde später auf alle Norddeutschen übertragen und kann heutzutage sogar manchmal einen glücklosen Bayern treffen. Man hat im Jahre 2009 deshalb in Gänserndorf sogar ein Piefke-Denkmal errichtet, das wohl weltweit einzige seiner Art.

# Von Königgrätz nach Sedan und Versailles

*»In dem kurzen Zeitraum von sechs Wochen hat Preußen auf zwei Hauptkriegstheatern alle seine Widersacher und Feinde in Deutschland besiegt und einen glorreichen Frieden angebahnt, der mit Preußens Machterweiterung zugleich dem gesammten deutschen Vaterlande kräftige Neugestaltung und eine hoffnungsvolle Zukunft verheißt.«* (Borbstaedt 1866, Vorwort) Die Preußen waren stolz auf sich, so stolz wie selten zuvor und danach in ihrer Geschichte. Vordergründig gesehen hatten sie auch allen Grund dazu.

## Frankreichs Rolle und diplomatische Niederlage

*»Bismarck wusste nicht nur jeden Eingriff Napoleons, der seinen Erfolg hätte gefährden können, zu vereiteln. Er rechnete ihm auch seinen Einmischungsversuch als einen feindlichen Akt an, für den er dereinst schwer zu büßen haben würde.«* (Eyck 1975, S. 122)

Schon während der Vorbereitungen zum Krieg hatten sich die Preußen und auch die Österreicher um französische Unterstützung bemüht, da man von England und von Russland keine Intervention erwarten konnte. Napoleon III. sah sich als das Zünglein an der Waage und wollte keinen Kompromiss eingehen wie bei der Gasteiner Konvention, die bekanntlich nicht sehr haltbar gewesen war. Er taktierte und tat alles, um sich unentbehrlich zu machen. Außerdem wollte er für sein allfälliges Wohlwollen territoriale Kompensationen, womit er allerdings schnell alle Deutschen gegen sich aufbringen konnte.

Napoleon III. dachte auch an einen »Südbund« der süddeutschen Staaten, dessen territoriale Integrität er formell garantieren, aber auch unter seine Hegemonie stellen wollte. In gewisser Weise hätten die Franzosen damit die Österreicher in Süddeutschland beerbt und an den unseligen »Rheinbund« Napoleons I. anschließen können. Letztlich beraubten aber die raschen und durchschlagenden preußischen Erfolge Napoleon III. seiner scheinbar bequemen und ganz und gar nicht uneigennützigen Vermittlerposition. Er wurde einfach nicht mehr gebraucht.

Bereits vor der Schlacht von Königgrätz hatte Kaiser Franz Joseph den österreichischen Botschafter in Paris beauftragt, dem französischen Kaiser das bereits aufgegebene Venetien als Preis für die Vermittlung eines Waffenstillstandes anzubieten. Napoleon III. hatte sich eine Bedenkzeit von 24 Stunden erbeten, während der bereits die militärische Entscheidung in Böhmen fiel. Nun sah sich der Franzosenkaiser zum raschen Handeln veranlasst und er nahm am 4. Juli die Abtretung Venetiens an, wofür er die Vermittlung eines Friedens sowohl mit Preußen als auch mit Italien versprach. Danach ließ er in der Zeitung »Moniteur« die Nachricht verbreiten, dass Österreich Venetien an ihn abgetreten und er Telegramme an die Herrscher Italiens und Preußens gesendet habe, in denen er sie aufforderte, unter seiner Vermittlung mit Österreich einen Waffenstillstand abzuschließen. Doch die beiden angeschriebenen Herrscher waren dazu nicht bereit, denn die Preußen wollten weiter nach Wien marschieren und die Italiener doch noch einen militärischen Sieg als Revanche für Custozza erringen. Besonders bei Bismarck biss Napoleon auf Granit, denn der hatte keine Interesse, dem Franzosen einen diplomatischen Triumph zukommen und Preußens militärische Erfolge schmälern zu lassen. Außerdem hatte man auf preußischer Seite die Befürchtung, dass sich aus diesen Verhandlungen eventuell eine Bündnis zwischen Österreich, Frankreich und Russland entwickeln und man sich in einer Situation wie im Siebenjährigen Krieg wiederfinden könnte.

Frankreich setzte allen diplomatischen Druck ein, der möglich war. So wurde in Paris von Napoleon III. intensiv mit dem preußischen Botschafter verhandelt. Zudem erschien uneingeladen der französische Botschafter Benedetti in Berlin und am 12. Juli im preußischen Hauptquartier, um das Terrain zu sondieren. Danach reiste er gleich nach Wien, um hier Einfluss auszuüben. Da der Krieg viel schneller und eindeutiger verlief, als sich das Napoleon III. jemals hätte vorstellen können, wurde alles rasch von den Ereignissen überholt. Frankreich hätte bei der Geschwindigkeit der Entwicklung auch kaum noch eingreifen können, denn für eine Mobilisierung zu viel Zeit nötig gewesen. Napoleon setzte deshalb auf Beschwörungen und allenfalls versteckte Drohungen, um seine Interessen durchzusetzen. Alle am Krieg beteiligten Staaten sollten sich seinem Schiedsspruch unterwerfen und zu diesem Zweck ab sofort auf weitere Kämpfe verzichten. Doch es geschah nichts dergleichen, wie der auch zu jener Zeit gesundheitlich leidende französische Kaiser feststellen musste. So konnte sich die geheime Hoffnung Kaiser Franz Josephs, dass die Abtretung Venetiens an Frankreich Napoleon III. doch irgendwie an der Seite Österreichs in den Krieg führen würde, auch nicht erfüllen.

Obwohl der französische Außenminister Drouyn de Lhuys drängte, Armee und Flotte einzusetzen, unternahm Napoleon nichts. Der »Schiedsrichter Europas« erwies sich als Papiertiger und ließ sich zudem einreden, die Habsburger und ihr Reich wären sowieso am Ende und er riskiere bei einem Bündnis mit ihnen eine schwere Niederlage. Sein Außenminister drängte noch einige Zeit und sprach davon, dass Preußen seine Westgrenze völlig entblößt hätte. Außerdem mischte sich der sächsische Minister von Beust ein, den der König von Sachsen und Franz Joseph nach Paris geschickt hatten. Er soll gesagt haben: *»Wenn Sie jetzt auf jede militärische Demonstration verzichten, dann haben Sie vielleicht in fünf bis sechs Jahren den Krieg gegen Preußen, und dann, das ver-*

*sichere ich Sie, marschiert ganz Deutschland gegen Sie.«* (Zimmer 1996, S. 140) Wenn es nicht wahr ist, dann ist es gut erfunden. Alles nutzte jedenfalls nichts und mit seiner Diplomatie erwies sich Napoleon III. als Leichtgewicht, das einen Mann wie Bismarck nicht aus der Reserve locken konnte. So wurde der Krieg von 1866 letztlich auch eine Niederlage des französischen Kaisers.

In Frankreich sah man die Niederlage von Königgrätz und die damit verbundene weitere Entwicklung schon bald als eigene Demütigung an. »Revanche pour Sadowa« wurde bald zu einem geflügelten Wort in der französischen Presse und Politik. Napoleon III. wollte zumindest eine Kompensation für seine Bemühungen und zur Befriedigung seines Machtstrebens. Nachdem er von Österreich für die französische Expansion nichts bekommen konnte, da er ja Venetien an die Italiener »weiter gab«, forderte er etwas von Preußen. Bismarck hatte den französischen Kaiser auch zu Beginn mit vagen Zusagen hingehalten, war aber nicht dazu bereit, deutsches Territorium aufzugeben. Letztlich drohte er den Franzosen sogar mit einem deutschen Volkskrieg und fühlte sich nach Abschluss des Präliminarfriedens stark genug, alle französischen Ansprüche abzuschmettern. Napoleon III. war auch in einer denkbar ungünstigen Lage, da große Teile seiner Armee in verlustreiche Kolonialabenteuer in Mexiko (mit dem Habsburger Maximilian als tragischer Gallionsfigur) und in Algerien gebunden waren. Mit einem militärischen Eingreifen auf der Seite des inzwischen besiegten Österreich hatte er auch zu lange gezögert. Letztlich musste sich Napoleon mit einer vertraglichen Beschränkung der Preußen auf das Gebiet nördlich der Mainlinie zufrieden geben. Aber alle Beteiligten rechneten insgeheim mit einer baldigen neuen militärischen Auseinandersetzung, um die Machtfrage in Europa endgültig zu klären. Sie sollten recht behalten, wobei dann 1870/71 die kriegerischen Ereignisse für die Franzosen noch viel dramatischer und demütigender verliefen als für die Österreicher 1866.

Die durch das Ergebnis von Königgrätz ebenfalls besorgten Russen bemühten sich um die Einberufung eines europäischen Kongresses über die preußischen Kriegsziele. Davon hielt Bismarck natürlich überhaupt nichts und er setzte dem eine Mischung aus Versprechungen und Drohungen entgegen. Als die Russen am 27. Juli 1866 mit dem Antrag für einen europäischen Kongress auf ihn zukamen, verwies er auf den schon beschlossenen Frieden, versprach den Russen Unterstützungen und drohte sogar damit, im weiteren Kriegsfall das Haus Habsburg komplett auszuschalten bzw. die polnische Unabhängigkeitsbewegung gegen Russland zu unterstützen. Somit setzte er sich letztlich durch, und auch der Zar gab klein bei.

Bismarck konnte letztlich alle französischen Kompensationsforderungen zurückweisen. Napoleons Forderung nach Luxemburg, Belgien und den linksrheinischen Gebieten wurden schon bald nicht mehr ernst genommen. Auch der Versuch Alexanders II. von Russland, den Sturz Hannovers und anderer norddeutscher Dynastien zu verhindern, blieb letztlich genauso erfolglos wie dessen Kongresspläne. Bismarck sah keinen Grund, sich bei der Neuordnung Deutschlands von irgend jemandem bevormunden zu lassen. Großbritannien war im Gegensatz zu den anderen europäischen Mächten dazu bereit, die neue machtpolitische Konsolidierung Deutschlands durch Preußen zu akzeptieren, da es die Gefahr für das europäische Gleichgewicht damals eher von Frankreich oder Russland ausgehend sah.

Auch wenn es sich Napoleon III. später auf seine Fahnen schrieb, er hätte durch seine kluge Diplomatie den Frieden zwischen Preußen, Italien, Österreich und den ganzen sonstigen Staaten herbeigeführt, wäre es wohl auch ohne ihn bald zu einer Einigung am Verhandlungstisch gekommen, da die Waffen ja bereits so gut wie alles entschieden hatten. Erfahrungsgemäß führen Friedensschlüsse ohne wirkliche militärische Entscheidungen letztlich dazu, dass es nach einiger Zeit zu erneuten Waffengängen kommt. Hier war aber alles entschieden, weshalb einem haltbaren Friedensvertrag nichts mehr im Wege stand.

Der Prager Frieden wurde am 23. August 1866 im Hotel »Zum blauen Stern« in Prag zwischen Preußen und Österreich geschlossen. Er baute im Wesentlichen auf den Vorfrieden von Nikolsburg auf und bestätigte die neue Ordnung in der deutschen Staatenwelt und den Ausschluss Österreichs daraus. Bayern, Württemberg und Baden hatten inzwischen auch ihre Friedensverträge mit Preußen unterzeichnet. Österreich erkannte die endgültige Auflösung des Deutschen Bundes an und akzeptierte den neuen, den Preußen nördlich des Mains begründete. Kaiser Franz Joseph akzeptierte auch, dass südlich des Mains ein Bund der dort gelegenen deutschen Staaten zustande kommen würde, der so genannte »Südbund«, der aber nichts mit Napoleons ursprünglichen Plänen zu tun hatte. Dieser sollte eine »nationale Verbindung« mit dem Norddeutschen Bund eingehen. Letztlich wurde aber aus dem »Südbund« nichts und die endgültige nationale Entscheidung wurde erst durch den Krieg mit Frankreich getroffen. Preußen unterzeichnete Anfang September jedenfalls auch aufgezwungene Schutz- und Trutzbündnisse mit Bayern, Württemberg, Baden und Hessen-Darmstadt. Österreich hatte dabei kein Mitspracherecht mehr.

Preußen garantierte den territorialen Bestand des Königreiches Sachsen, was lange Zeit nicht ganz sicher war. Die Sachsen hatten ihr staatliches Überleben in erster Linie der massiven Fürsprache Kaiser Franz Josephs zu verdanken, der dem befreundeten König Johann das Schicksal des hannoverischen Herrschers unter allen Umständen ersparen wollte. Die Reparationszahlungen Österreichs an Preußen waren mit 20 Millionen Talern fast schon symbolisch zu nennen. Das Habsburgerreich musste zudem auf alle Rechte an Schleswig und Holstein verzichten und Venetien an Italien abtreten. Durch den raschen Friedensschluss, der ziemlich genau einen Monat nach dem Krieg stattfand, konnte man

Napoleons III. Plan eines europäischen Friedenskongresses unter Frankreichs Vorsitz endgültig aushebeln.

Der Frieden von Wien baute auf den Verhandlungen auf, die der österreichische General Möring mit dem italienischen General Revel in Venedig nach dem Vorfrieden von Nikolsburg führte. Es ging um die Beendigung des offiziell weiter bestehenden Krieges in Oberitalien und dabei ganz besonders um die Abtretung Venetiens. Für die nationalistisch denkende Führung des noch recht jungen Königreichs Italien war dieser Aspekt natürlich entscheidend, da damit ihr Anspruch auf die staatliche Einheit Italiens bis auf einige kleinere Territorien erfüllt wurde. Einen wichtigen Streitpunkt bildeten die stark ausgebauten österreichischen Festungen in Oberitalien, besonders das berühmte Festungsviereck, wobei auch um das noch dort befindliche militärische Material gestritten wurde. Immerhin hatten die Österreicher diese Festungen zu jener Zeit noch fest in ihrer Hand und die italienische Armee hätte wohl große Probleme gehabt, diese zu erobern. In Verona und Chioggia lieferten sich aufgebrachte italienische Nationalisten Straßenkämpfe mit österreichischen Soldaten. Napoleon III. als offizieller Empfänger Venetiens durch Kaiser Franz Joseph setzte schließlich durch, dass die Bevölkerung darüber abstimmen sollte, ob sie zu Italien gehören wolle. Diese Abstimmung dürfte wie einige andere während des Risorgimento in Italien stattfindenden Plebiszite wohl nicht ganz demokratisch im heutige Sinn verlaufen sein, denn ein Ergebnis von 671 757 Ja-Stimmen gegen 69 Nein-Stimmen mutet etwas seltsam an. Aber es war bindend und Österreich räumte seine Festungen. Auch die 1859 nach Wien »in Sicherheit« gebrachte Eiserne Krone der Lombardei wurde an Italien herausgegeben. Danach unterzeichnete man am 3. Oktober 1866 der Friedensvertrag in Wien. Österreichs Präsenz in Italien war damit weitgehend Geschichte.

*»Preußen muss als Preußen an die Spitze Deutschlands kommen, nicht aber als Provinz in dasselbe aufgenommen werden, das heißt nicht in dasselbe aufgehen. Und so wird es kommen …«* (Prinz Wilhelm von Preußen)

Das Preußen Bismarcks bewies großen Appetit: Neben dem Zankapfel Schleswig-Holstein annektierte es das Königreich Hannover (wobei dessen König einfach abgesetzt wurde), Hessen-Kassel und Nassau, sowie die Freie Stadt Frankfurt (wobei deren Bürgermeister Fellner Selbstmord beging). Das Großherzogtum Hessen-Darmstadt und Bayern mussten einige Gebiete an Preußen abtreten, um diesen die territoriale Verbindung zu seinen westlichen Territorien möglich zu machen – die Rheinprovinz und Westfalen. Damit konnte Preußen die letzte Lücke zu einem zusammenhängenden staatlichen Territorium zwischen dem Rhein im Westen und der Memel im Osten schließen.

Generell gerieten alle verbliebenen Mitglieder des Deutschen Bundes unter preußische Bevormundung. Dabei waren die deutschen Mittelstaaten vordergründig noch recht gut davongekommen: So erlitt das Königreich Bayern nur kleine Gebietsverluste und musste 30 Millionen Gulden Kriegsentschädigung zahlen. Württemberg hatte acht Millionen zu bezahlen, Baden sechs Millionen, während das Großherzogtum Hessen drei Millionen Kriegsentschädigung zahlte und zudem beträchtliche Gebietsverluste hinzunehmen hatte.

Der am 18. August 1866 gegründete Norddeutsche Bund bestand schließlich aus der Führungsmacht Preußen und 17 kleineren und kleinsten norddeutschen Staaten, denen noch das Großherzogtum Hessen, das Königreich Sachsen, Sachsen-Meiningen und Reuß ältere Linie beitraten (oder beitreten mussten). Dieser kurzlebige Bund, der letztlich nur bis 1871 bestand, vereinigte also alle Staaten nördlich der Mainlinie, falls diese nicht sowieso bereits von Preußen annektiert worden waren. Der König von Preußen war Bundespräsident, hatte den Oberbefehl über das Bundesheer und leitete die Außenpolitik. Er ernannte auch einen Bundeskanzler (Bismarck), dessen Verantwortungsbereich seltsam vage blieb. Die Verfassung sah einen Bundesrat und einen gewählten Reichstag vor, der über den Haushalt abstimmen durfte. Später wurde spekuliert, ob dieses kurzlebige Gebilde nur ein Zwischenglied bzw. eine Vorstufe bis zur Reichsgründung war, oder auch ein längeres erfolgreiches Eigenleben hätte haben können. *»Es war ein Provisorium; als solches gedacht, aber nicht angelegt, boten seine Formen doch die Möglichkeiten einer Weiterbildung ohne Bruch.«* (Dollinger 1980, S. 232) Die süddeutschen Staaten hatten trotz ihrer Schutz- und Trutzbündnisse mit den Siegern noch sehr viel Willen zum Eigenleben und der Norddeutsche Bund erwies sich in der Folge nicht als der Magnet für einen Anschluss, den sich Bismarck erhofft hatte. Die Wahlen zum deutschen Zollparlament zeigten das auch, da in Bayern und Württemberg die Gegner eines Zusammenschlusses gewannen. Es bedurfte also noch eines dritten militärischen Schrittes Bismarcks – des Krieges gegen Frankreich von 1870/71 – um die von ihm erhoffte gemeinsame Reichsgründung vornehmen zu können.

## Die Blüte der Hinterlader

*»So schnell schießen die Preußen nicht.«* (Alte Redensart ungewisser Herkunft)

Eine der Auswirkungen des Deutschen Krieges war eine Art von waffentechnischer Panik, welche nicht nur die Verantwortlichen aller Armeen Europas überfiel. Ohne groß zu bedenken, dass der preußische Sieg über Österreich sehr viel mit der besseren Kommandostruktur, der besseren Ausbildung der Truppe und der überlegenen Disziplin zu tun haben könnte, stand für fast alle Zeitgenossen eines im Vordergrund: das Zündnadelgewehr. Diesem schrieb man im Wesentlichen den Sieg zu. Also begannen die meisten europäischen Armeen damit, auf Zündnadelgewehre bzw. ähnliche Konstruktionen umzustellen. Die Vorderlader waren mit einem Schlag Relikte. In Deutschland rüstete Württemberg seine Vorderlader möglichst schnell auf das Zündnadel-System um, während zum Beispiel Bayern sein Gewehr M/1858 auf das modernere Podewils-System umstellte. Große Staaten wie England und Frankreich reagierten ebenfalls rasch und entwickelten eigene Hinterladersysteme, die noch im Jahr 1866 eingeführt wurden. In Österreich, in dem bereits vor der Auseinandersetzung mit Preußen eine Vielzahl von potentiellen Hinterlader-Modellen für die Armee zur Verfügung gestanden hätte, verlief die Umrüstung ebenfalls zügig.

Die Diskussion über den Anteil des Zündnadelgewehrs am preußischen Sieg begann spätestens nach Königgrätz und dauert bis heute an. So meinte der bedeutende Historiker Gordon Craig, dass nicht in erster Linie die Bewaffnung und die Schnelligkeit, sowie das obligate Kriegsglück für die Preußen entscheidend waren, sondern die Persönlichkeit Helmuth von Moltkes, seine Genialität und der perfekte Operationsplan. Craig meinte dazu: *»In einer Zeit, da der industrielle Fortschritt die Bewaffnung und Beförderung von Armeen ermöglicht, gegen die sich die Heere der Vergangenheit winzig ausnehmen, gewinnen jene Nationen den Krieg, die große Armeen am zweckmäßigsten aufstellen, verladen, aufmarschieren und lenken lassen.«* Immerhin sollte Moltke vier Jahre später während des Krieges gegen Frankreich beweisen, dass er durch seine geniale Führung und die überlegene Organisation und Logistik der Preußen und ihrer Verbündeten ebenfalls den Sieg davontragen konnte, selbst wenn seine Truppen dieses Mal keine waffentechnische Überlegenheit vorweisen konnten. Denn das französische Chassepot-Gewehr war dem Zündnadelgewehr in einigen Bereichen überlegen und gegen die französische Mitrailleuse als Frühform des Maschinengewehrs hatten die Deutschen überhaupt kein Pendant aufzubieten. Trotzdem errang Moltke einen Sieg gegen Frankreich, der jenen über Österreich weit übertraf.

Abseits von waffentechnischen Impulsen blieb nach den Ereignissen im Sommer 1866 in politischer Hinsicht kaum ein Stein auf dem anderen. Bayern, Württemberg und Baden sahen sich, wie bereits erwähnt, im Rahmen der Friedensverhandlungen gezwungen, mit Preußen ein »Schutz- und Trutzbündnis« einzugehen. Dies kann man bereits als Grundlage für den Deutsch-Französischen Krieg betrachten, welcher als letzter der »Deutschen Einigungskriege« das Konzept Bismarcks abschloss.

Kaiser Napoleon III. von Frankreich sah sich durch den raschen Sieg Preußens und der Neugestaltung Mitteleuropas eindeutig als Verlierer. Hatte er doch gehofft, sich im Zuge des Konfliktes das linke Rheinufer einzuverleiben. Die Stimmung in Frankreich war nach dem Sieg Preußens über die Österreicher und ihre Verbündeten allgemein schlecht. Da sie genauso wie die Engländer das Wort »Königgrätz« nicht wirklich aussprechen konnten, riefen viele französische Meinungsführer nun nach einer »Rache für Sadowa«. Eine revanchistische Achse Paris-Wien wurde angedacht, sollte aber letztlich an der Schlauheit Bismarcks scheitern. Vielen schien schon recht bald eine weitere militärische Auseinandersetzung zwischen Frankreich und Preußen mit dessen freiwilligen und unfreiwilligen Verbündeten als unausweichlich.

Das Königreich Italien, das während des Krieges eigentlich nur für militärische Katastrophen gut war, gewann über einen Umweg das heiß begehrte Venetien, welches Franz Joseph eigentlich an Frankreich abgetreten hatte. Die Einigung Italiens und die Begründung eines Nationalstaats war damit fast abgeschlossen, auch wenn laut gängiger Meinung noch einige Regionen auf ihre »Befreiung« warten mussten.

Kaiser Franz Joseph I. war seit seinem Regierungsantritt im Revolutionsjahr 1848 nie wirklich beliebt gewesen und die Niederlage im Deutschen Krieg mit all ihren Auswirkungen auf die weitere Zukunft seines Reiches, das bald schon »Österreich-Ungarn« heißen sollte, wurde von vielen in erster Linie ihm angelastet. Jedenfalls war er sowohl außen- als auch innenpolitisch in großem Maße geschwächt. Die folgende Entwicklung brachte den »Ausgleich« mit den rebellischen Ungarn und die Kreation einer Doppelmonarchie im Jahre 1867, was aus heutiger Sicht in mehrfacher Hinsicht als negativ zu bewerten ist, da es die Situation des Reiches verkomplizierte und zudem einen folgenreichen Konflikt mit den im Ausgleich nicht berücksichtigten Slawen heraufbeschwor. Der Kaiser hatte unter dem Einfluss seiner Gemahlin Elisabeth, die große Sympathien für die rebellischen Ungarn hegte, den Forderungen nach einem Dualismus im Reich nachgegeben. Die Ungarn erhielten eine eigene Verfassung, sowie einen eigenen Ministerpräsidenten und eine selbständige Regierung. Die beiden offiziell getrennten Reichshälften blieben nur durch einige wenige Ministerien und Institutionen und vor allem durch die Person des gemeinsamen Herrschers verbunden. Aus diesem Grund ließ sich auch das Herrscherpaar am 8. Juni 1867 in Budapest krönen. Die »Österreichisch-Ungarische Monarchie« war geboren und Franz Joseph wurde zur »k. u. k. Apostolischen Majestät« eines nicht sehr langlebigen Reiches, welches später respektlos von vielen »Kakanien« genannt wurde.

Franz Joseph litt noch lange unter großem Groll gegenüber den Preußen und ganz besonders den Hohenzollern, doch erfüllten sich seine geheimen Wünsche nach einer Niederlage Preußens und seiner deutschen Verbündeten im Krieg gegen Frankreich nicht. Schließlich musste er zur Kenntnis nehmen, dass es nun im Norden ein militärisch mächtiges kleindeutsches Kaiserreich gab, mit dem man sich von nun an arrangieren musste. Kaiser Franz Joseph, der auch in späteren Jahren noch darauf hinwies, dass er »ein deutscher

Fürst« sei, war in der Folge zu einer Aussöhnung mit dem nunmehrigen deutschen Kaiser Wilhelm I. bereit, was von Bismarck gefördert wurde. Diese Entwicklung führte im September 1872 schließlich zum Dreikaiserbündnis, an dem auch Russland teilnahm. Es war dies der Beginn eines komplizierten Bündnissystems vor allem Bismarckscher Prägung, in das auch Österreich voll involviert wurde.

Aus dem wenig beliebten jüngeren Monarchen wurde dann in den folgenden Jahrzehnten der »gute alte Kaiser Franz Joseph«, der sich trotz aller Misserfolge und seines wenig einnehmenden Charakters immer größerer Wertschätzung erfreute. Franz Joseph und sein Reich fielen schließlich in der Vorstellung der Österreicher in eins. Die Verkitschung und Verklärung des alten Kaisers, dem »nichts erspart blieb« setzte schon zu seinen Lebzeiten ein und dauert bis heute fort. Letzten Endes setzte er mit der Unterschrift unter die Kriegserklärung gegen Serbien auch noch den letzten entscheidenden Schritt zum Untergang der Habsburger-Monarchie, die er doch unter allen Umständen hatte erhalten wollen.

Der unglückliche Feldherr Ludwig von Benedek wurde bekanntlich seines Kommandos enthoben und durch den siegreichen Erzherzog Albrecht als Oberbefehlshaber ersetzt. Man unterzog den Feldzeugmeister trotz aller seiner Verdienste in Wiener Neustadt einem Rechtfertigungsverfahren, das allerdings den gescheiterten Helden nicht vor ein Kriegsgericht brachte. Denn alle von der obersten Militärjustiz gegen Benedek und andere führende Offiziere eingeleiteten Verfahren wurden auf Befehl von Kaiser Franz Joseph eingestellt. Zu groß war die Angst des Kaiser vor den Dingen, die da möglicherweise an die Öffentlichkeit hätten kommen können. Benedek musste ein Versprechen geben, über die genauen Umstände der Niederlage im Krieg gegen Preußen für immer zu schweigen und es war ihm auch nicht gestattet, sich schriftlich zu rechtfertigen. Benedek, der eigentlich alles andere als ein unfähiger General war und wohl als großer Kriegsheld in die Geschichte eingegangen wäre, wenn er statt gegen Moltke gegen einen Blücher oder einen Wrangel hätte kämpfen müssen, hatte für den Rest seines Lebens viel zu ertragen. Von neunmalklugen Journalisten geschmäht und als Dummkopf dargestellt, zog er sich nach Graz zurück, wo er noch fast 15 Jahre lebte. Er wünschte sich, in Zivilkleidung und ohne militärischen Kondukt beigesetzt zu werden. Dennoch gab ihm bei seinem Begräbnis am 27. April 1881 fast die gesamte Grazer Garnison die letzte Ehre. Hunderte Offiziere marschierten demonstrativ in Zivil hinter dem Sarg des tragischen Verlierers von Königgrätz her. Moltke verlor übrigens niemals ein schlechtes Wort über seinen Gegner.

*»Setzen wir Deutschland, so zu sagen, in den Sattel. Reiten wird es schon können.«* (Bismarck 1869)

Es war für Bismarck schon lange klar, dass es, um die deutsche Einigung zu Vollenden, zur letztlich entscheidenden Auseinandersetzung mit Frankreich kommen musste. Und er steuerte gezielt darauf hin, wobei ihm wie zuvor gegen Österreich fast jedes Mittel recht war. Der Krieg gegen Frankreich von 1870 erinnerte zumindest in seiner Anfangsphase in vielen Details an den Krieg gegen Österreich und die Länder des Deutschen Bundes. Als später die Phase eines nationalen Volkskrieges der Franzosen eintrat, fanden sich kaum mehr Parallelen zu 1866, da es dort nicht um nationale Feindschaften gegangen war, sondern in einer Art von »Bruderkrieg« Freund und Feind irgendwie vereint gewesen waren. In Frankreich wurden viele Animositäten geweckt.

Als es schließlich am 18. Januar 1871 im Spiegelsaal von Versailles zur »Kaiserproklamation« kam und das zweite Deutsche Kaiserreich aus der Taufe gehoben wurde, war dies sicherlich die Krönung der politischen Laufbahn Otto von Bismarcks und es sollte nach dem Frieden von Frankfurt am 10. Mai 1871 auch sein letzter Krieg gewesen sein. Kriege waren für ihn Mittel zum Zweck und er war selbst eigentlich trotz aller martialischen Posen, in denen man ihn später verewigte, kein wirklicher und vor allem kein überzeugter Soldat. Von nun an tat er alles, um das neu geschaffene Reich zu konsolidieren und nach außen hin abzusichern. Er wusste, dass dieses neue Staatsgebilde wie ein Fremdkörper im alten Europa lag und rundum viele, und wenig angenehme Emotionen mobilisierte. Nachdem er die besiegten Österreicher zu seinen wichtigsten Bundesgenossen gemacht hatte, tat er außenpolitisch sein Möglichstes um durch eine Reihe von Verträgen, über die wohl letztlich nur er selbst noch den Überblick hatte, das Reich abzusichern. Dabei war er wohl stets von der Furcht besessen, das von ihm geschaffene politische Gebilde könnte langfristig nicht bestehen. Es scheint ihm schon vor seinem Siegeszug bewusst gewesen zu sein, dass letztlich politische Macht und Stärke sehr relative Begriffe waren. *»Was sind unsere Staaten und ihre Macht und Ehre vor Gott anders als Ameisenhaufen und Bienenstöcke, die der Huf eines Ochsen zertritt, oder das Geschick in Gestalt eines Honigbauern ereilt.«* (Brief an seine Frau Johanna am 2. Juli 1859)

Bismarck sollte die deutsche Politik sowohl nach innen als auch nach außen noch sehr lange leiten und dominieren. Als er sich schließlich dann doch überlebt hatte und mit dem Enkel seines Königs/Kaisers, dem später als so unsäglich betrachteten Wilhelm II., überhaupt nicht mehr konnte, musste er seinen Abschied einreichen. Vielen von jenen, die ihm kritisch gegenüber standen, schien das bereits überfällig zu sein. So schrieb dann auch der wortgewaltige Theodor Fontane: *»Es ist ein Glück, dass wir ihn los sind. Er war eigentlich nur noch Gewohnheitsregent, tat was er wollte, und forderte immer mehr Devotion. Seine Größe lag hinter ihm.«* Auch wenn Bismarck am Ende seiner Laufbahn vielleicht nur noch ein Schatten seiner selbst war, so überragte er immer noch alle jene, die ihm Folgen sollten. Das von ihm so genial und brutal geschaffene zweite deutsche Kaiserreich sollte ihn dennoch nicht sehr lange überleben.

# Mit Nibelungentreue bis in den Untergang

*»Darüber dürfen wir uns keiner Täuschung hingeben: wir haben seit unseren glücklichen Kriegen an Achtung überall, an Liebe nirgends gewonnen.«* (Moltke im Reichstag am 16. 2. 1874)

Seltsamerweise hatte die Verdrängung Österreichs aus Deutschland und das Aufkommen des deutschen Kaiserreiches unter Preußens Führung und Dominanz schon nach recht kurzer Zeit einen merkwürdigen Effekt. Die Feinde von Königgrätz wurden zu den engsten Verbündeten, die man sich vorstellen kann. Aus Mangel an anderen brauchbaren Verbündeten blieb den beiden so ähnlichen und doch gleichzeitig so unterschiedlichen Mächten nichts anderes übrig, als sich auf Gedeih und Verderb aneinander zu binden. Es entwickelte sich daraus die viel beschworene »Nibelungentreue«, mit der Deutschland und Österreich-Ungarn bis in den gemeinsamen Untergang in gleichem Schritt und Tritt marschieren sollten.

Der große Schlachtenlenker Helmuth von Moltke sollte seinen einstigen Gegner Benedek um viele Jahre überleben. Er war nach dem Sieg von 1871 zu einer Legende geworden, unterwarf sich aber trotzdem als Militär immer dem von Bismarck eingeforderten »Primat der Politik«. Er blieb ein weiser und bis ins höchste Alter geistig reger Beobachter mit viel Weitblick. Im Alter von fast 90 Jahren hielt er bald nach der Entlassung Bismarcks eine Rede im Berliner Reichstag, worin er fast hellsichtig vor einem großen Krieg in Europa warnte: *»Meine Herren, es kann ein siebenjähriger, es kann ein dreißigjähriger Krieg werden – und wehe dem, der zuerst die Lunte in das Pulverfass schleudert!«* (Rede vor dem Reichstag am 14. Mai 1890) Das große Pulverfass stand bereit und vielleicht glimmte seit dem Herrschaftsantritt Kaiser Wilhelms II. auch bereits die Lunte.

Während die genauen Umstände und viele Ereignisse des Deutschen Krieges später ziemlich in Vergessenheit gerieten, blieb Königgrätz als Ereignis präsent. Eine Vielzahl von Sachbüchern, Memoiren und auch Belletristik setzte sich damit auseinander. Besonders bei den Österreichern wurde in die offenkundige Niederlage viel an Heldentum hinein gedeutet. Kernaussage all dieser Schriften: Die Soldaten waren tapfer bis heldenhaft gewesen, aber das übermächtige Zündnadelgewehr und der unfähige Benedek hatten zur Niederlage geführt. Dass das nur ein Teil der Wahrheit war und die Niederlage viele Ursachen hatte, wurde dabei weitgehend verdrängt. Später bekam Königgrätz fast etwas folkloristisches, insbesondere wenn man an die jährlich stattfindenden Reenactments am Ort des Geschehens denkt, bei denen eine große Anzahl von mehr oder weniger authentisch uniformierten Darstellern vor einer Vielzahl von Besuchern das Schlachtgeschehen »nachspielt«.

Das neue Deutsche Reich ragte wie ein Fremdkörper in das Europa des späten 19. Jahrhunderts. Naturgemäß hatte es wenige Verbündete, die meisten seiner Nachbarn fürchteten es. Immerhin hatten die Preußen in den Einigungskriegen gezeigt, wozu sie militärisch fähig waren. Für dieses Reich gab es letztlich nur einen einzigen wirklichen Bundesgenossen – das zuvor besiegte Österreich. Als sich das Reich des alternden Franz Josephs immer mehr dem Balkan zuwandte, um für seine Gebiets- und Einflussverluste eine Kompensation zu erringen, erbte Bismarcks Reich dadurch auch noch die Feindschaft mit Russland. Die Russen hatten den Österreichern niemals ihren Verrat im Krimkrieg verziehen und sahen die versuchte Expansion des Habsburgerreiches am Balkan auf Kosten des untergehenden Osmanischen Reiches äußerst misstrauisch und negativ.

Im Berliner Kongress im Juni und Juli 1878 versuchte Bismarck die Probleme am Balkan zu ordnen, wobei er bereits in einer Rede am 5. 12 1876 festgestellt hatte, er sehe am Balkan *»für Deutschland kein Interesse [...], welches auch nur [...] die gesunden Knochen eines einzigen pommerschen Musketiers wert wäre«*. In einer Rede am 19.2.1878 meinte er zusätzlich, nicht *»Schiedsrichter«* sein zu wollen, sondern als *»ehrlicher Makler, der das Geschäft wirklich zu Stande bringen will«* zu agieren. Das Ergebnis des Berliner Kongresses brachte schließlich für Österreich das Recht, Bosnien und Herzegowina zu okkupieren, was schließlich in einem ziemlich blutigen militärischen Akt, der eigentlich ein Krieg war, gelang. Die Russen sahen den Berliner Vertrag und die österreichischen Gebietsgewinne als Niederlage und in der Folge verstärkte sich die Rivalität zu Österreich, was natürlich auch für das Deutsche Reich als Österreichs Bundesgenossen bedeutsam war. Bismarcks Versuche, Russland in Zukunft in sein umfangreiches und kaum überschaubares Vertrags- und Bündnissystem einzubinden, erwiesen sich somit als zum Scheitern verurteilt. Russland begann sich dem Deutschen Reich feindlichen Frankreich anzunähern, während sich Bismarcks Reich 1879 an Österreich-Ungarn im so genannten »Zweibund« band. Der Habsburgerstaat konnte sich trotz seiner zunehmenden Schwäche eng an die militärische Macht des Deutschen Reiches anlehnen, während sich dieses immer mehr saturiert gab. Dabei wurde nicht bedacht, dass die Expansion Österreich-Ungarns am Balkan große Gefahren mit sich brachte und man sich durch die Einbeziehung problematischer Territorien zusätzliche Konflikte für das Vielvölkerreich einhandelte. Auch kam das aus der osmanischen Konkursmasse entstandene Königreich Serbien später immer mehr als Gegner auf dem Balkan ins Spiel.

In Österreich-Ungarn bzw. bei großen Teilen seiner Eliten gab es in den Jahrzehnte nach Königgrätz Ressentiments gegen die erfolgreichen Preußen, die sich nach und nach auf das gesamte neue Deutsche Reich übertrugen. Man fühlte sich marginalisiert und war auch wirtschaftlich im Hintertreffen, während sich auch im Deutschen Reich vielfach eine gewisse Herablassung und Geringschätzung des schwächeren Bündnispartners einbürgerte. Einen Höhepunkt sollte diese Entwicklung im Ersten Weltkrieg erreichen.

Als 1903 bei einem überaus blutigen Machtwechsel in Serbien eine neue Dynastie den Thron bestieg, verschärften sich die Probleme Österreichs auf dem Balkan zusehends. Dazu kam dann noch 1908 die verhängnisvolle Annexion von Bosnien-Herzegowina durch Österreich-Ungarn, was eine internationale Krise heraufbeschwor. Diese allgemein als staatsrechtlich bedenklich aggressiver Akt wahrgenommene Annexion führte zu Kriegsdrohungen Serbiens und Russlands. Währenddessen bereitete der österreichische Generalstabschef Franz Conrad von Hötzendorf bereits einen »Präventivkrieg« vor, getragen von dem Bewusstsein, das ihm der »Deutsche Bundesgenosse« gegebenenfalls zu Hilfe eilen würde. Die »Knochen des pommerschen Musketiers« waren mit einem Mal in großer Gefahr – aber Bismarck war auch schon einige Jahre tot und der deutsche Kaiser Wilhelm II. aus einem ganz anderen Holz geschnitzt als sein Großvater.

Die Schüsse von Sarajewo im Sommer 1914 brachten schließlich zusammen mit dem kollektiven Versagen der europäischen Eliten den »Großen Krieg«, der eine völlig neue Qualität besaß, als die überschaubaren Ereignisse von 1866. Bismarcks Deutsches Reich wurde von eben jenem Kaiser Franz Joseph, der bei Königgrätz aus Deutschland vertrieben worden war, mit in den Untergang gerissen. Was hätte wohl Helmuth von Moltke (»der Ältere«) über Männer wie den österreichischen Generalstabschef Franz Conrad von Hötzendorf oder seinen Neffen und Hötzendorfs deutschen Kollegen Helmuth von Moltke (»den Jüngeren«) gedacht, die letztlich als wahre »Meister der Apokalypse« militärisch alles zu Grunde richteten, was er durch seine Genialität erreicht hatte?

*»Es lagen also, so will uns scheinen, genug Gründe vor, die große Tragödie Europas, um die es sich in Wahrheit bei der Tragödie Altösterreichs von 1866 handelte, noch einmal durchzudenken und noch einmal zu erzählen.«* (Franzel 1968, 2. Band, S. 749)

# Zeittafel:

26. Oktober 1800: Geburt Helmuth von Moltkes.
1. April 1815: Geburt Otto von Bismarck-Schönhausens.
8. Juni 1815: Gründung des Deutschen Bundes am Wiener Kongreß.
1. Januar 1834: Der Deutsche Zollverein tritt in Kraft.
1840: Einführung des Zündnadelgewehrs in der Preußischen Armee.
29. November 1850: Olmützer Punktation. Diplomatischer Sieg Österreichs über Preußen.
1859: Niederlage Österreichs im Krieg gegen Frankreich und das Königreich Sardinien; Preußen und der Deutsche Bund greifen nicht ein.
2. Januar 1861: König Wilhelm I. tritt in Preußen die Nachfolge Friedrich Wilhelms IV. an.
24. September 1862: Otto von Bismarck wird preußischer Ministerpräsident.
30. September 1862: »Blut und Eisen«-Rede Bismarcks im preußischen Abgeordnetenhaus.
8. Februar 1863: Alvenslebensche Konvention zwischen Preußen und Rußland.
1. Februar 1864: Beginn des Deutsch-Dänischen Krieges.
18. April 1864: Eroberung der Düppeler Schanzen durch die Preußen.
30. Oktober 1864: Der Friede von Wien beendet den Deutsch-Dänischen Krieg.
14. August 1865: Unterzeichnung der Gasteiner Konvention
1. Mai 1865: Kaiser Franz Joseph eröffnet die Wiener Ringstraße.
28. Februar 1866: Der preußische Ministerrat beschließt den Krieg gegen Österreich.
8. April 1866: Preußen und Italien schließen ein geheimes Angriffsbündnis gegen Österreich.

27. April 1866: Kaiser Franz Joseph lässt die k. k. Nordarmee mobilisieren.
1. Juni 1866: Österreich wendet sich wegen Schleswig-Holsteins an den Bundestag des Deutschen Bundes.
7. Juni 1866: Beginn des Einmarsches preußischer Truppen in Holstein.
14. Juni 1866: Bundestag stimmt dem Antrag einer Bundesexekution gegen Preußen zu.
15. Juni 1866: Kriegserklärung Preußens an das Königgreich Hannover.
16. Juni 1866: Preußische Truppen beginnen Vormarsch auf Hannover. Kriegserklärung Preußens an Sachsen.
20. Juni 1866: Italien erklärt Österreich den Krieg.
21. Juni 1866: Preußische Truppen überschreiten die Grenze nach Böhmen.
24. Juni 1866: Sieg der Österreicher über die Italiener bei Custozza.
26. Juni 1866: Kämpfe bei Hühnerwasser, Sichrow, Turnau und Podol zwischen Preußen und Österreichern bzw. Sachsen.
27. Juni 1866: Zweite preußische Armee unter Kronprinz Friedrich Wilhelm überschreitet über mehrere Pässe das Riesengebirge. Gefechte bei Nachod und Trautenau. Letzteres einziger österreichischer Sieg im Norden. Truppen des Königreichs Hannover siegen am gleichen Tag bei Langensalza über preußische Truppen.
28. Juni 1866: Schlacht bei Skalitz und Schlacht bei Münchengrätz.
29. Juni 1866: Schlacht bei Gitschin und Gefechte bei Königinhof und Schweinschädel. Die Armee des Königreichs Hannover kapituliert vor den Preußen.
3. Juli 1866: In der Schlacht bei Königgrätz besiegen die vereinten preußischen Armeen die Österreicher und ihre sächsischen Verbündeten.
8. Juli 1866: Die Preußen besetzen Prag.

10. Juli 1866: Gefechte im Tal der Saale (Kissingen, Garitz, Hammelburg)
13./14. Juli 1866: Kämpfe um Aschaffenburg
20. Juli 1866: Österreich siegt über Italien in der Seeschlacht bei Lissa.
22. Juli 1866: Im Gefecht bei Blumenau können die Österreicher eine Besetzung von Preßburg durch preußische Truppen verhindern.
23. Juli 1866: Gefecht bei Hundheim
24. Juli 1866: Gefecht bei Tauberbischofsheim
26. Juli 1866: In der Schlacht bei Uettingen und Roßbrunn besiegen die Preußen die Bayern – letzte Schlacht des Mainfeldzuges. Beschuss der Festung Marienberg. Am gleichen Tag Vorfrieden von Nikolsburg zwischen Preußen und Österreich. Benedek legt das Kommando über die österreichische Nordarmee nieder.
18. August 1866: Gründung des Norddeutschen Bundes.
23. August 1866: Frieden von Prag zwischen Preußen und Österreich. Auflösung des Deutschen Bundes.
24. August 1866: Schwere Choleraepedemie in Niederösterreich und Wien.
3. Oktober 1866: Frieden von Wien zwischen Österreich und Italien.
20. September 1866: Preußischer Landtag beschließt die Annexion des Königreichs Hannover sowie die Annexion des Kurfürstentums Hessen, des Herzogtums Nassau und der Freien Stadt Frankfurt. Der preußische Staat ist damit zum ersten Mal in seiner Geschichte territorial geschlossen.
24. Dezember 1866: Schleswig und Holstein werden Preußen eingegliedert.
15. März 1867: Der österreichisch-ungarische Ausgleich tritt de facto in Kraft.
19. Juli 1870: Frankreich erklärt Preußen den Krieg.
18. Januar 1871: Gründung des Deutschen Reiches im Spiegelsaal von Schloss Versailles.

7. Oktober 1879: Zweibundvertrag Bismarcks mit Österreich.
27. April 1881: Tod Ludwig von Benedeks in Graz.
15. März 1890: Kaiser Wilhelm II. entzieht Bismarck sein Vertrauen. Dieser tritt in der Folge zurück.
24. April 1891: Tod Helmuth von Moltkes in Berlin.
30. Juli 1898: Tod Otto von Bismarcks in Friedrichsruh bei Hamburg.

# Quellen und Literatur:

## Literatur:

Albrecht, Erzherzog von Österreich: Über die Verantwortlichkeit im Kriege. Wien 1869.

Alter, Wilhelm: Feldzeugmeister Benedek und der Feldzug der k. k. Nordarmee 1866. Berlin 1912.

Anders, Ferdinand: Von Schönbrunn und Miramar nach Mexiko. Graz 2009.

Andics, Hellmut: Das österreichische Jahrhundert. Wien 1974.

Angelow, Jürgen: Der Deutsche Bund. Darmstadt 2003.

Arnim, R. von: Erinnerungen aus dem Feldzug von 1866. Hannover 1868.

Auffenberg-Komarow, Moritz Freiherr von: Aus Österreichs Höhe und Niedergang. München 1921.

Bamberger, Ludwig: Bismarck postumus. Berlin 1899.

Barry, Quintin: The Road to Königgrätz. Solihull/West Midlands 2010.

Benedikt, Heinrich: Kaiseradler über dem Apennin. Wien 1964.

Bernhardi, Thedodor von: Der Krieg 1866 gegen Österreich. Leipzig 1897.

Beust, Friedrich Graf von: Aus dreiviertel Jahrhunderten. Stuttgart 1887.

Bichler, Karl-Horst u. Ruijun Shen: Der Preußisch-Österreichische Krieg in Böhmen 1866. Berlin 2009.

Bigge, W.: Feldmarschall Graf Moltke. 2 Bände, München 1901.

Bismarck, Otto Fürst von: Gedanken und Erinnerungen. Stuttgart 1965.

Blazek, Matthias: Die Schlacht bei Trautenau: der einzige Sieg Österreichs im Deutschen Kriege 1866. Stuttgart 2012.

Bleibtreu, Carl: Königgrätz. Stuttgart 1903.

Bleibtreu, Carl: Langensalza und der Mainfeldzug. Bad Langensalza 2001.

Blumenthal, Leonhard Graf von: Tagebücher aus den Jahren 1866 und 1870/71. Stuttgart 1902.

Borbstaedt, A.: Preußens Feldzüge gegen Österreich und dessen Verbündete im Jahre 1866. Berlin 1866.

Böhm, Ernst (Hg.): Kriegsbilder aus dem deutschen und italienischen Krieg im Jahre 1866. Wien 1866.

Bremen, Walter von (Hg.): Denkwürdigkeiten des Preußischen Generals der Infanterie Eduard von Fransecky. 2 Bände, Berlin 1913.

Burger, Karl: Der Weg nach Königgrätz. Kaiser Franz Joseph I. und Otto von Bismarck. Wien 1999.

Craig, Gordon A.: Königgrätz. Wien 1966.

Criste, Oscar: Alexander, Prinz zu Hessen und bei Rhein. In: Allgemeine Deutsche Biographie, Band 45, 1900.

Degenfeld-Schonburg, Christoph Graf von: Schweinschädel und Königgrätz. Wien 1907.

Del Buffalo della Valle, Emilie C.: Episoden aus der Schlacht von Sadowa und Königgrätz. Wien 1870.

Dollinger, Hans: Preußen. Eine Kulturgeschichte in Bildern und Dokumenten. München 1980.

Drimmel, Heinrich: Gott erhalte. Biographie einer Epoche. Wien 1976.

Eckert, Heinrich Ambros u. Dietrich Monten: Das deutsche Bundesheer. Dortmund 1990.

Engels, Friedrich: Betrachtungen über den Krieg in Deutschland. London 1866.

Epkenhans, Michael u. a.: Preußen: Aufstieg und Fall einer Grossmacht. Stuttgart 2011.

Ernst, Otto: Franz Joseph I. in seinen Briefen. Wien 1924.

Eyck, Erich: Bismarck und das Deutsche Reich. München 1975.

Fesser, Gerd: 1866, Königgrätz-Sadowa: Bismarcks Sieg über Österreich. Berlin 1994.

Fesser, Gerd: Von der Napoleonzeit zum Bismarckreich. Bremen 2001.

Fiedler, Siegfried: Taktik und Strategie der Einigungskriege. Augsburg 2005.
Finke, Edmunt: K. (u.) k. Hoch- und Deutschmeister. Graz 1978.
Fischer, Friedrich von: Der Krieg in Schleswig-Holstein und Jütland im Jahre 1864. Wien 1870.
Fischer-Fabian, S.: Preußens Krieg und Frieden. Der Weg ins Deutsche Reich. München 1981.
Förster, Stig u. a. (Hg.): Schlachten der Weltgeschichte. München 2004.
Fontane, Theodor: Der deutsche Krieg von 1866. 2 Bände, Berlin 1871/72.
Fournier, August: Erinnerungen. München 1925.
Franzel, Emil: 1866. Il Mondo Casca. Das Ende des alten Europa. 2 Bände, Wien 1968.
Franzel, Emil: Geschichte des deutschen Volkes. Gütersloh 1985.
Frauenholz, Eugen von: Deutsche Kriegsgeschichte. Leipzig 1942.
Freudenthal, Friedrich: Von Lüneburg bis Langensalza im Krieg 1866. Bad Langensalza 2013.
Friedjung, Heinrich: Der Kampf um die Vorherrschaft in Deutschland. Stuttgart 1898.
Friedjung, Heinrich (Hg.): Benedeks nachgelassene Papiere. Leipzig 1901.
Friedjung, Heinrich: Custoza und Lissa. Leipzig 1915.
Gall, Lothar: Bismarck. Der weiße Revolutionär. Frankfurt am Main 1980.
Gehler, Michael u. a. (Hg.): Ungleiche Partner? Österreich und Deutschland in ihrer gegenseitigen Wahrnehmung. Innsbruck 2009.
Gemeinde Wien: Der Kaiser und Wien. Ansprachen und Handschreiben Kaiser Franz Josephs I. Wien 1910.
Gruner, Wolf D.: Der Deutsche Bund 1815–1866. München 2012.
Gundolf, Hubert: Um Österreich! Schlachten unter Habsburgs Krone. Graz 1995.

Haffner, Sebastian u. Wolfgang Venohr: Preußische Profile. Königstein 1980.
Heller, Eduard: Benedek und Benedek-Legenden. Wien 1937.
Herre, Franz: Franz Joseph. Augsburg 1998.
Heydendorff, Walther: Österreich und Preußen im Spiegel österreichischer Geschichtsauffassung. Wien 1947.
Hindenburg, Paul von: Aus meinem Leben. Leipzig 1929.
Höhl, Karoline: Bismarcks Aussprüche über Österreich. Dissertation, Wien 1950.
Hohenlohe-Ingelfingen, Prinz Kraft zu: Aus meinem Leben 1848–1871. 4 Bände, Berlin 1897–1907.
Horst, Max: Moltke. Leben und Werk in Selbstzeugnissen. Leipzig o. J.
Jähns, Max: Die Schlacht von Königgrätz. Leipzig 1876.
Junck, C.: Aus dem Leben des k. k. Generals der Kavallerie Ludwig Freiherrn von Gablenz. Wien 1874.
Kaindl, Raimund Friedrich: Österreich-Preußen-Deutschland. Wien 1926.
Kirchberger, Joe H. (Hg.): Zeugen ihrer Zeit. München 2000.
Köster, Fredy: Das Ende des Königreichs Hannover und Preußen. Die Jahre 1865 und 1866. Hannover 2013.
Kranz, Herbert: Bismarck und das Reich ohne Krone. Stuttgart 1973.
Krug von Nidda, Roland: 1866 – Königgrätz. Zwei Auffassungen von Deutschland. Wien o. J.
Kürschner, Joseph (Hg.): Helmuth von Moltkes Briefe an seine Braut und Frau und andere Anverwandte. 2 Bände, Stuttgart 1894.
Ledebur, Ferdinand Freiherr von: Geschichte des deutschen Unteroffiziers. Berlin 1939.
Lehmann, Eduard: Die 25jährige Gedenkfeier der Schlacht bei Königgrätz. Streibitz 1895.
Lenich, Oliver: Kaiser Franz Joseph I. und Deutschland. München 2009.
Lettow-Vorbeck, Oskar von: Geschichte des Krieges von 1866 in Deutschland. Berlin 1899.

Lutz, Heinrich: Zwischen Habsburg und Preußen. Deutschland 1815–1866. Berlin 1985.

Mast, Heinrich: Alfred von Vivenot und die Ereignisse im Rücken der preußischen Armee im Juli 1866. In: Pallasch, Zeitschrift für Militärgeschichte. Nr. 23/2006, S. 136–144.

Meisner, H. O. (Hg.): Tagebücher Friedrichs III. 1848–1866. Leipzig 1929.

Meister, Oscar: Österreichische Kriegserinnerungen an den Feldzug im Jahre 1866. Leipzig 1915.

Mikoletzky, Hanns: Österreich. Das entscheidende 19. Jahrhundert. Wien 1972.

Militärgeschichtliches Forschungsamt (Hg.): Deutsche Militärgeschichte in sechs Bänden. München 1983.

Mitchell, Joseph B. u. Edward S. Creasy: Zwanzig entscheidende Schlachten der Weltgeschichte. Gütersloh 1968.

Mittler, Ernst Siegfried: Der Feldzug von 1866 in Deutschland. Berlin 1867.

Mollinary, Anton Freiherr von: Sechsundvierzig Jahre im österreichisch-ungarischen Heere. Zürich 1905.

Moltke, Helmuth von: Gesammelte Schriften und Aufsätze. 2 Bände, Berlin 1892.

Nitsche, Georg: Österreichs Soldatentum im Rahmen deutscher Geschichte. Berlin 1937.

Nonn, Christoph: Bismarck. Ein Preuße und sein Jahrhundert. München 2015.

Ortenburg, Georg: Waffen der Einigungskriege. Augsburg 2005.

Oster, Uwe A.: Die Großherzöge von Baden (1806–1918). Regensburg 2007.

Parth, Susanne: Zwischen Bildbericht und Bildpropaganda. Paderborn 2010.

Patera, Herbert v.: Unter Österreichs Fahnen. Graz 1960.

Pemsel, Helmut: Von Salamis bis Okinawa. Eine Chronik zur Seekriegsgeschichte. München 1975.

Pemsel, Helmut: Biographisches Lexikon zur Seekriegsgeschichte. München 1985.

Poten, Bernhard von: Vogel, Eduard von Falckenstein. In: Allgemeine Deutsche Biographie, Band 40, 1896.
Poten, Bernhard von: Herwarth von Bittenfeld, Eberhard von. In: Allgemeine Deutsche Biographie, Band 50, 1896.
Poten, Bernhard von: Edwin Freiherr von Manteuffel. In: Allgemeine Deutsche Biographie, Band 52, 1906.
Pötzl, Norbert F.: Bismarck. Der Wille zur Macht. Berlin 2015.
Preil, Arndt: Österreichs Schlachtfelder. 4. Band, Graz 1993.
Priesdorff, Kurt v.: Soldatisches Führertum. 10. Band, Hamburg 1937.
Quistorp, Barthold von: Der Kavalleriekampf bei Stresetitz. Neisse 1897.
Regele, Oskar: Feldzeugmeister Benedek: Der Weg nach Königgrätz. Wien 1960.
Regensberg, Friedrich: Königgrätz. Ein Schlachtenbild. Stuttgart 1903.
Reid, Brian Holden: Der Amerikanische Bürgerkrieg und die europäischen Einigungskriege. Berlin 2000.
Reinöhl, Fritz: Aus dem Tagebuch der Erzherzogin Sophie. Wien 1931.
Richter, Werner: Kaiser Friedrich III. Zürich 1938.
Richter, Werner: Bismarck. Frankfurt am Main 1962.
Roon, Graf von: Denkwürdigkeiten. Breslau 1897.
Rosinski, Herbert: Die deutsche Armee. Düsseldorf 1977.
Sachslehner, Johannes: Schicksalsorte Österreichs. 2. Band, Wien 2010.
Sächsischer Generalstab (Hg.): Der Antheil des Königlich Sächsischen Armeecorps am Feldzuge 1866. Dresden 1869.
Sautter, Udo: Deutsche Geschichte seit 1815. Daten, Fakten, Dokumente. Tübingen 2004.
Schäfer, Dietrich: Bismarck. Ein Bild seines Lebens und Wirkens. Berlin 1935.
Schlichting, von: Moltke und Benedek. Eine Studie über Truppenführung. Berlin 1900.
Schlie, Ulrich: Das Duell: der Kampf zwischen Habsburg und Preußen um Deutschland. Berlin 2013.

Schmidt, Rainer F.: Otto von Bismarck (1815–1898). Realpolitik und Revolution. Stuttgart 2004.

Schmitt, Richard u. Peter Strasser: Rot-weiß-rote Schicksalstage. Entscheidungsschlachten um Österreich. St. Pölten 2004.

Schreiber: Des Kaisers Reiterei. Österreichische Kavallerie in vier Jahrhunderten. Wien 1967.

Schuessler, Wilhelm: Königgrätz 1866. Bismarcks tragische Trennung von Österreich. München 1958.

Schulze, Wegener, Guntram: Illustrierte deutsche Kriegsgeschichte. Graz 2010.

Seeber, Gustav (Hg.): Gestalten der Bismarckzeit. 2 Bände, Berlin 1987.

Srbik, Heinrich von: Aus Österreichs Vergangenheit. Salzburg 1949.

Strobl, Adolf: Custoza. Kurze Darstellung der Ereignisse. Wien 1897.

Strobl, Adolf: Königgrätz. Kurze Darstellung der Schlacht. Wien 1903.

Strobl, Karl Hans: Bismarck. Berlin 1919.

Swatosch, Hugo: Mann gegen Mann. Kriegsbilder aus den Feldzügen 1859 und 1866. Wien 1883.

Sybel, Heinrich von: Die Begründung des Deutschen Reiches durch Wilhelm I. 7 Bände, München 1890.

Thies, Jochen: Die Moltkes. Von Königgrätz nach Kreisau. München 2010.

Thun, Leopoldine Gräfin: Erinnerungen aus meinem Leben. Innsbruck 1926.

Ullrich, Volker: Otto von Bismarck. Reinbek bei Hamburg 1998.

Urban, Angelika: Das österreichische Schlachtenbild im 19. Jahrhundert. Dissertation, Wien 1988.

Vejchoda, Walter: Köllagatsch & Grammlkas. Ein Sammelsurium aus dem klassischen Pulkautal. Untermarkersdorf 2014.

Verdy du Vernois, J. von: Im Hauptquartier der Zweiten Armee 1866. Berlin 1900.

Voigths-Rhetz, A. von (Hg.): Briefe des Generals der Infanterie Voigts-Rhetz aus den Kriegsjahren 1866 und 1870/71. Berlin 1906.
Volny, Pavel: Bitva u Hradce Kralove. Königgrätz 1891.
Wandruszka, Adam: Schicksalsjahr 1866. Graz 1966.
Wartensleben, Carow von: Erinnerungen während der Kriegszeit 1866.
Wawro, Geoffrey: The Austro-Prussian-War. Cambridge 1996.
Wegner, Bernd (Hg.): Wie Kriege enden. Paderborn 2002.
Wengen, Friedrich von der: Der letzte Feldzug der Hannoverschen Armee 1866. Berlin 1901.
Willms, Johannes: Bismarck. Dämon der Deutschen. München 2015.
Woinovich, Gen. d. Inf.: Benedek und sein Hauptquartier 1866. Wien 1911.
Wurzbach, Constantin von: Biographisches Lexikon des Kaiserthums Österreich. Band 1, Wien 1856.
Ziekursch, Johannes: Politische Geschichte des neueren deutschen Kaiserreiches. 3 Bände, Frankfurt am Main 1925.
Zimmer, Frank: Bismarcks Kampf gegen Kaiser Franz Joseph. Graz 1996.
Zweybrück, Franz: Bismarck und Österreich. Hamburg 2012.
Ohne Autor: Führer über das Schlachtfeld. Königgrätz 1903.

## Zeitungen und Zeitschriften:

Die Debatte. III. Jahrgang 1866. Div. Ausgaben, Wien 1866.
Die Gartenlaube, Jahrgang 1866, Heft 30 und 34. Jahrgang 1867, Heft 28. Jahrgang 1888, Heft 26.
Innsbrucker Nachrichten. 13. Jahrgang. Div. Ausgaben, Innsbruck 1866.
Kikeriki, Humoristisches Volksblatt. 6. Jahrgang. Div. Ausgaben, Wien 1866.

Kriegsbilder aus dem deutschen und italienischen Kriege im Jahre 1866. Wien 1866.
Militär & Geschichte. Band 2, München 2015.
Neue Freie Presse, Wien, 17. 5. 1866.
Neues Fremdenblatt. 2. Jahrgang. Div. Ausgaben, Wien 1866.
Die Presse. 19. Jahrgang. Div. Ausgaben, Wien 1866.
Tagespost. 2. Jahrgang. Div. Ausgaben, Linz 1866.
Das Vaterland. Zeitung für die Österreichische Monarchie. Div. Ausgaben, Wien 1866.
Wiener Zeitung. Div. Ausgaben, Wien 1866.

## Internet:

http://www.welt.de/kultur/history/article12540564/Pickelhaube-Symbol-fuer-preussischen-Militarismus.html
http://www.bundesheer.at/truppendienst/ausgaben/artikel.php?id=223
http://www.preussenweb.de/kriege6.htm
http://janeden.net/die-verdraengung-oesterreichs-1864-1866
http://www.deutsche-schutzgebiete.de/deutscher_krieg_schlacht_bei_koeniggraetz.htm
http://88.116.171.246/pfarre/chronik/festschrift650/pstauder_batterie.htm

Bibliografische Information der Deutschen Nationalbibliothek
Die Deutsche Nationalbibliothek verzeichnet diese Publikation in der Deutschen Nationalbibliografie; detaillierte bibliografische Daten sind im Internet über
http://dnb.d-nb.de abrufbar.


Covergestaltung: Kerstin Göhlich, Wiesbaden
Bildnachweis: (...) am Abend des 3. Juli 1866: König Wilhelm überreicht seinem Sohne den Orden pour le merite
Farblithographie nach Aquarell, 1898, von Georg Koch (1857–1927).
© akg-images
Satz und Bearbeitung: SATZstudio Josef Pieper, Bedburg-Hau
Der Titel wurde in der Palatino Linotype gesetzt.
Gesamtherstellung: CPI books GmbH, Leck – Germany

ISBN: 978-3-7374-1011-3

www.verlagshaus-roemerweg.de